LES MÉDITERRANÉES
sous la direction de Pierre-Yves Beaurepaire
15

Les Défis de la souveraineté maritime

Ouvrage publié avec le soutien
de l'Institut universitaire de France

Christopher Denis-Delacour

Les Défis de la souveraineté maritime

Navigations napolitaines en mer ottomane (1734-1856)

Préface de Roberto Zaugg

PARIS
CLASSIQUES GARNIER
2021

Christopher Denis-Delacour est enseignant au Royal Melbourne Institute of Technology (RMIT Vietnam), école de communication et design, à Ho-Chi-Minh-Ville. Il est docteur en histoire à Aix-Marseille Université (AMU) et à l'Istituto Italiano di Scienze Umane (SUM-SNS). Ses domaines de recherches ont trait à l'histoire maritime, l'interculturalité marchande et le pluralisme juridique.

ISBN 978-2-406-12041-4 (livre broché)
ISBN 978-2-406-12042-1 (livre relié)
ISSN 2105-4843

À Philip H. V. Denis.

[…] Le navire avait été déclaré et inscrit sur le registre maritime britannique, mais au bout d'un certain temps, M. Sigg avait jugé plus expédient de le transférer sous les couleurs siamoises. À la nouvelle du transfert projeté, Jukes s'agita comme sous le coup d'un affront personnel. Il se promenait en grommelant et en faisant entendre de petits ricanements de mépris. « Non ! mais vous nous voyez avec un grotesque éléphant d'arche de Noé sur le pavillon du navire ! dit-il une fois à la porte de la chambre des machines. Je veux être pendu si je supporte ça. Je leur collerai ma démission. Est-ce que ça ne vous dégoûte pas, vous, monsieur Rout[1] ? »

1 Conrad, 1923, p. 18.

SOURCES ET ABRÉVIATIONS

ABRÉVIATIONS

ASN	Archives d'État de Naples – *Archivio di Stato*
ASR	Archives d'États de Rome – *Archivio di Stato di Roma*
ACCIM	Archives de la Chambre de Commerce et d'Industrie de Marseille
ADBDR	Archives Départementales des Bouches-du-Rhône

SOURCES

ARCHIVES D'ÉTAT DE NAPLES – *ARCHIVIO DI STATO* (ASN)

Fonds *Affari Esteri* :

- Busta 188-199 : Costantinopoli (1741-1747).
- Busta 228 : Legazione di Costantinopoli (1778).
- Busta 237 : Legazione di Costantinopoli (1789-1797).
- Busta 244 : Regia legazione di Costantinopoli (1815-1829).
- Busta 2349-2350 : Aleppo (1819-1833).
- Busta 2351-2358 : Alessandria, Argentiera, Rodi, Missalunga, Stanchio, Saida, Micconi, Scio, Acri, Tine (1742-1827).
- Busta 2370 : Regio console napoletani di Algeri (1787-1814).
- Busta 2509 : Canea e Cipro (1743-1770).
- Busta 2521 : Cefalonia (1785-1804).
- Busta 2539-2551 : Corfù (1790-1860).
- Busta 2673 : Isole Ionine (1815-1829).
- Busta 2674-2679 : Levante porti-Consoli e vice consoli nei porti del Levante (1740-1783).
- Busta 2909 : Regio console a Odessa e Pietroburgo (1793-1813).

Busta 2968 : Salonicco (1742-1756).
Busta 2983-2993 : Smirne (1784-1861).
Busta 3054-3072 : Tripoli (1742-1860).
Busta 3206 : Console di Costantinopoli a Napoli (1799-1814).
Busta 3208 : Console di Costantinopoli a Napoli (1815-1829).
Busta 3253 : Console di Tripoli a Napoli (1790-1817).
Busta 4222 : Trattato di commercio con la Russia (1800-1805).
Busta 4142 : Passagio del mare Nero (1792-1825).
Busta 4410-4414 : Spedizione di Don Giacinto Voschi in qualità di ministero plenipotenziario del Re N. S. in Tripoli per trattare la pace con quella Regenza (1739-1744).
Busta 4542-4547 : Questione d'Oriente neutralità del real governo (1853-1855).
Busta 4864 : Affari consolari di commercio dell ammiragliato ed pubblica salute dal 1769-1777.
Busta 5142 : Legalizazione fatte dal ministro degli affari esteri agli atti pervenuti dall'estero (1827-1829).
Busta 7337 : Legazione di Costantinopoli (1817-1834).
Busta 7343 : Consolato del regno delle Due Sicilie in Costantinopoli (1830-1860).
Busta 7344 : Consolato del Regno delle Due Sicilie in Costantinopoli (1830-1836).
Busta 7345 : Atti della cancelleria della legazione napoletana a Constantinopoli (1836-1840).
Busta 7354 : Legazione napoletana a Costantinopoli (1849-1858).
Busta 7355 : Consolato del Regno delle Due Sicilie in Costantinopoli, regolamenti di avarie ricuperi e rapporti di perizie marittime e sentenze per scontri di bastimenti (1829-1844).
Busta 7367 : Legazione napoletana in Costantinopoli (1850-1860), naufragi, avarie, vendite e movimenti di bastimento e passagieri.
Busta 7368 : Legazione napoletana a Costantinopoli-affari diversi (1850-1860).

Fonds Tribunale Grande Almirante (1646-1783)-Processi antichi.

Fonds Tribunale Regio consolato di terra e mare (1740-1782)-Processi antichi.

Fonds Tribunale dell'Ammiragliato e consolato (1783-1808)-Processi antichi.

Fonds Tribunale di Commercio :
Busta 144 : Sentenze.
Busta 164 : Atti depositati.
Busta 247 : Atti depositati (1822-1833).
Busta 354 : Verbali (1825-1833).
Busta 359 : Contratti di cambio marittimo (1825-1831).

ARCHIVES D'ÉTATS DE ROME – *ARCHIVIO DI STATO DI ROMA* (ASR)

Fonds Camerale III Civitavecchia : Ancoraggio, b. 838 (1785 à 1797) et b. 839 (1740 à 1743).

ARCHIVES DE LA CHAMBRE DE COMMERCE ET D'INDUSTRIE DE MARSEILLE (ACCIM)

Série J :
J-1590 Commerce du Levant, commerce des étrangers, contraventions aux ordonnances (1727-1792).

Fonds navigations maritimes :
M R 4 4 4 1 8 Navigation maritime-Navires, transports maritimes, concurrence étrangère (1829-1955).
M R 4 4 1 3 Navigation maritime-Navires-Statut des navires, monopole de pavillon (An X-1963).
M R 4 4 1 2 Navigation maritime-Navires-Statut des navires, nationalité (An XIII-1884).

Fonds commerce international :
M Q 5 5 103 Commerce international, Turquie (1802-1860).
M Q 5 5 46 Commerce international, Grèce (1800-1915).
M Q 5 1 46 Commerce international, Échelles de Tripoli de Syrie (1808-1840).
M Q 5 1 44 Commerce international, Échelles de Tripoli de Barbarie (1804-1839).
M Q 5 1 37 Smyrne administration et commerce (An XVI 1803-1824).
M Q 5 1 21 et 22 Commerce international, Constantinople.

ARCHIVES DÉPARTEMENTALES DES BOUCHES-DU-RHÔNE (ADBDR)

Santé maritime. Série 200 E : Registres 507 à 551 (1741-1795).
Cahiers du petit cabotage. Série 200 E : Registres 606 à 611 (1787-1795).

PRÉFACE

Quelle belle surprise et surtout quel plaisir j'ai eu de recevoir, en avril dernier, un appel-vidéo inattendu sur l'application WhatsApp ! En ces temps où les possibilités de voyage sont réduites, la technologie est bien commode et à l'autre bout du téléphone, et du monde, Christopher Denis-Delacour se rappelait à mon bon souvenir depuis Hô Chi Minh-Ville, l'ancienne Saïgon. Nous ne nous étions en effet plus revus depuis près de six ans. Après avoir quitté ma mansarde à Saint-Denis en 2014, au bout d'un weekend passé ensemble à discuter et à échanger sur nos recherches respectives et le monde universitaire, il m'avait alors confié vouloir, peut-être, poursuivre sa route en Asie. Une aspiration à laquelle il n'aura pas su résister, comme sa situation actuelle le prouve. Après tout ce temps, nous prîmes donc de nos nouvelles respectives à l'occasion de son appel avant qu'il ne me propose d'écrire cette préface. Rappelons qu'au printemps dernier, nous étions alors au beau milieu de la première vague de Covid-19 en Suisse. Un événement imprévisible qui, à l'échelle mondiale, a rapidement bouleversé nos habitudes quotidiennes, en perturbant cette confortable perception d'un futur proche que l'on avait pris l'habitude de considérer comme une dimension planifiable et une projection linéaire du présent. Par écran interposé, Christopher Denis-Delacour réalisa immédiatement à quel point les réponses normatives de nos pays face à cette crise étaient dissemblables. Pour ma part, j'étais alors en train me promener dans les rues de Bâle et, assis au bord du Rhin, j'avais décroché le téléphone sans porter de masque. Bien que la première vague fût terminée en avril au Vietnam, mon comportement aurait néanmoins été inconcevable dans le Sud-Est asiatique. En Asie, les gouvernements avaient restreint la mobilité et imposé l'utilisation de masques dans les espaces publics, sans qu'aucune controverse ni hésitation n'aient – *a contrario* de la Suisse – alimenté les débats.

Immédiatement, nous avons commencé à évoquer les facteurs culturels, économiques et politiques – récents et de longue durée – qui expliquent les raisons pour lesquelles les États-nations ont développé des normes juridiques et des mécanismes institutionnels hétérogènes durant la gestion de ce phénomène transnational. Nous nous sommes alors demandé dans quelle mesure l'activité législative et la volonté de contrôle des gouvernements nationaux auraient créé des contradictions et des chevauchements juridictionnels potentiellement conflictuels. Ce faisant, nous avons instinctivement repris le fil des débats sur le commerce méditerranéen au XVIIIe siècle, à la faveur duquel nos chemins s'étaient croisés.

Ces chemins se distinguent par bien des aspects. Moi, après des pérégrinations (banalement académiques) entre Florence, Naples et Paris, je suis retourné à la « mère patrie », où je mène désormais une vie d'historien maritime d'eau douce. Moins linéaire, le parcours académique et maritime de Christopher Denis-Delacour est d'autant plus passionnant. Lorsqu'en 2004 il s'inscrit au programme de licence en Histoire à l'Université de Provence (renommée depuis Aix-Marseille Université), il occupe le poste de second maître sur le bâtiment de transport et de soutien *Bougainville*. Après une enfance et une adolescence passées à Marseille, il a en effet rejoint à 20 ans les rangs de la Marine française. Lorsqu'il commence ses études universitaires à distance – auxquelles il consacre son temps libre à bord du navire – il a déjà fait le tour du monde. Ses missions l'ont notamment conduit en Méditerranée orientale, sur la Corne de l'Afrique, en mer d'Arabie, dans l'océan Indien, dans le détroit de Sumatra et en mer de Chine méridionale, pour n'évoquer que quelques-unes de ses escales. Sur la terre ferme, il a trouvé en Gilbert Buti un historien de la mer, érudit et généreux, capable d'alimenter les intérêts historiographiques qu'il était en train de mûrir. Ayant obtenu sa licence, Christopher Denis-Delacour retire alors son uniforme pour poursuivre à temps plein sa formation académique entre Aix-en-Provence et Rome. Son intérêt pour l'histoire de la navigation et du commerce sur les routes tyrrhéniennes d'Ancien Régime se manifeste durant ces années-là. Une curiosité qu'il développe ensuite dans le cadre de sa thèse de doctorat[1]. Dans cet ouvrage, il réussit à jeter un regard nouveau et, à bien des égards, inhabituel sur les États pontificaux. En projetant la papauté sur la mer et en l'impliquant, à partir d'une position de faiblesse, dans la territorialisation des espaces maritimes, il réussit à se départir de

1 Christopher Denis-Delacour, *Entre normes et pratiques : les étrangers des trafics maritimes romains (1742-1797)*, thèse de doctorat, MMSH d'Aix-en-Provence, 2012.

la représentation traditionnelle du centre du catholicisme mondial, qui dans l'historiographie est souvent et surtout étudié comme laboratoire de la construction d'un État moderne centré sur la cour papale et les congrégations romaines. Le processus conflictuel et inévitablement inachevé dans lequel Christopher Denis-Delacour inscrit la façade maritime des États pontificaux replace, au contraire, son pouvoir politique dans l'histoire méditerranéenne du XVIIIe siècle.

Grâce à la richesse des nouvelles connaissances qu'il accumule rapidement lors de ses fouilles dans les archives françaises et italiennes, Christopher Denis-Delacour devient – avec Guillaume Calafat et moi-même – l'un des coordinateurs locaux du projet international *Aux bords des institutions : pouvoirs, acteurs et pratiques marchandes dans l'Europe méditerranéenne (XVIIe-XIXe siècle)*, dirigé avec passion par Biagio Salvemini[2]. Parallèlement, après avoir terminé son doctorat, il entreprend une collaboration au sein du projet ERC *ConfigMed. Mediterranean Reconfigurations : Intercultural Trade, Commercial Litigation, and Legal Pluralism (15th-19th Centuries)*[3] – une forge intellectuelle coordonnée par Wolfgang Kaiser, à laquelle participèrent quelques-uns des historiens les plus innovants qui travaillèrent, ces dernières années, sur l'histoire moderne des sociétés méditerranéennes. Ce livre est le résultat de l'implication de Christopher Denis-Delacour dans ce projet.

Un renouvellement de l'historiographie méditerranéenne est intervenu dans les deux premières décades du XXIe siècle, plus particulièrement en ce qui concerne les relations entre l'Empire ottoman et l'Europe chrétienne. Ce renouveau n'allait pourtant pas de soi. Dans les années quatre-vingt et quatre-vingt-dix, le « tournant culturel » encouragé par la *French Theory* – voir les relectures anglo-américaines du poststructuralisme français[4] – a eu tendance à marginaliser – du moins pour une partie de la communauté scientifique – l'historiographie méditerranéenne inspirée au paradigme braudelien. Le courant postmoderne s'est détaché des approches socio-économiques fondées sur l'analyse – qu'elle soit sérielle ou non – des flux commerciaux, des interdépendances structurelles ou des rapports de force entre « centres », « semi-périphéries » et

2 Les résultats de ce projet ont fait l'objet de plusieurs publications : Salvemini et Zaugg, 2013 ; Denis-Delacour et Salvamini, 2014 ; Calafat et Salvemini, 2015.

3 https://configmed.hypotheses.org/

4 Cusset, 2003.

« périphéries » dont les décennies qui suivent la parution de l'ouvrage de Fernand Braudel sur la Méditerranée ont marqués l'avènement. Dans ces circonstances, les attentats du 11 septembre 2001, les conflits déclenchés en réponse par les États-Unis et la résurgence du fait religieux comme puissante variable géopolitique ont suscité un regain d'intérêt pour l'espace méditerranéen auprès d'une nouvelle génération de chercheurs en sciences humaines et sociales. Cette appétence était motivée d'un côté par la nécessité de comprendre la dimension historique des conflits entre Chrétiens et Musulmans et de l'autre par le rejet des interprétations simplistes comme le *Clash of Civilisations* prophétisé en 1997 par le politiste Samuel Huntington[5]. Dans une Europe occidentale où les migrations ont donné lieu à une augmentation de la présence musulmane, les considérations pour les relations inter-religieuses ont cessé d'être un domaine réservé à de rares intellectuels pour devenir un champ d'investigations plus répandu. Ce glissement fait dès lors de la Méditerranée un espace d'enquête privilégié.

Dans le cadre de la nouvelle historiographie méditerranéenne, pour laquelle cet espace maritime constitue souvent et avant toute chose un creuset interculturel, les projets dirigés par Biagio Salvemini et Wolfgang Kaiser se présentent sous un angle original. Les chercheurs qui ont travaillé sous leur direction ne portent ni la dimension culturelle, ni la religion au centre de leurs travaux. Tout en tenant compte des facteurs culturels et religieux, *ConfigMed* et *Aux bords des institutions* se sont éloignés d'une lecture unilatéralement culturaliste des relations intra-méditerranéennes. Ces deux programmes de recherche ont eu pour objet la vaste gamme de situations conflictuelles dans lesquelles les acteurs du commerce maritime se trouvent régulièrement impliqués à l'époque moderne. Or, les conflits dont ces projets scientifiques ont promu l'analyse ne sont *a priori* pas religieux et les acteurs qui y sont impliqués ne sont pas nécessairement imaginés comme uniquement porteurs de différentes « cultures ». En questionnant les normes juridiques, les pouvoirs institutionnels, les transactions marchandes, les litiges judiciaires ou encore l'exécution des contrats, les historiens ont non seulement repris – avec un regard critique – certaines des thématiques

5 À propos de la polémique historiographique autour du « choc des civilisations » huntingtonien dans la première décennie du XXIe siècle, *cf.* Trivellato, 2011 (https://escholarship.org/uc/item/0z94n9hq (consulté le 3 février 2021).

de la Nouvelle économie institutionnelle, en contribuant ainsi à renouer économie et histoire. Surtout, ils ont réussi à identifier la complexité des dynamiques auxquelles les acteurs du commerce participent et à montrer que la multilatéralité des combinaisons dans lesquelles ceux-ci s'insèrent bat en brèche la supposée faille tectonique qui opposerait de façon binaire monde chrétien et monde islamique.

À partir des relations entre les Royaumes de Naples et de Sicile et l'Empire ottoman, l'ouvrage de Christopher Denis-Delacour poursuit cet objectif en abordant la question de la souveraineté maritime. Les États mobilisent sur mer des dispositifs pour imposer leur pouvoir normatif et juridictionnel. Les déplacements des navires, la circulation des marchandises et la mobilité des hommes débordent des frontières du domaine terrestre pour s'inscrire dans un questionnement central pour l'histoire transnationale : de quelles manières les États peuvent-ils règlementer des phénomènes qui dépassent les espaces placés directement sous leur dépendance ? Dans le cas du commerce méditerranéen entre le XVIIIe et le XIXe siècle, on peut légitimement se demander où se joue la souveraineté maritime. De prime abord, on pourrait penser aux ports, à leurs quais et organes de contrôle, ou bien encore aux frontières invisibles qui sont censées délimiter les domaines maritimes des États, ou bien au droit, aux traités internationaux et aux tribunaux. Cependant, ce livre nous plonge surtout dans une souveraineté maritime imparfaite, ballottée au gré des flots, sur le temps court comme sur le temps long. En dépit des trésors d'ingéniosité déployés par les États riverains pour en fixer les limites, la souveraineté reste flottante puisque leurs efforts s'opposent et se superposent réciproquement. En pratique, la « territorialisation » maritime est négociée dans le cadre des pavillons arborés par les navires et les droits qui y sont attachés. Par conséquent, la souveraineté en Méditerranée se matérialise dans toute son épaisseur à travers les acteurs sociaux qui en sont porteurs et qui se caractérisent fréquemment par des appartenances plurielles.

Concernant le volet napolitain, le livre couvre une longue période, circonscrite dans une chronologie politique. Elle débute en 1734/1735, lorsque les Bourbons conquièrent les Royaumes de Naples et de Sicile durant la guerre de Succession de Pologne. Les deux couronnes à nouveau réunies en une union personnelle, la ville de Naples est élevée au rang de capitale. Elle se termine en 1861 avec la conquête de Garibaldi et l'intégration de l'Italie du Sud dans le nouveau Royaume d'Italie. C'est une période pendant laquelle plusieurs souverains se succèdent : Ferdinand IV, encore enfant, remplace en 1759 Charles de Bourbon, parti à Madrid pour accéder au trône d'Espagne. Pendant plusieurs années, le pouvoir reste entre les mains d'un Conseil de Régence (1759-1767), dont la figure dominante est l'homme d'État d'origine toscane Bernardo Tanucci. Le long règne de Ferdinand est entrecoupé par les guerres révolutionnaires et napoléoniennes. En décembre 1798, l'avancée de l'armée française d'Italie contraint la cour des Bourbons à fuir Naples pour la Sicile. Le mois suivant, les révolutionnaires napolitains proclament la *Repubblica Napoletana*, l'une des « républiques sœurs » sous tutelle française. Ce régime politique va perdurer jusqu'en juin. La capitale est alors conquise par une armée populaire, commandée par le cardinal Fabrizio Ruffo, qui mène une « guerre sainte » contre les républicains « impies ». Cette première restauration est suivie, sept ans plus tard, par une seconde conquête française. La couronne napolitaine est ceinte par Joseph Bonaparte (1806-1808), puis par Joachim Murat (1808-1815). Entre-temps, la cour des Bourbons se réfugie une fois de plus en Sicile, protégée par la marine britannique. Immédiatement après la seconde restauration, en 1816, les Royaumes de Naples et de Sicile sont réunis pour ne former qu'un seul État : le Royaume des Deux-Siciles. Ferdinand IV de Naples devient Ferdinand Ier des Deux-Siciles. Lui succèdent son fils, François Ier (1825-1830), son petits-fils Ferdinand II (1830-1859) et son arrière-petit-fils François II (1859-1861).

En dépit des discontinuités politiques qui marquent cette période et nonobstant les oppositions idéologiques qui caractérisent les conflits, internes et internationaux, le processus de territorialisation joue sans aucun doute le rôle de fil conducteur. L'objectif consiste à promouvoir un contrôle homogène de la population et du territoire en réduisant les privilèges des « corps intermédiaires ». Pendant les « années héroïques[6] » (1734-1746), sous le règne de Charles de Bourbon, le souverain encourage les réformes afin de réduire les exemptions particularistes de la juridiction ordinaire. Il renforce l'emprise des tribunaux royaux sur ses sujets et son territoire en affaiblissant le pouvoir ecclésiastique et féodal. Au cours d'une première phase dynamique, le gouvernement – aidé par une génération de magistrats réformateurs formés sous la domination autrichienne (1707-1734)

6 Ajello, 1972.

– parvient à instituer une série de réformes juridictionnelles et essaye à lancer une codification systématique du droit. La guerre de succession d'Autriche contraint néanmoins Charles de Bourbon à interrompre en 1746 ses réformes pour s'assurer le soutien de l'Église et de la noblesse, hostiles à ces transformations « absolutistes ». Dans les décennies suivantes, la politique de territorialisation est toutefois poursuivie (de manière plus ou moins implicite) par les magistrats napolitains – avec les « ressources des faibles » plutôt que des réformes éclatantes. À la fin du XVIIIe siècle, les répercussions de la Révolution française incitent les réformateurs à se tourner vers le modèle républicain, considéré comme une alternative efficace afin de poursuivre la transformation de l'État. Aux tentatives avortées de la République napolitaine se substituent les réformes sous domination napoléonienne. La féodalité est finalement abolie et le système judiciaire complètement restructuré. Lors de la seconde restauration, les Bourbons n'abrogent pas ces réformes. Au contraire, ils les élargissent à la partie insulaire de leur territoire à l'occasion de la création du Royaume des Deux-Siciles. Comme en France, où Alexis de Tocqueville a déjà pointé une continuité de Louis XIV à Robespierre[7], les politiques de territorialisation se présentent en Italie méridionale comme un trait de longue durée dans la construction de l'État. Leur mise en œuvre, imparfaite, aux effets imprévus et sujette à de multiples résistances, parvient malgré tout à s'imposer.

Or, le livre de Christopher Denis-Delacour nous apprend que la territorialisation ne se joue pas uniquement sur terre et selon la chronologie politique napolitaine, dans le giron de la couronne, mais aussi sur mer, c'est-à-dire dans un espace externe, une zone de contact où la souveraineté napolitaine voire duo-sicilienne se confronte à celle des autres puissances. Dans la construction de cette souveraineté projetée sur les espaces maritimes, un chapitre important est représenté par l'établissement de relations diplomatiques avec la Sublime Porte ottomane et avec les Régences d'Afrique du Nord. Malgré leur soumission formelle au Sultan, ces dernières deviennent de plus en plus indépendantes au cours du XVIIIe siècle[8]. Le développement du commerce en Méditerranée orientale revêt une double ambition pour les Bourbons. D'un côté, ils obtiennent des garanties contre la course barbaresque et parviennent ainsi à s'affirmer comme un acteur indépendant sur l'échiquier international. De l'autre, ils encouragent le commerce actif

7 Tocqueville, 1856.
8 Windler, 2002.

napolitain – c'est-à-dire un commerce extérieur animé par une flotte marchande nationale – afin de catalyser une croissance économique capable de garantir le bien commun ou, comme on le disait à l'époque, la *pubblica felicità*. Ces initiatives sont bien accueillies par les Ottomans. La Porte a longtemps imposé une asymétrie diplomatique dans ses relations avec les puissances de l'Europe chrétienne. Son choix s'est initialement porté sur les capitulations, concédées de façon unilatérale, plutôt que sur des traités bilatéraux pour reconnaître le statut des ressortissants européens en terre ottomane. Quant à la représentation diplomatique, elle s'est limitée à l'accueil de ministres plénipotentiaires et de consuls sans établissements stables dans les capitales et les villes portuaires de l'Europe chrétienne. Toutefois, si du point de vue symbolique cette asymétrie célèbre le statut exceptionnel de la Porte, en pratique à partir du XVIIIe siècle elle a plutôt tendance à favoriser l'emprise des puissances européennes sur le commerce extérieur et, à travers les mécanismes de l'extraterritorialité, sur les institutions judiciaires ottomanes. Par conséquent, la réciprocité diplomatique devient de plus en plus un objectif stratégique de la politique internationale ottomane.

L'administration de la justice est en effet au cœur des traités que la couronne napolitaine conclut avec la Porte et les Régences. Abstraction faite de la course et de la menace que l'esclavage fait peser sur les routes qui relient la péninsule italienne au *dār al-Islām*, la question de la justice se pose en priorité pour les gens de mer. Comme en témoignent les sources étudiées par Christopher Denis-Delacour, les conflits dans lesquels les capitaines, patrons et marins sont impliqués concernent bien plus souvent des litiges sur des frets, des naufrages, des droits de douane, des inspections de navires, des contrats de vente ou des crédits que des problématiques religieuses ou géopolitiques. Pour interagir avec les « Turcs » – un terme dont le champ sémantique flou désigne souvent l'ensemble des habitants musulmans de la Porte – ainsi qu'avec les sujets chrétiens et juifs du Sultan, il convient d'abord de gérer les conflits marchands du quotidien. Que ce soit d'ailleurs par l'intermédiaire de mécanismes institutionnels ou extra-institutionnels. Et, comme c'est plus souvent le cas, en combinant stratégiquement les deux.

Comme Wolfgang Kaiser l'a expliqué lors de ses séminaires, les échanges interculturels se distinguent radicalement d'une zone de contact à l'autre. La rencontre entre Musulmans et Chrétiens en Méditerranée à l'époque moderne se différencie notamment des accommodements entre Indiens algonquiens et colons français en Amérique du Nord, dans la région des Grands Lacs. Dans ce cas de figure, Richard White soutient que les acteurs ne partagent pas, au départ, de codes de communication communs. Au cours du temps, ils créent un *middle ground*, c'est-à-dire « [...] un "entre-deux" : entre cultures, entre peuples, et entre certains empires et le monde non institué des villages [...] » où ils négocient des significations partagées[9]. Entre Musulmans et Chrétiens, il n'existe au contraire aucun *middle ground* neutre et vierge. Hyper-réglementé, l'espace méditerranéen se caractérise par une stratification pluriséculaire de codes concurrents. Dans le cadre du pluralisme juridique méditerranéen, celui qui professe une autre foi et parle une autre langue représente assurément l'altérité. Cependant, une altérité familière, avec laquelle on négocie en creusant, pour utiliser une métaphore géologique, dans des strates profondes de coutumes, de normes et de discours. Comme cet ouvrage le démontre brillamment, les parties prenantes du commerce entre la Péninsule, le Levant et le Maghreb ne s'appuient pas uniquement sur les dispositions des traités diplomatiques. Avant même que ces accords ne soient ratifiés, ils utilisent des stratagèmes pour infléchir la norme et la faire correspondre à leurs besoins. D'ailleurs, au-delà du pluralisme juridique, c'est surtout le pluralisme juridictionnel qui s'avère crucial. Ce pluralisme est à la fois externe et interne, puisqu'il met simultanément en concurrence les institutions judiciaires de différents États et celles d'un même territoire. Dans cette « mer jalousée[10] », le *forum shopping* – c'est-à-dire la propension à saisir, en cas de litige, la juridiction la plus susceptible de donner raison à ses propres intérêts – est une stratégie omniprésente. D'autant plus à une période où les domaines de la sécurité et de l'exécution des contrats restent encore précaires. Ce qui prévaut alors, c'est surtout la capacité des acteurs sociaux à mobiliser des réseaux qui, à un moment donné et en un lieu spécifique, puissent offrir un soutien efficace. Les « jeux d'identités » permettent d'atteindre cet objectif en manipulant les normes juridiques. Ils érodent par conséquent la capacité des États à imposer une territorialisation univoque[11]. En même temps, l'étude de Christopher Denis-Delacour témoigne que les pratiques manipulatrices des acteurs sociaux ne sont pas omnipotentes et ne rendent pas entièrement futiles les politiques gouvernementales. Ces pratiques entrent plutôt dans

---

9 White, 2009, p. 25.

10 Calafat, 2019.

11 Smyrnelis, 2000 ; Rovinello, 2008 ; Zaugg, 2015.

le jeu des négociations avec les autorités institutionnelles napolitaines et ottomanes. Malgré tout, même si la mise en œuvre des plans de la couronne de Naples reste imparfaite et contrastée, on observe une augmentation du trafic maritime entre le sud de l'Italie et les terres du Sultan – un trafic géré principalement par les navires napolitains et siciliens, mais aussi, à partir de la fin du XVIIIe siècle, par un nombre croissant de navires grecs naviguant sous pavillon « turc ». La Méditerranée du XVIIIe siècle, bien que marquée par l'essor des Britanniques et des Français, est un espace – comme nous le dit ce livre – où des États comme le Royaume des Bourbons ou l'Empire ottoman, trop souvent décrits de façon simpliste en termes de paralysie institutionnelle et de stagnation économique, sont traversés par des pulsions réformatrices et des dynamiques entrepreneuriales qui sont loin d'être marginales. L'ensemble de ces processus a ainsi pu être occulté par le traité de Paris qui en 1856 met fin à la guerre de Crimée et semble « ouvrir » à l'Empire ottoman l'espace juridique européen. La question de l'acculturation juridique entre les différentes nations et espaces méditerranéens est autrement plus ancienne et complexe, et c'est le cœur de cet ouvrage qui en retrace une partie des usages jusqu'en 1856.

La publication de cet ouvrage était donc très attendue par la communauté scientifique. Fruit de recherches qui ont mûri entre Marseille, Paris et Naples, le manuscrit de ce livre a été achevé au Vietnam, loin des rivages méditerranéens. Là-bas, dans le pays de sa grand-mère paternelle, l'auteur explore désormais de nouveaux horizons académiques et culturels. À fortiori, nous lui sommes reconnaissants d'avoir accompli ce travail sur sa « vieille » Méditerranée, un espace où les imbrications complexes de cultures, de traditions juridiques, de pouvoirs politiques et d'intérêts économiques ne cessent de nous interpeller. Il nous fournit peut-être aussi certaines clés de lecture pour comprendre les conflits que la domination des espaces maritimes contemporains suscite encore.

Roberto ZAUGG

Bâle, février 2021

INTRODUCTION GÉNÉRALE

Le 10 juin 2020 la frégate française Courbet, alors qu'elle manœuvre en Méditerranée orientale pour se rapprocher du cargo Çirkin et le contrôler, est « illuminée » avec le radar de conduite de tir de la frégate turque l'Oruç Reis[1]. Il s'agit, dans le protocole naval moderne, d'un comportement extrêmement agressif qui précède l'ouverture du feu et place l'équipage aux postes de combat[2]. Le Çirkin, battant pavillon Tanzanien, est soupçonné de transporter des armes pour la Libye, notamment pour le port de Misrata, et par là de briser l'embargo mis en place par l'ONU pour tenter « d'enrayer » le conflit Libyen. Le Courbet, dans le cadre de la mission *Sea Guardian* sous mandat de l'OTAN, entendait vérifier les cales d'un cargo dont l'activité et l'escorte par des navires turcs posent question.

Suite à cet incident, et alors que d'autres tensions entre la Turquie et ses voisins en Méditerranée orientale surviennent[3], plusieurs médias interprètent rapidement l'évènement comme le signe d'un renouveau de « l'expansionnisme turque » en Méditerranée, au détriment des autres États, puissances et coalitions, et surtout la résurgence de l'ambition ottomane avec à sa tête le « néo-Sultan » Erdogan[4]. Les mots sont forts

1 Pour un résumé de l'incident : https://www.publicsenat.fr/article/politique/l-ambassadeur-de-turquie-s-explique-face-aux-senateurs-une-audition-sous-haute (consulté le 22 août 2020) et http://www.senat.fr/compte-rendu-commissions/20200629/etr.html (consulté le 22 août 2020).

2 Il s'agit d'une situation rare mais non exceptionnelle, source d'une grande tension au sein de l'équipage et dont sont informés les organes militaires et politiques en temps réel. L'auteur de cet ouvrage y a été confrontée alors qu'il était Officier Marinier sur l'Aconit, frégate du même type que le Courbet, au large du Liban.

3 Le 13 août 2020 un autre incident « naval » survient cette fois entre la marine turque et grecque : https://www.lemonde.fr/international/article/2020/08/13/tensions-entre-la-grece-et-la-turquie-la-france-envoie-deux-rafale-et-deux-batiments-de-la-marine-nationale_6048868_3210.html (consulté le 28 août 2020).

4 https://www.europe1.fr/international/mediterranee-pourquoi-erdogan-et-la-turquie-provoquent-la-grece-et-leurope-3987815 (consulté le 10 septembre 2020) et https://www.lefigaro.fr/vox/monde/les-mauvais-coups-du-sultan-erdogan-20200901 (consulté le 10 septembre 2020).

et procèdent d'une sémantique loin d'être anodine. On évoque pêle-mêle la bataille de Lépante, la domination navale ottomane et Selim Ier pour donner corps aux évènements actuels et tenter de trouver un fil conducteur aux récentes tensions navales impliquant la Turquie[5]. Pour achever le tableau historique, la décision de reconvertir en mosquée l'ex-basilique Sainte-Sophie, à Istanbul, donne également une dimension religieuse au contexte en déplaçant (mélangeant ?) la tension maritime sur le terrain religieux. Mais qu'en est-il vraiment ? Rejoue-t-on ici l'affrontement sur mer entre Chrétiens et Musulmans et/ou s'agit-il d'une continuité historique des restructurations liées à la fin de l'Empire ottoman ? Les anachronismes du discours médiatique et politique, même si l'évocation historique fait parfois sens, sont à la fois un révélateur des enjeux actuels, du jeu des représentations/interprétations des relations interculturelles en Méditerranée et de leur terrain d'expression.

Il est en effet tentant et commode de se référer à l'époque ottomane et aux aspects purement conflictuels pour expliquer/justifier des contextes qui, de prime abord, semblent en partie similaires et peuvent réactualiser l'immémorial des foules et en frapper l'imaginaire. Le fait historique est également utilisé pour la grandiloquence du discours et de la communication politique et diplomatique. Il faut ici rappeler que l'incident du 10 juin prend place dans les eaux internationales, dans le cadre d'un mandat international, ayant trait à un conflit qui prend d'abord racine dans une contestation populaire puis dans un changement de régime incertain avec en toile de fond d'immenses réserves pétrolières[6]. Le contexte géopolitique est donc très différent. Quant à la situation légale, elle mérite toute notre attention. Au temps de l'Empire ottoman, notamment au début de l'Époque moderne, le droit international concernant la liberté de navigation est encore en construction[7] et l'accès au pétrole n'est pas un *casus belli* maritime. Tout au plus, nous pouvons conserver la démonstration de force navale

---

5 https://time.com/5885650/erdogans-ottoman-worry-world/ (consulté le 10 septembre 2020).

6 Daguzan, Moisseron, 2011, 78-97.

7 Le processus de territorialisation maritime est alors en cours : la césure remarquable avec le passé est une « internationalisation » juridique aux multiples conséquences qui aura lieu au XIXe siècle (Augusti, 2019). Concernant le droit international « de la mer » et sa complexe construction par la suite : Tanaka, 2015. Avant le XIXe siècle, le droit afférant au commerce est déjà solide et négocié par des traités et des associations « internationales »,

comme une réitération de l'expression de la domination sur mer[8], alors que la convocation de l'ambassadeur sommé de s'expliquer sur l'incident est un usage diplomatique qui s'est construit de manière non-linéaire[9]. C'est également le cas de la souveraineté maritime et des revendications littorales, qui sont ici les vrais enjeux de l'incident, et qui oscillent entre le concept de liberté des mers et les volontés étatiques d'appropriation des espaces maritimes[10]. Remarquons que les conflits liés à ces concepts « larges », à la fois universalistes et étatiques, n'engagent souvent qu'une poignée d'embarcations et d'hommes qui sont les porteurs de souverainetés concurrentes et de leur(s) expression(s) sur mer[11]. Pourtant, la côte turque est aujourd'hui bien moins étendue que les rivages qui furent sous domination ottomane ; domination qui était d'ailleurs bien loin de s'exprimer de manière univoque. La course barbaresque, sa gestion et la perméabilité de ses acteurs en témoignent[12]. De plus, la globalisation des conflits, des routes maritimes et des marchés ne restreint plus les champs d'application de l'expansion maritime turque, si tenté que nous assistions aujourd'hui à celle-ci, à la seule donnée méditerranéenne[13]. D'autres États, géographiquement lointains, sont ou seront concernés à plus ou moins brèves échéances par la sécurité et l'ouverture des routes maritimes si les incidents se multiplient et rendent le commerce difficile. C'est notamment le cas d'un nouvel acteur « maritime » des échanges méditerranéens absent à l'époque de l'Empire ottoman : la Chine[14].

notamment concernant le commerce français au Levant (Simon, 2014). Ces différents aspects seront développés dans la suite de l'ouvrage.

8 Concernant le concept de domination des mers et son contenu historique : Modelski et Thompson, 1988.

9 Bély, 2007. Pour un point de vue ottoman : Işıksel, 2014 et Yerasimos, 1999.

10 On peut trouver un exemple de cette tension interprétative de la souveraineté maritime dès le XVIIe siècle dans les concepts de *mare liberum* et *mare clausum* des juristes Hugo Grotius et John Selden. Pour approfondir la question, consulter l'ouvrage de Lauren Benton et tout particulièrement le chapitre 3, *Sovereignty at the Sea* (Benton, 2009, p. 104-161).

11 Cette affirmation est étayée dans la suite de l'ouvrage par d'autres exemples. En temps de paix, la souveraineté maritime et sa territorialisation peuvent également s'incarner sur un territoire maritime extrêmement grand par seulement quelques embarcations et leurs pavillons, voire un seul « bateau de souveraineté » comme c'est le cas du *Marion-Dufresne* dans les Terres australes et antarctiques françaises (TAAF) (Manouvel et Naim-Gesbert, 2007).

12 Calafat, 2012.

13 Concernant cet aspect de la question : Coutansais, 2015.

14 Le phénomène d'externalisation des enjeux méditerranéens au reste du monde n'est pas nouveau, mais a pris de nos jours des proportions inédites, ne serait-ce que par les enjeux du trafic maritime lié au commerce de la Chine (Chaziza, 2018).

Le rappel historique n'est donc pertinent que si l'on se place dans le cadre de la construction non-linéaire de la souveraineté sur mer et de ses modes d'expression.

Si tenté que l'on veuille comparer la situation historique ottomane au contexte actuelle sous l'angle de la domination maritime, il est d'ailleurs peut-être plus stimulant de se tourner vers les disputes liées à la territorialisation maritime chinoise actuellement en cours. L'exemple est en effet riche en concepts et grilles de lecture qui peuvent être en partie opératoire pour l'Époque moderne et permettre d'approfondir notre réflexion. La tentative d'imposer sa souveraineté maritime, en tant que plus grand État régional, au détriment d'États voisins territorialement, économiquement et démographiquement moins importants, fait en effet de la Chine un cas d'école quant aux ressources des uns et des autres pour exprimer ou contrer les visées hégémoniques. Ce processus d'expansion – qui en est clairement un – est certes source d'« escarmouche » navale[15] mais s'exprime plus (pour l'instant) par d'intenses pressions juridictionnelles autour du concept de « mer de Chine », appellation contestée et contestable[16], comme pourrait l'être la notion de « mer ottomane » pour l'Époque moderne. Si nous prenons ici le soin de préciser ce point, c'est que la « mer ottomane » ne correspond pas dans notre propos à une quelconque réalité historique consistante, définie et limitée[17] mais prend plutôt en compte la variété d'expression de la souveraineté maritime au sein d'un Empire ottoman qui, nous le verrons, des Régences autonomes d'Afrique du Nord à la mer Noire, a déjà à l'Époque moderne négocié des parcelles de souveraineté maritime avec les États européens au sein de traités, d'institutions et d'un pluralisme juridique qui est le lieu d'un commerce « interculturel » où l'aspect religieux, si important soit-il, n'est qu'une donnée parmi d'autres quant à la question de la domination des mers, des conflits

15 Outre le conflit majeur de 1988, nous pouvons trouver un exemple dans les difficultés que rencontrent les pêcheurs vietnamiens qui sont régulièrement arraisonnés et contraints par les autorités et patrouilles chinoises qui s'approprient par la force l'espace maritime vietnamien (Do, 2016, p. 176).

16 Les revendications chinoises entrent en conflit avec les intérêts maritimes de Taïwan, des Philippines, de la Malaisie, de Brunei, de l'Indonésie, et du Viêt Nam : Dupuy et Dupuy, 2013, p. 107.

17 Michel Fontenay évoque les « eaux ottomanes », ainsi que la mer du Levant et la « mer blanche » (Fontenay, 1985, p. 186).

qu'elle occasionne et des terrains d'entente qu'elle requiert[18]. Il s'agit là de l'un des axes principaux de cet ouvrage.

Le jeu des comparaisons avec la Chine s'arrête cependant rapidement sous l'angle des motivations liées à la territorialisation maritime. Le pays a des vues sur les ressources halieutiques, pétrolières et gazifières de l'Asie du sud-est, tout comme elle entend exercer un contrôle strict sur un espace où s'entrelacent les voies maritimes vitales à son économie (ce qui fut moins le cas pour l'Empire ottoman), et alors que les États-Unis essayent de contester cette hégémonie[19]. L'interculturalité est aussi quasiment absente des enjeux[20] et supplantée par la donnée économique. En revanche, l'expression d'une politique de puissance sur mer qui s'exprime finalement difficilement dans le jeu nouveau (renouveau ?) des « marines de souveraineté » est un concept qui va retenir toute notre attention[21]. Certes, la Chine n'est pas un « empire » qui contrôle ses voisins et ces derniers sont d'un grand intérêt dans notre démarche conceptuelle. Il s'agit d'États autonomes[22], si ce n'est l'influence économique et culturelle chinoise passée, qui savent à la fois jouer des alliances internationales et parvenir à des accords qui (en théorie) peuvent être contraignant pour chacun des acteurs impliqués, et dans le même temps interpréter la territorialisation maritime avec leurs propres règles et à leurs propres avantages[23] ; ce point particulier représente une constante dans les stratégies des États dits « faibles » eu égard aux États de plus grande envergure économique et militaire, et par là dotés d'une force navale conséquente et/ou supérieur. Pourtant,

18 Les travaux sur ces questions sont nombreux et nous limiterons ici les exemples avec : Calafat, 2011, p. 171-187 et Grenet, 2013 (a), p. 37-52. On peut également trouver un exemple dans le commerce des captifs : Kaiser, 2008, p. 3-10.

19 En 2009, un incident entre la Chine et les États-Unis, à peu près similaire à celui du Courbet, révèle tous les enjeux de la souveraineté revendiquée, du droit internationale (notamment la Convention des Nations unies sur le droit de la mer, CNUDM, ou UNCLOS pour *United Nations Convention on the Law of the Sea*) et de l'hégémonie sur mer où les puissances voisines ont bien du mal à exister : Mastro, 2011.

20 Il ne s'agit pas ici d'en surévaluer l'importance pour le cas ottoman mais de souligner que l'espace du sud-est asiatique est aujourd'hui plus le terrain d'expression d'enjeux territoriaux et économiques que de conflits culturels, même si la référence au passé sert également de justification. Concernant les aspects culturels voir Pham, 2016.

21 On assiste à un retour ou à la création de marine « nationale » pour le contrôle de l'espace maritime nationale et y exercer sa souveraineté : Coutansais, 2014, p. 83-91.

22 Pour rappel Taïwan, les Philippines, la Malaisie, Brunei, l'Indonésie et le Viêt Nam.

23 Bellayer-Roille, 2014, p. 114.

si le commerce y est essentiel, le transport marchand ne constitue pas l'objet premier de l'expression de la souveraineté sur mer chinoise, même si la piraterie est toujours une préoccupation majeure[24], et l'identité maritime des transporteurs est sans objet. Cette dernière donnée est également d'importance car elle constitue l'un des points que cet ouvrage entend développer. Mais avant de s'attacher à ce point spécifique, revenons d'abord à l'incident du Courbet et sur un détail qui de prime abord semble négligeable : le pavillon tanzanien du Çirkin n'implique en rien la Tanzanie dans les tensions entre la Turquie et la France. Il s'agit ici d'une différence notable avec le contexte de l'Empire ottoman et plus généralement des navigations d'Ancien Régime et du début de la période contemporaine.

Enjeux économiques de premier plan, les politiques pavillonnaires sont de nos jours l'objet de débats sensibles, mettant en apparence le droit maritime à l'épreuve des logiques d'un espace économique mondialisé mais qui doit en fait tenir compte des différentes constructions étatiques et donc d'une expression altérée de la souveraineté maritime. Actuellement, le concept d'un droit « partagé » par l'ensemble des gouvernements apparaît illusoire concernant les transports maritimes. Certes, la convention de Montego Bay du 10 décembre 1982 (CMB) est supposée équilibrer la souveraineté territoriale et la souveraineté du pavillon. Pour résumer, plus on se situe à proximité des côtes, plus l'emprise de l'État côtier est forte, tandis que plus on s'en éloigne, « plus un régime de liberté, gouverné par le seul droit du pavillon, prévaut[25] ». Pourtant, le sens même de « l'État du pavillon » est largement remis en cause face à l'externalisation à l'infini de la donnée maritime. En effet, normalement un navire commercial relève en haute mer uniquement de l'État dont il arbore le pavillon[26]. Or la compétition sans merci que se livrent les armateurs afin de réduire les coûts du transport a contribué à l'essor au cours du XXe siècle de l'utilisation des pavillons de complaisance permettant un *dumping* juridique, fiscal et social[27]. À ce titre, près de 45 % de la flotte commerciale est à présent immatriculée au Panama et

24 Coutansais, 2014, p. 85.

25 Nous nous permettons de reprendre mot pour mot l'explication d'Alexandra Bellayer-Roille dans Bellayer-Roille 2014. p. 112.

26 La Convention des Nations Unis sur le Droit de la Mer signée le 10 décembre 1982 réaffirme ce principe (Duvic Paoli, 2011).

27 Coutansais, 2010, p. 307-318.

au Libéria[28]. L'un des exemples les plus emblématiques de ces dérives est celui du pétrolier l'*Erika* qui le 12 décembre 1999 fait naufrage au large des côtes bretonnes provoquant une importante marée noire. Au-delà des dégâts écologiques, le parcours de ce navire en dit long sur l'état de la souveraineté du pavillon[29]. Affrété par une société française (Total), armé par une entreprise grecque, manœuvré par un équipage indien, assuré par une compagnie anglaise, enregistré aux Bermudes, l'*Erika* battait pavillon maltais[30]. Au cours de ses vingt-quatre années d'activité, il a également changé sept fois de nom, cinq fois de pavillon et neuf fois d'armateurs.

Quelles sont les conséquences ? La définition juridique des responsabilités est désormais presque impossible lors de transports illégaux ou en cas de fortune de mer qui peuvent avoir de graves conséquences environnementales[31]. Au regard du droit maritime international et des constructions juridiques liées à l'immatriculation des navires, il n'existe nulle fraude à faire profiter d'un pavillon avantageux une embarcation construite dans les arsenaux étrangers. Le phénomène a même été institutionnalisé par l'intermédiaire de la création des registres et pavillons *bis*[32]. Pour la France, l'arrêté ministériel du 17 juin 1986 donne naissance

28 *Ibid.* p. 315.

29 Malardé, 2001.

30 Coutansais, 2010, p. 315.

31 De nos jours la réciprocité négociée n'est plus opérante face au phénomène de dérégulation mondialisée qui rend obsolète les institutions maritimes et la géographie des rapports qu'elles induisent. Cependant, les phénomènes actuels renforcent d'autres frontières qui se cristallisent autour d'un droit concerté et supposé contraignant. Par exemple, la norme concernant le travail maritime adoptée en 2006 lors de la Conférence internationale sur le travail est dite opposable aux pays signataires (Rey, 2009, p. 19-20). On peut s'interroger sur le fait qu'elle reste concertée sans que la contrainte soit réellement pénalisante pour les États non-signataires. La réflexion du XXIe siècle sur le caractère extraterritorial du pavillon maritime exprime à ce titre une contradiction fondamentale en soulignant la nécessité d'une harmonisation juridique de la contrainte sur le plan international et la fin des régimes d'aide nationaux aux transports maritimes (consulter les propositions contenues dans Ifmer, 2007, p. 9). Cette proposition ne tient pas compte de la réalité de la concurrence marchande, souvent avantagée sur le plan national, et de l'incapacité des organismes internationaux à imposer la contrainte.

32 Les pavillons *bis* ont été mis en place par les pays européens pour faire face à la concurrence des pavillons de complaisance. Il s'agit en fait de second registre d'immatriculation des navires permettant de se référer à un autre droit du travail : par exemple le pavillon de Kerguelen implique un code du travail différent, celui en vigueur en outre-mer. Cette technique juridique permet de recruter des équipages en partie étrangers selon des lois sociales et fiscales moins pesantes. Les registres *bis* ont le même objectif. Mais dans ce

aux registres dit « Kerguelen » (officiellement TAAF, pour « Terres arctiques et australes françaises ») pour les navires de charge et « Wallis-et-Futuna » pour les navires de croisière[33]. La mesure vise à lutter contre le dépavillonnement des navires français (c'est-à-dire l'utilisation d'un autre pavillon) en offrant la possibilité d'une diminution des coûts, notamment par le recrutement d'un équipage en partie étranger. Toutefois, il ne s'agit pas de pratiques nouvelles et l'historicisation des questions liées aux pavillons peut nous en dire beaucoup sur celles concernant la souveraineté : ce sera l'une des thématiques fortes du présent ouvrage.

L'utilisation du pavillon le plus avantageux reste en effet une constante de l'entreprise maritime au-delà des appartenances nationales et des aspects techniques. Néanmoins, la question du pavillon et de sa souveraineté à l'Époque moderne reste attachée à « l'État du pavillon » et fait donc l'objet de disputes, de négociations et de prérogatives autour de constructions juridiques et d'institutions nationales qui sont loin de se réclamer d'un droit partagé et commun[34]. À cela s'ajoute également les jeux d'échelles « des Méditerranées » et de la politique des États qui en constituent les rives. Nous sommes alors aux prises avec une multiplicité d'intérêts, de concepts et de pratiques de la souveraineté sur mer qui constitue le « laboratoire » de la période actuelle[35].

L'Empire ottoman rentre donc dans le jeu des puissances qui pour l'Époque moderne s'exprime de manière concomitante au travers de la guerre mais surtout du commerce, des traités, des litiges juridiques et diplomatiques, et qui sont fonction du « poids » de chacun sur

---

cas précis, il s'agit de consacrer l'extraterritorialité dans la loi : ces registres autorisent clairement le recrutement d'équipages étrangers sous pavillon national. Ils ne doivent cependant pas résider sur le territoire dont dépend le navire et sont enrôlés selon des conditions spécifiques à chaque État utilisant le registre *bis* : par exemple seulement dans le cadre des trafics internationaux pour la Norvège. Ce dernier système permet également aux compagnies de navigations de bénéficier d'exemption d'impôts et de taxes sur les équipages.

33 Les autres États européens firent de même : registre de l'Ile de Man, de Gibraltar et de Hong-Kong pour la Grande-Bretagne (actif depuis 1894) ; registre des Antilles néerlandaises pour les Pays-Bas (1987) ; registre de Madère pour le Portugal (1989) ; registre des Canaries pour l'Espagne (1993) (Lavenue, 1999, p. 241 et p. 244-247). Concernant la législation française se référer également à la loi n° 2005-412 du 3 mai 2005 parue au JO n° 103 du 4 mai 2005.

34 Voir le cas du pavillon « neutre » des Nordiques en Méditerranée : Allaire et Fusaro, 2017, p. 257-284.

35 Nous avons un panorama de cette diversité dans Fusaro, Heywood, et Omri, 2010.

l'échelle économique et militaire. Il y a ainsi une diversité d'expression et d'approche du domaine maritime, de sa territorialisation, des conflits et donc du transport et du droit afférant aux navigations. Ces dernières sont à l'Époque moderne d'abord liées à un État et son pavillon, et présuppose souvent un équipage de « nationaux ». Du degré de construction politique et économique, tout comme du contrôle que cet État exerce sur ses sujets, notamment les gens de mer, va dépendre l'usage qu'il sera fait du pavillon et des institutions chargées d'en défendre l'extraterritorialité ; on peut citer, entre autres et surtout, les tribunaux maritimes et la fonction consulaire[36]. Toutes les marines de commerce ne se valent donc pas et rentre dans un jeu complexe de construction nationale inégalement achevée, partagée et négociée, déjà forte d'une accumulation ancienne, ou en cours de rattrapage, qui mêlent intérêts publics et privés. Par exemple, l'expression politique d'une préférence économique envers les transports et transporteurs nationaux ne peut procéder d'une logique univoque et varie beaucoup d'un État à un autre. D'abord, elle se confronte aux pratiques du commerce, qui recouvrent plusieurs espaces, puis à la concurrence de politiques analogues qui s'expriment, ou pas, au travers d'institutions chargées de l'organisation des navigations et du contrôle du caractère national des échanges. Pour la France, ce sont les consulats, la Chambre de commerce et l'Amirauté de Marseille qui en étaient chargés. L'Amirauté délivrait alors l'autorisation de quitter les ports du Royaume de France pour aller naviguer. Il s'agit du « congé », un document qui permet d'hisser le pavillon français en conformité avec l'ordonnance de 1681 et de contrôler les navigations jusqu'en Méditerranée orientale[37]. Ce contrôle s'appuie sur une volonté politique[38] doublée d'une souveraineté sur mer affirmée concernant la France. En effet, l'ordonnance de marine de 1681 associe clairement les intérêts des armateurs et des navigants nationaux à ceux de l'État et assure aux marins un statut protégé ainsi qu'au pavillon français un cadre législatif favorable[39]. De plus, le droit de 20 % perçu à Marseille sur les navires étrangers met le pavillon français en situation de monopole sur les marchés levantins

36 L'auteur se permet de renvoyer à ses propres travaux : Denis-Delacour, 2021.

37 David, 1942, p. 270-272.

38 C'est notamment le cas du colbertisme dont la matrice est l'objet de débat : Minard, p. 77-94.

39 Berneron-Couvenhes, 2001, p. 26 et 35.

et barbaresques[40]. En revanche, d'autres États se lancent tardivement dans des politiques similaires, sans avoir au préalable les « moyens » institutionnels de leurs ambitions et sous un pavillon qui, par rapport à la France, n'a pas la même « force de loi ». C'est le cas de l'État pontifical qui à partir du XVIIIe siècle exercera difficilement sa souveraineté maritime au travers d'institutions (comme par exemple le tribunal du *Consolato*, le tribunal chargé des affaires maritimes) et d'une marine de commerce d'importation étrangère aussi bien au niveau des hommes que des embarcations[41]. Cette redécouverte tardive de la souveraineté maritime romaine est liée à une imitation politique mêlant les doctrines du commerce actif et de la territorialisation[42]. Plus au sud, et de manière concomitante, le Royaume de Naples s'engage sur une voie similaire mais constitue également un cas à part car, au contraire de Rome, il entend se mêler à la compétition sur les marchés orientaux alors qu'il devient pour la première fois un État autonome mais dans un complexe jeu territorial et souverain[43]. En effet, le Royaume de Naples comprend l'ensemble du Sud italien continental (à l'exception de Benevento, qui appartient aux États pontificaux). Avant 1734, l'appellation *Regno di Napoli* existe déjà. Sous les Habsbourg d'Espagne et les Habsbourg d'Autriche, l'État napolitain n'a en effet jamais cessé d'exister mais il était simplement gouverné par le biais de vice-rois. Le *Regno di Napoli* existe jusqu'en 1816, tout comme le Royaume de Sicile. Ce dernier est un État séparé par rapport au Royaume de Naples car entre 1734 et

40 Rambert, 1957, p. 11.

41 Denis-Delacour, 2021.

42 Dal Pane, 1959 et Venturi 1976.

43 Le Royaume de Naples a reçu de nombreuses appellations dues à la séparation politique des deux entités territoriales de la terre-ferme (sud de l'Italie) et la Sicile qui peuvent rendre confuse la localisation des territoires et des institutions. Par exemple, le 2 janvier 1735 Charles de Bourbon (Charles III) est couronné roi de Naples puis, en juillet de la même année, roi de Sicile. Néanmoins, les deux royaumes sont maintenus séparés sur le plan politique car le Roi règne sur Naples en « monarque éclairé », tandis qu'en Sicile il partage le pouvoir avec le Parlement sicilien. Ainsi nous trouvons les appellations *Regno di Napoli*, *Regno di Sicilia* puis Royaume des Deux-Siciles après 1816 lors de l'unité entre les deux royaumes (*Regno delle Due Sicilie*) et parfois *Mezzogiorno*. Dans le présent ouvrage, nous utiliserons indifféremment et par commodité stylistique les appellations « Royaume de Naples » et/ou *Regno* pour évoquer le continent, ses institutions, ses territoires et les embarcations ou les individus qui en sont les citoyens. Avant 1816, nous apporterons à chaque fois une précision institutionnelle concernant les cas particuliers qui concernent la Sicile ou la terre-ferme et l'explication concernant la situation politique au moment donné.

1816, il y a uniquement une union personnelle entre les deux États au travers du Roi. Enfin, le Royaume des Deux-Siciles est créé en 1816 avec la fusion des Royaumes de Naples et de Sicile. On peut comparer, dans une certaine mesure, cette union au cas de la Grande Bretagne, créé en 1707 avec l'union de l'Angleterre et de l'Écosse. Ces multiples changements et morcellements rendent parfois l'identification des sujets napolitains aléatoires. Par exemple dans les sources du XIXe siècle, les sujets du nouvel État créé en 1816 sont parfois indifféremment désignés comme « napolitains » ou comme « siciliens », ce qui rend l'origine précise des sujets précaire et incertaine[44]. De fait, il a été fait le choix dans le présent ouvrage d'élargir le terme « napolitain » à l'ensemble des sujets/institutions du Royaume des Deux-Siciles quand sera évoquée la période post-1816.

Ce qui est certain, c'est que le Royaume de Naples va choisir en 1734 un processus d'imitation pour gouverner les ambitions politiques quant au commerce sur mer. À l'image de l'ordonnance de marine de 1681, la *Prammatica* du 18 août 1741, puis le *Regolamento per la navigazione de bastimenti mercantili* (règlement pour la navigation des bâtiments marchands) de 1742, doivent réglementer l'activité de la flotte de commerce napolitaine pour qu'elle soit privilégiée par les négociants locaux[45]. La formalisation de la souveraineté maritime napolitaine est ici liée à la nouvelle autonomie du Royaume de Naples qui, jusqu'en 1734 – et au contraire de la France et dans une moindre mesure de l'État pontifical si l'on fait fi du jeu des alliances internationales – n'a pas une politique extérieure autonome et souveraine sur le plan maritime, puisqu'il dépend avant cette date des Habsbourg d'Espagne et ensuite des Habsbourg d'Autriche[46]. Il s'agit là d'une césure remarquable avec le passé et un

44 Jusqu'en 1816, le terme « napolitain » peut faire référence à la fois à la ville de Naples et au Royaume de Naples. À partir de 1816, le terme napolitain devrait être utilisé *stricto sensu* uniquement pour la ville de Naples. Quant à l'appellation de sicilien, jusqu'en 1816 ce terme fait uniquement référence au Royaume de Sicile. En pratique, dans les sources du XVIIIe siècle le titre du roi – qui était roi de Naples, roi de Sicile et souverain du *Stato dei Presidi* – est souvent abrégé avec « *Re delle Sicilie* ». Mais cela est loin de signifier qu'il y a un seul État unifié. Les sujets du roi peuvent en effet appartenir à trois États différents : le Royaume de Naples (-1816), le Royaume de Sicile (-1816) et le *Stato dei Presidi* (-1801). Le lien entre ces États est uniquement une union personnelle de la Couronne.

45 Sirago, 2004 (a), p. 36-37.

46 C'est lors de la guerre de Succession de Pologne que le *Regno* devient en 1734 une monarchie indépendante sous une branche de la dynastie de Bourbon, après la domination espagnole (1503-1707) et autrichienne (1707-1734) (Galasso, 2005-2007).

moment « créateur » pour un État qui doit s'immerger dans les questions de territorialisation maritime et d'extraterritorialité pour donner corps à sa politique et à son commerce[47]. C'est donc naturellement par les institutions et le pavillon que va tenter de s'affirmer l'autonomie et la souveraineté du nouvel État. Néanmoins, les tribunaux, amirautés, ou bien encore chambre de commerce, sont d'abord porteurs de toute l'ambigüité des politiques économiques du XVIIIe siècle[48], alors que dans le même temps les trafics s'intensifient avec de nouveaux pavillons qui entrent dans la compétition marchande[49]. Nous retenons à ce titre le cas napolitain comme riche d'enseignement regardant les processus de construction de la souveraineté maritime et des différentes formes qu'elle a pu prendre eu égard aux différentes politiques de l'État du pavillon et des institutions qui doivent les faire cohabiter[50]. À la fois chargés de réguler le commerce de manière efficace et de développer l'ensemble des trafics, les institutions du commerce doivent en effet dans le même temps protéger le pavillon local au détriment des autres. Si la tâche n'est pas simple eu égard à la variété des politiques pavillonnaires et des institutions en Méditerranée, « l'aventure » napolitaine en mer ottomane semble à première vue encore plus problématique au sein d'un espace déjà saturé par les rivalités et négociations commerciales. Il s'agit là d'une « redécouverte » qui n'a pas échappé à la bibliographie récente concernant le Royaume de Naples et sa position tant géographique que politique et commerciale au « centre » de la Méditerranée est à nouveau questionnée[51]. Ce n'est donc pas la dichotomie entre chrétiens

47 Imbruglia, 2000.

48 Il s'agit notamment des diverses formes qu'a pu revêtir le mercantilisme. Si nous retenons le terme, malgré les anachronismes et les nombreux débats, c'est en tant que « concept opératoire » dont la durée d'expérimentation varie selon les États (Spector, 2003, p. 289-309). Dans la pratique, les États vont progressivement s'appuyer sur une balance du commerce, c'est-à-dire la possibilité de s'appuyer sur des résultats chiffrés et pour le dire plus simplement calculer « ce qui entre et ce qui sort » comme déjà expérimenté en France avec un bureau de la balance du commerce créé le 18 avril 1713 (Charles et Daudin, 2011).

49 La compétition maritime atteint alors son paroxysme et les échanges maritimes se resserrent, les trafics progressent et des redistributions s'opèrent. Les sociétés littorales voient se diversifier leur position avec des complémentarités qui se mettent en place à divers niveaux. C'est notamment le cas, entre autres, de Marseille et de son marché levantin (Buti, 1998, p. 72-81).

50 C'est aussi une redécouverte de la « marine de souveraineté » (décrite précédemment concernant le cas chinois) qui, dans le cas du Royaume de Naples au XVIIIe siècle, se pose avec acuité face aux barbaresques : Albanese, 2011.

51 En témoigne les contributions dans Rao, 2017.

et musulmans qui va constituer notre terrain d'étude, mais plus la manière dont le pavillon napolitain va cohabiter avec l'interculturalité déjà en cours et par quelles moyens les navigations vont s'insérer dans un espace plus partagés qu'il n'y parait de prime abord.

En effet, au XVIIIe siècle, Européens, Ottomans et Barbaresques ne se « découvrent » pas et entretiennent depuis plusieurs siècles d'étroites relations. Elles se concrétisent tout particulièrement sur le plan maritime, et notamment par le commerce et la guerre. Les interactions sont donc anciennes et les échanges nombreux, et peuvent revêtir les formes les plus inattendues. C'est par exemple avec beaucoup d'à-propos que Daniel Panzac dans ses travaux sur la caravane française évoque sous forme de préambule les échanges méditerranéens en matière de droit maritime[52]. Les apports réciproques sont en effet nombreux. Du droit maritime musulman, qui se constitue entre les IXe et XIe siècles[53], au droit des Rhodiens, Rôles de l'Oléron et Consulat de la mer, l'intuition d'une circularité des textes et des pratiques est loin d'être anodine. Elle rapproche les modèles de contrats d'affrètement maritime établis dans le monde musulman et en Europe, ou encore les textes arabes de l'Ordonnance de marine de 1681[54]. Mais la collaboration maritime et les interactions qu'elle entraîne vont bien au-delà de cette simple circularité méditerranéenne. Elle dessine l'aspect le plus concret d'une interculturalité qui interroge avec conviction un espace parfois trop riche en réponses de toutes sortes. Ici se pose la question interprétative et la manière dont le présent ouvrage entend analyser les phénomènes liés à la souveraineté tout comme les objets et espaces privilégiés.

Ces dernières années la Méditerranée ne cesse en effet d'être questionnée, repensée même pour paraphraser le titre de l'ouvrage collectif sous la direction de William V. Harris[55], et donner toute sa dimension à une mer recouvrant à la fois une réalité économique, social, technique, religieuse et politique aussi dense qu'ancienne apparait de prime abord malaisé. Articuler et définir une grille de lecture appréhendant de manière concomitante, entre autres, les domaines de la géographie, de la sociologie, de l'économie ou du droit s'avèrent une entreprise difficile. On peut

52 Panzac, 2004, p. 14-18.

53 Khalilieh, 1998, p. 10-21.

54 Panzac, 2004, p. 15.

55 On y trouve par exemple une critique de « l'unité méditerranéenne » dans les sciences humaines, particulièrement dans Herzfeld 2005, p. 45-63.

naturellement être amené à privilégier l'une de ces thématiques fortes. Il y a donc souvent une tension entre l'élaboration de grilles d'analyse, de concepts que l'on envisagerait comme fédérateur et la pluralité des champs à prendre en compte. Est-il alors pertinent d'envisager dans sa globalité un espace recouvrant une réalité aussi riche que diverse dans ses représentations ? Dans le cadre des échanges maritimes, la question se pose avec d'autant plus de force qu'elle met au cœur de notre réflexion les multiples références méditerranéennes en matière de commerce, du monopole français au Levant à la supposée invasion nordique, quand d'autres sont absentes ou en cours de « redécouvertes » comme c'est le cas des navigations napolitaines[56]. À cela s'ajoute les nombreux travaux récents témoignant de la manière dont, à l'Époque moderne et bien au-delà de la seule Méditerranée, individus, groupes et institutions ont pu interagir par-delà les frontières culturelles, ethniques et religieuses[57]. Il s'agit alors de répondre aux impensés qui procèdent de la formulation même du concept méditerranéen : en l'occurrence, parle-t-on toujours de la même Méditerranée lorsque l'on évoque les possibles connections ou échanges, tant les points de vue culturels, étatiques, économiques et juridiques se recoupent imparfaitement. Cette ouvrage n'entend cependant pas déconstruire ici le concept méditerranéen, ni en expliciter les différentes acceptions. Il propose plus simplement de mettre en situation les navigations des XVIIIe et XIXe siècles qui transcendent les nombreuses configurations méditerranéennes, au-delà de l'idée d'une asymétrie des souverainetés.

Pour répondre à ces questionnements, les données juridique et institutionnelle ont été privilégiées. Elles peuvent en quelque sorte fédérer l'ensemble de ces problématiques. En effet, c'est bien souvent dans le cadre des litiges commerciaux que se révèle toute l'épaisseur social de l'échange marchand, et la manière dont il peut transcender les tensions inhérentes aux rapports de force économiques, sociaux et politiques. Il s'agit alors de révéler la concurrence des souverainetés méditerranéennes, qui sont loin d'être asymétriques, et les individus ou groupes qui sont porteurs des différentes souverainetés. C'est donc dans une perspective de dialogue avec une historiographie des contacts interculturels

56 Rao, 2017.

57 Voir entre autres Antunes, Halevi et Trivellato, 2014 ; Rothman, 2011 ; Trivellato, 2009 ; Heyberger et Verdeil, 2009 ; Dursteler, 2006 ; White, 1991 ; Curtin, 1984.

et marchands que le présent ouvrage choisi d'aborder le concept de souveraineté, historiographie qui connait depuis deux décennies une intensification tout à fait sensible dans les thèmes et les espaces qu'elle aborde[58]. Au-delà d'une notion géographique que l'on peut mettre en discussion, les zones de contact entre les « Méditerranées » deviennent en effet à la fois plus diffuses et étroites quand on se penche sur les litiges propres au commerce maritime : diffuses sur le plan de l'identité des acteurs et des institutions, étroites dans le cadre de processus normatifs et commerciaux contraignants devant néanmoins trouver un terrain de coopération. Entre monopoles étatiques et recompositions institutionnelles, l'enjeu est ici de se départir à la fois d'une définition basée sur l'appartenance univoque à une zone d'influence économique ou étatique, où l'idée de nationalité dresse de nombreuses frontières normatives, sociales et structurelles entre les espaces littoraux[59]. Surtout, c'est la construction d'une souveraineté nouvelle qui selon nous est révélatrice des processus et contextes qui conditionnent l'expression de la domination sur mer.

C'est pour cela que la présente réflexion prend corps autour du Royaume de Naples à un moment clé de son histoire et au cœur des grandes reconfigurations étatiques et marchandes entre Époque moderne et époque contemporaine. Outre le contexte politique, rentre en jeu la donnée géographique qui fait à plus d'un titre du *Regno*, autre appellation pour le Royaume de Naples, une « frontière » réelle ou supposée entre les espaces méditerranéens et notamment avec l'Empire ottoman[60].

Notre analyse va donc être centrée sur la politique maritime d'un État décrit comme en (re)construction, qui entend à partir de 1734 se mêler à la compétition économique méditerranéenne ; et cela malgré les monopoles déjà en place, l'expérience marchande à compenser ou à acquérir et surtout en ne négligeant pas un espace levantin et ottoman mal connu. Parmi les nations marchandes italiennes, le cas napolitain tranche donc tout particulièrement avec ceux, bien connus de l'historiographie, de Venise, Gênes et Livourne. C'est ici le choix délibéré d'un observatoire différent de celui qui est traditionnellement retenu par une abondante

58 Kaiser, 2014.

59 Concernant la figure de « l'étranger » à l'époque moderne : Cerutti, 2012 ; Corti et Sanfilippo, 2009.

60 Tuccillo, 2014 ; Rao, 2008 et 2007.

historiographie. Dans notre perspective, le *Regno* fait sens en tant que laboratoire spécifique de la souveraineté maritime, contrairement à d'autres espaces comme Livourne[61]. Ce dernier est en effet un port franc totalement ouvert à la présence étrangère et donc un cas à part, puisque des groupes et des institutions y interagissent par-delà les frontières géographiques, ethniques et confessionnelles[62], ce qui reste exceptionnel. Dans le cas des Républiques maritimes génoises et vénitiennes, l'ancienneté de leur présence maritime en Méditerranée et des réseaux marchands corrélés intéressent les questions essentielles de la projection marchande et étatique sur le long terme[63], mais ne correspond pas à la perspective qui est ici envisagé : celle d'une phase de projection initiale dans un espace maritime en reconfiguration et en extension. Le choix d'étudier ce « processus » pose en effet la question de l'autodéfinition nationale dans un contexte de renforcement des contrôles étatiques sur les échanges commerciaux[64].

Cette démarche permet de décentrer l'observatoire traditionnel des contacts interculturels (notamment France et Nordiques au Levant) et à partir des navigations napolitaines, de s'interroger non seulement sur les interactions maritimes et marchandes entre le bassin tyrrhénien et l'espace ottoman mais également intra-ottomanes ; espaces qu'unissent capitaines mais également consuls tout au long de la période envisagée. Sous cet angle, les navigations sont tour à tour l'expression la plus aboutie des souverainetés marchandes des États et leur variable d'ajustement. Prendre pour observatoire les capitaines de navires napolitains et leurs interlocuteurs étatiques et marchands, notamment les consuls, du XVIIIe au XIXe siècle, c'est également s'interroger sur la notion d'entreprise maritime et des individus porteurs de la souveraineté du pavillon. Le mode d'expression de la souveraineté étatique peut naturellement varier en fonction des individus et de leurs propres représentations et intérêts. D'une part, il s'agit de l'ensemble des modalités du commerce maritime, notamment sa réglementation et sa régulation pratique. D'autre part, il s'agit des connections que favorise ce commerce et les concurrences qu'il occasionne. Dans le cadre de cet ouvrage, l'entreprise maritime

61 Calafat, 2019.
62 Entre autres Trivellato, 2009.
63 Entre autres Dursteler, 2006.
64 Salvemini, 2011, p. 7-51.

constitue un observatoire permettant de reconstituer plusieurs formes de transaction économique et/ou identitaires à l'échelle de la Méditerranée, dans une perspective qui transcende la pluralité géographique, culturelle et juridique de cet espace[65].

Enfin, il s'agit d'explorer dans quelle mesure les souverainetés maritimes peuvent s'harmoniser à partir des institutions, du droit, ou bien encore des acteurs marchands et cela en prenant en compte les transformations institutionnelles entre Ancien Régime et époque contemporaine. Nous nous proposons ainsi de dépasser le cadre diplomatique des relations interétatiques, même si celui-ci est un apport précieux à la réflexion, en vue de se pencher sur les conditions pratiques de trafics qui, de la péninsule balkanique à la Barbarie, sont soumis à une forte normativité occidentale mais aussi porteurs d'une acculturation méditerranéenne diffuse.

Les tensions autour des marchés orientaux dans la perspective des trafics napolitains posent à ce titre avec acuité les questions relatives aux formes de territorialisation maritime, autour d'une diversité d'acteurs connectant des espaces à des normes malgré une pluralité culturelle et une inexpérience politique qui est loin de constituer une barrière économique[66]. Il s'agit alors de repérer, à partir des actes émanant des tribunaux de commerce, des agents diplomatiques et consulaires et des autres institutions auxquelles les navigations napolitaines sont confrontées, telles les douanes et les organismes de contrôle sanitaire, les processus de négociations auxquels participent les capitaines, les pressions extérieures diffuses qu'ils subissent et, au-delà, la manière dont se projette la normativité occidentale dans d'autres espaces méditerranéens. Pour ce faire, plusieurs niveaux d'analyse seront pris en compte pour caractériser l'interculturalité marchande.

Il s'agira d'abord de comprendre les possibilités qui s'offrent au Royaume de Naples et la manière dont la politisation de la mer va s'accorder avec la réalité des trafics et des forces en présence. En découle

65 Cette approche se situe dans la continuité et le renouvellement de travaux relatifs à la circulation maritime des États italiens depuis l'époque moderne. Continuité, car elle s'appuie sur des recherches dirigées en par les professeurs Gilbert Buti (Aix-Marseille Université) et Biagio Salvemini (Université de Bari) et renouvellement, car il entend élargir les problématiques abordées au sein d'un autre projet, *Mediterranean Reconfigurations : Intercultural Trade, Commercial Litigation, and Legal Pluralism, 15th-19th Centuries (ERC ConfigMed)*, initié à l'Université Paris 1 Panthéon-Sorbonne et dirigé par le professeur Wolfgang Kaiser.

66 Concernant précisément cette thématique : Christ, 2012.

les ressorts de la politique ottomane du Royaume de Naples, puis la manière dont l'entreprise maritime napolitaine s'insère dans une interculturalité marchande qui a ses propres éléments de définition au-delà de la notion de frontière. Enfin, les reconfigurations étatiques du XIXe siècle posent la question de la réciprocité entre les gouvernances ottomanes et napolitaines et servira à mettre en perspective les possibles concessions en matière de souveraineté maritime et leurs territoires pratiques.

Je remercie les nombreux apports à ces travaux et notamment les relectures attentives et exigeantes de Mathieu Grenet qui a également soutenu la publication du présent ouvrage. Les travaux d'Alida Clemente et Roberto Zaugg, tout comme leurs conseils, ont également été un apport précieux dans la compréhension de la souveraineté napolitaine entre Ancien Régime et époque contemporaine.

LA CONQUÊTE « POLITIQUE » DE LA MER

FIG. 1 – Principal emblème du pavillon maritime du royaume de Naples (1738-1815), puis du royaume des Deux-Siciles (1815-1860)[1].
Coat of Arms of the Kingdom of the Two Sicilies. © Flanker.

---

1 Pavillon marchand, d'État et de guerre du Royaume de Naples. Fond blanc du pavillon des Bourbons surmonté d'un emblème complexe composé des armes des Farnèse, de l'Autriche, de la Bourgogne, du Portugal, de la Castille et Léon, de Grenade, de la Flandre, d'Anjou, d'Aragon et de Sicile, du Brabant, du Tyrol, de Jérusalem et des Médicis. La reproduction provient de : https://commons.wikimedia.org/wiki/File:Coat_of_arms_of_the_Kingdom_of_the_Two_Sicilies.svg. Toutes les autres reproductions de pavillons présentes par la suite ont été réalisées par Roberto Breschi, membre du *Centro Italiano Studi Vessillologici*, et utilisées avec son aimable autorisation. Elles proviennent du site http://www.rbvex.it (consulter également Ziggioto, 1986, p. 109-130 et 1987, p. 99-119). Le pavillon de Naples, et la pluralité de sa composition, reflète toute la complexité politique d'un État aux multiples influences. Ainsi, il a durant certaines périodes était adapté en fonction des contextes, poussé a évolué dans ses emblèmes, pour finalement disparait à l'unité italienne.

LA SOUVERAINETÉ MARITIME ET LA DOMINATION SUR MER, UNE ÉQUATION IMPOSSIBLE ?

Aussi désastreuse qu'ait été l'intervention de la flotte de la marine royale des Deux-Siciles en rade de Tripoli l'année 1828, elle ne constitue en rien un témoignage « éclatant » de la faiblesse de la souveraineté napolitaine. L'événement n'est pas non plus significatif au niveau maritime malgré sa résonnance sur le plan de la politique navale sicilienne. Si elle est une donnée importante, la puissance maritime ne se réduit pas à la guerre sur mer et peut revêtir de nombreuses formes dont le commerce représente l'expression la plus aboutie[2]. La guerre sur mer, de la course à la bataille navale en ligne, doit à ce titre être entendue comme faisant partie d'un processus plus large (et sur le long terme) qui peut donner corps à la notion de souveraineté maritime[3]. Si dès l'avènement de Charles de Bourbon sur le trône de Naples la défense navale a été l'une de ses préoccupations majeures, tout particulièrement eu égard à la piraterie barbaresque[4], le jeu des alliances a aussi un grand rôle dans la protection des trafics et du pavillon napolitain. Le précédent bombardement d'Alger par la flotte hispano-napolitaine en 1784 est à ce titre moins le signe d'une « domination des mers » napolitaines qu'une alliance politique dont le pavillon du *Regno* ne retire aucun profit[5]. C'est dans cette perspective que la « canonnade » de 1828 est à envisagée.

Arrivées le 6 juin à Tripoli dans le but d'intimider le Bey Youssouf Qâramânlî, la flotte napolitaine participe donc à une énième version d'une même pièce que rejouent inlassablement les Régences et les puissances européennes[6]. Dans le cas en question, ce sont les « nouvelles »

2 Le cas du commerce maritime des États pontificaux illustre toute la complexité des politiques maritimes (Denis-Delacour, 2013, p. 395-418). La course doit également être envisagée comme l'une des expressions du commerce et du complexe jeu des souverainetés étatiques ; voir la contribution de Guillaume Calafat et Wolfgang Kaiser dans Antunes, Halevi et Trivellato, 2014, p. 108-130.

3 Une partie de ces processus dans : Amirell et Müller, 2014.

4 Mafrici, 2007, p. 641.

5 Albanese, 2011, p. 10.

6 Une partie des documents relatifs à l'intervention se trouvent aux archives d'État de Naples (*Archivio di Stato di Napoli* par la suite ASN), dans le fonds *Affari Esteri*, Tripoli, busta (par la suite b.) 3064 : Tripoli, *Controversie e richiami del console in Ancona* (1825-1829).

prétentions de Tripoli qui sont considérées comme inacceptables par François Ier, nouveau souverain des Deux-Siciles depuis 1825[7]. La succession napolitaine pousse en effet le Bey de Tripoli à déclarer caduc le traité conclu précédemment. Rappelons brièvement qu'en 1816, après le congrès de Vienne, la flotte de Lord Exmouth est chargée d'imposer la paix aux Régences, et notamment au bénéfice du Royaume de Sardaigne et de celui de Naples[8]. Concernant les nouvelles demandes de Tripoli, il s'agit de renégocier avantageusement la paix en augmentant le tribut annuel et en demandant le remplacement du consul napolitain en poste, procédure également lucrative[9]. En réaction la gouvernance napolitaine choisit d'envoyer le vaisseau de guerre *Il Vesuvio* sur les côtes de la Régence en septembre 1825 alors que parallèlement l'affaire trouve un premier règlement diplomatique. Ce dernier n'épargne pas Naples du paiement d'une forte somme, même si les anciens traités restent en vigueur. L'affaire n'en reste toutefois pas là. Pietro Francesco Crocillo succède au consul Warrington le 22 décembre 1826[10]. Dès sa prise de fonction, le Bey de Tripoli réclame à nouveau une renégociation de la paix et lance un ultimatum à Naples en juin 1828, pensant bénéficier de l'appui de la France par l'intermédiaire du consul Jean-Baptiste Rousseau[11]. La rupture aurait pour conséquence une nouvelle reprise de la course visant le pavillon napolitain, même si les traités sont loin d'être une garantie pour tous les États.

En effet, si Tripoli assure respecter le traité de 1816 et les exigences franco-britanniques[12], cela n'empêche ni la course ni Youssouf Qâramânlî

Plus globalement, les sources permettent de retracer les rapports entre Naples et Tripoli entre 1742 et 1860 se trouvent dans le fond ASN, Affari Esteri, Tripoli, b. 3054-3072 et *Consoli di Tripoli a Napoli* (1790-1817), b. 3253).

7 Concernant le règne de François Ier : Genoino, 1934.

8 Il s'agit de l'épisode du bombardement d'Alger qui est également le symbole d'une reconfiguration méditerranéenne issue des guerres napoléoniennes. Pour le détail des évènements : Panzac, 2005, p. 270-289.

9 ASN, Affari Esteri, Tripoli, b. 3064, *Controversie e richiami del console in Ancona* (1825-1829). La représentation consulaire napolitaine était alors confiée à l'anglais Hanmer Warrington, également consul britannique à Tripoli (Filesi, 1983, p. 154).

10 Il est en poste à Tripoli le 15 mai 1827 (ASN, Affari Esteri, Tripoli, b. 3060, *Diversi* (1815-1829).

11 Ce dernier luttait contre l'influence anglaise du consul Warrington qui défendait encore les intérêts napolitains (Féraud, 1927, p. 344-348).

12 La conférence d'Aix-la-Chapelle de 1818 donne mandat à la France et à la Grande-Bretagne pour mettre fin à l'activité de course des Régences et aboutit à l'envoi d'une escadre franco-anglaise en 1819 à Alger, Tunis et Tripoli (Filesi, 1983, p. 148).

de tester la résistance des États « secondaires » et éventuellement tirer un bénéfice de leur faiblesse. C'est à ces fins que la Régence de Tripoli tente d'imposer aux Sardes le paiement d'un tribut à l'occasion de l'arrivée d'un nouveau consul en 1825 tout en menaçant leur pavillon, contrevenant ainsi à la paix de 1816. La réaction du « petit » État va alors surprendre la Régence car la marine sarde se rend à Tripoli et mène un débarquement de nuit qui met fin aux revendications[13]. C'est dans ce contexte que le Royaume des Deux-Siciles décide lui aussi de faire montre de sa « puissance maritime » en 1828 avec à sa tête la frégate *Sirena*[14]. Or la démonstration de force va tourner court.

Les mauvaises manœuvres et conditions climatiques, ainsi que les problèmes d'organisation et la résistance tripolitaine, forcent la flotte à rentrer à Naples sans avoir rien obtenu. Pire, le gouvernement napolitain est obligé d'accepter la médiation de la France par l'intermédiaire du consul Rousseau et doit payer des indemnités[15]. L'évènement a pu être interprété de diverses manières. La promptitude du Royaume des Deux-Siciles à signer la paix est jugée sévèrement car le geste serait au détriment de l'honneur et de la réputation de l'État, déjà entamés par la faiblesse navale dont il a fait preuve[16]. Le consul sarde en poste à Tripoli cette même année évoque le fait que l'échec napolitain est considéré comme une victoire tripolitaine et que, désormais, la Régence ne craint plus les puissances de « second ordre[17] ». Or plus que l'honneur, l'humiliation ou la victoire, le crédit ou la menace, l'épisode de 1828 est sous bien des aspects une négociation de parcelles de souveraineté qui a mal tournée sous l'angle d'une domination sur mer incertaine.

De quoi parle-t-on ? Comme précisé précédemment, il faut replacer l'intervention de 1828 dans un contexte plus large que la donnée diplomatique réduit finalement à sa plus simple expression. La présence napolitaine et son commerce sur le territoire de Tripoli sont déjà anciens à cette date et diverses politiques économiques se sont succédées. Et loin de se limiter à l'Afrique du Nord, elles impliquent des interactions

---

13 Ferrari, 1912 et Micacchi, 1933, p. 201-222.

14 Filesi, 1983, p. 165.

15 Ce règlement marque le retour de l'influence française dans les affaires napolitaines (ASN, Affari Esteri, Tripoli, b. 3061 (bis), Tripoli, *Atti del real governo, trattati con varie potenze* (1816-1850)).

16 Paladino, 1929, p. 1012.

17 Micacchi, 1933, p. 219-220.

maritimes et marchandes avec l'espace ottoman, de la péninsule balkanique aux côtes barbaresques, et les autres espaces méditerranéens. La pratique du « traité » entre le Royaume de Naples et la Régence, précédant l'union des deux Royaumes, mais plus généralement entre les puissances européennes et l'Empire ottoman et toutes les Régences, doit ainsi retenir notre attention mais sans privilégier les aspects diplomatiques au détriment du commerce. Les deux sont d'ailleurs intimement liés. L'abandon en apparence de parcelles de souveraineté ne doit pas être seulement envisagé par le haut, comme une somme d'accords définitifs qui s'imposent verticalement selon une contrainte univoque. Il s'agit plutôt de compromis caractérisés par d'intenses négociations étroitement connectées aux aspects les plus pratiques des échanges marchands[18]. Banalité d'un constat : derrière chaque capitulation ou traité de paix lié au commerce et à la navigation, il existe des intérêts parfois communs et parfois divergents, ainsi que des rapports de force qui évoluent, sur le plan commercial et politique au niveau local comme international. Pour réellement interpréter le sens de ces accords, et restituer leur véritable place, il faut prendre en compte les remises en question des traités, leur confirmation/renégociation ultérieure ou tout simplement leur non-respect ou non-application. La tâche est donc loin d'être aisée. À ce titre, plus que les traités, c'est bien les pratiques marchandes qui fédèrent l'ensemble de ces problématiques et concrétisent les ressources de chacun. S'il nous est permis de réutiliser la formule de Christian Windler, c'est le commerce comme expérience de l'autre qui est ici prégnant, plus que des traités qui ne sont qu'une base préalable à toute négociation marchande[19].

La souveraineté devient alors une monnaie d'échange qui se négocie et revêt un caractère finalement transitoire. Il n'est pas étonnant que sa définition pose problème et soit particulièrement hésitante quand elle se confronte aux modes d'expression de la souveraineté des États ou gouvernances dits faibles. C'est l'association de la *negative sovereignty* à celle de *quasi-states* dans certains travaux, notamment ceux de Robert Jackson, qui a développé cette grille de lecture selon-lui typique du tiers monde[20]. En creux se pose la question de la reconnaissance de l'État, par

18 Calafat, 2011, p. 171-187.

19 Nous détournons la formule de Christian Windler dans Windler, 2002.

20 Jackson, 1990.

quoi et par qui elle est actée. La souveraineté négative correspondrait à la faculté d'un État à ne pas être contraint par la force, mais reste incertaine, limitée et dépendante, en opposition à une souveraineté positive qui serait la capacité d'influencer le cours de son histoire dans le sens voulu et correspond à la vision westphalienne de l'espace politique[21]. En corollaire, ces États faibles (*weak states*) seraient marqués par la « violence et la militarisation du commerce[22] », renvoyant à leur déficit diplomatique.

Certes, la souveraineté offre de nombreux paradoxes dont la concurrence qu'elle induit avec d'autres souverainetés constitue l'un des plus difficiles à résoudre et à envisager[23]. Elle est en effet parfois définie de manière univoque comme « le caractère suprême d'un pouvoir : suprême, en ce que ce pouvoir n'en admet aucun autre ni au-dessus de lui, ni en concurrence avec lui[24] ». Ce qui est certain, c'est que la souveraineté met en jeu le territoire, la population, l'autonomie, l'autorité, le contrôle et les normes de manière complexe. La domination sur mer n'en représente donc qu'une partie qui pour des raisons de droits et de territorialisation partagée, portée par une poignée d'homme et leur pavillon, est la plus difficile à réaliser. Or, historiciser le concept permet de mieux appréhender ses divers modes d'expression, de manière moins asymétrique, et de relativiser la suprématie ou la faiblesse de l'État. La légitimation de la souveraineté ottomane pose ainsi question[25] tandis qu'en Europe les conséquences historiques des divers changements de souveraineté font débats[26].

À ce titre, en 1828 la dynastie (et le pouvoir) des Qâramânlî est en fin de cycle[27] tandis que le Royaume des Deux-Siciles doit à nouveau s'adapter aux reconfigurations des espaces du commerce méditerranéen. Ainsi les traités, les démonstrations de force et autres concessions ou remises en cause de l'extraterritorialité ne peuvent bien souvent s'envisager qu'autour d'un commerce maritime qui met directement aux prises les souverainetés. Les échanges leur imposent une confrontation permanente,

---

21 *Ibid.*, p. 26-31.

22 Reno, 1998, p. 21.

23 Zaum, 2007.

24 Malberg, 2004 (1re édition 1920), p. 70-71. Définissant la souveraineté, il ajoute à la page 72 : « [...] Le mot souveraineté n'exprime donc jamais qu'une idée négative : la souveraineté, c'est la négation de toute entrave ou subordination [...]. »

25 Karateke et Reinkowski, 2005.

26 On en trouve un exemple dans le numéro thématique des *Cahiers de la Méditerranée* publié en 2013 et intitulé « Villes et changements de souveraineté en Méditerranée ».

27 L'Empire ottoman reprend en main l'administration de la région en 1835 (Lafi, 2002)

sur le plan de la norme et de la pratique et nécessitent des leviers de négociation dont les États ou gouvernances dites faibles savent tirer parti. En d'autres termes, quand la souveraineté se confronte à la mer elle ne se réalise que dans la négociation et l'abandon d'une parcelle d'elle-même, selon un processus loin d'être asymétrique et moins le fait d'une domination navale qu'un accord marchand[28]. C'est dans le cadre de cette négociation, de son succès relatif et de ses échecs transitoires qu'il est possible d'obtenir quelques éléments de définition. Comme nous l'avons précisé en introduction général, les litiges marchands témoignent de la manière dont s'inscrit la souveraineté dans le cadre du commerce maritime et révèlent les leviers et les processus sur lesquels elle s'appuie. Dans le cas napolitain, comme pour d'autres États dits « faibles », ce sont les institutions du commerce qui en constitue la pierre angulaire. La compétition commerciale que se livrent les États à l'Époque moderne ne saurait en effet être réduite aux seuls conflits armés. Évoquer le commerce, c'est avant tout poser la question des rapports interétatiques en introduisant les notions de souveraineté ou encore de « raison d'État » qui participent à l'élaboration d'une politique économique[29].

LES RESSOURCES INSTITUTIONNELLES DES FAIBLES

Si nous nous permettons ici de paraphraser (encore) les travaux de Jean François Chanet et de Christian Windler[30], nous ne reprenons pas les concepts développés dans leur ouvrage mais cherchons plutôt à interpeller et remettre en cause le paradigme de la faiblesse de certains États, entités politiques et autres gouvernances méditerranéennes, face aux structures commerciales et étatiques considérées comme supérieures.

C'est particulièrement le cas lorsqu'on évoque le Royaume de Naples. Longtemps, c'est la division internationale des marchés qui a uniquement retenu l'attention. Le *Regno* est alors entendu comme une zone

28 Nous en avons un autre exemple concernant l'établissement de la Compagnie Royale d'Afrique au XVIIIe siècle : Denis-Delacour et Grenet, 2015, p. 18-23.

29 Hont, 2005.

30 Chanet et Windler, 2009.

d'exportation en matières premières comme l'huile, le vin, le souffre, et dans une moindre mesure le blé, tandis qu'il importe tout ce qu'il ne peut produire et par là est dépendant de l'étranger tout comme de la compétition avec les aires de production similaires à son territoire[31]. Malgré sa brièveté, ce résumé de la situation exprime une indéniable réalité qui, de prime abord, n'invite pas une analyse plus fine des mécanismes à l'œuvre, notamment sur le plan institutionnel. L'idée d'un déséquilibre économique vient en effet d'abord à l'esprit de tous chercheurs qui connait un tant soit peu la faiblesse structurelle de l'État napolitain, ou l'imagine, tant il semble si peu compter sur le plan économique à l'Époque moderne face à une concurrence qui a bénéficié d'une plus grande attention[32]. Par exemple, les trafics connectés aux marchés « levantins » ont trouvé par le passé une large résonnance historiographique, mais selon une interprétation univoque. Le cas de Marseille est à ce titre exemplaire[33]. Le commerce des Échelles du Levant est présenté comme un processus de captation d'un marché au profit de négociants ayant habilement joué sur les contextes politique et institutionnel. La Chambre de commerce de Marseille aurait ainsi tiré profit du mercantilisme colbertien pour éliminer progressivement la concurrence nationale et étrangère autour du marché levantin, et ce à partir de la fin du XVIIe siècle[34]. Souvent contesté et remis en cause, ce monopole resta cependant solidement structuré autour de réseaux négociants composés d'acteurs superposant les fonctions institutionnelles et marchandes, aussi bien à Marseille que dans les Échelles[35]. Entre la Chambre de commerce et les consulats, la forte emprise sur la gestion des trafics permettait ainsi d'utiliser une flotte locale en grande partie provençale[36]. L'organisation des navigations associait également des institutions offrant la possibilité d'un contrôle

31 Bevilacqua, 1987, p. 19-45.

32 Le Royaume de Naples a été par le passé considéré comme l'un des espaces marginaux du commerce en Méditerranée, mais cette « décadence » supposée a été remise en cause ces dernières années par une étude plus fine des stratégies de ce que nous avons nommés les États faibles (*weak states*) (Salvemini, 2011, p. 7-51). Le paradigme du déclin méditerranéen est également révisé dans les travaux ayant trait au commerce britannique en Méditerranée : Colley, 2002, p. 38.

33 Paris, 1957.

34 *Ibid.*, p. 11-13.

35 *Ibid.*, p. 199-230.

36 *Ibid.*, p. 149-179. Si les liens unissant les marchands aux capitaines et aux armateurs demandent à être précisés, l'importante participation des négociants marseillais se devine aisément ; voir Buti, 2005, p. 13. Pour un cadre général, consulter Panzac, 2004.

renforcé du caractère national des échanges : c'est notamment le cas de l'Amirauté de Marseille par l'intermédiaire de la délivrance des congés, système évoqué dans l'introduction du présent ouvrage[37].

Pourtant, le Royaume de Naples n'est pas un État dénué d'acteurs maritimes entreprenants et d'institutions du commerce actives – et, à leurs manières, efficaces – comme pourrait le laisser penser « l'éclatant succès » des marchés ottomans de la France et les nombreux travaux corrélés. Mieux, le *Regno* a beaucoup à nous apprendre sur le plan des institutions et de la concurrence des marchés et fait l'objet d'une redécouverte dans l'orbite des débats sur la nouvelle économie institutionnelle (en anglais *New Institutional Economics*). L'exemple napolitain donne notamment plus de profondeur analytique et permet de remettre en cause le discours affirmant d'abord qu'il y aurait une quasi-absence d'innovation institutionnelle en Europe du sud malgré le commerce international, et ensuite que cette absence d'innovation serait le fait des régimes absolutistes propres à cet espace[38]. Mais il s'agit là de travaux récents qui sont en partie issus d'un long parcours analytique qui explique, dans une certaine mesure, pourquoi le Royaume de Naples a longtemps fait l'objet d'un cantonnement en tant qu'objet d'étude,

37 Pour résumer, il s'agit de l'autorisation de quitter les ports du Royaume de France pour aller naviguer. Le document précise la nationalité du capitaine, de son équipage, sa destination et la durée accordée par le congé selon le voyage envisagé. Véritable « carte d'identité » du navire, il permet d'hisser le pavillon français en conformité avec l'ordonnance de 1681 et par là est le moyen d'exercer un étroit contrôle des navigations (David, 1942, p. 270-272).

38 Clemente et Zaugg, 2017, p. 109-129. Pour résumer, l'analyse néo-institutionnelle (NIE), dont Olivier E. Williamson et Douglass C. North sont les principaux théoriciens, entend mettre en lumière les processus liés à l'émergence des marchés et à la projection économique. Il s'agit alors de penser les règles institutionnalisées comme en partie productrices de la régularité et de la prévisibilité des échanges et de souligner les « parcours vertueux » qui mènent à des institutions efficaces et donc au développement du commerce. Selon les modèles proposés, et provenant d'une analyse des institutions du commerce sur le temps long et notamment à l'Époque moderne, le développement institutionnel du nord de l'Europe (Pays-Bas, Angleterre entre autres), caractérisé par une souveraineté du pouvoir central limitée et des organisations économiques indépendantes mises en place grâce aux réformes politiques, expliquerait le « succès marchand », tandis que la bureaucratie propres aux monarchies absolutistes du sud de l'Europe et leurs « lourds » contrôles seraient la raison du faible développement du commerce internationale et, en corollaire, de leurs échecs (nous limiterons à North, 1981 et 1990, p. 162-167). Les outils pour évaluer et mesurer l'efficacité des institutions comme les grilles de lecture de la NIE sont ici remis en question à partir de l'exemple napolitain qui pointe les raccourcis pris et les aspects passés sous silence.

surtout en ce qui concerne ses relations avec l'Empire ottoman et sa participation aux marchés orientaux.

L'historiographie du fait maritime italien a en effet dans un premier temps presque entièrement considéré les littoraux au prisme déformant de l'État et de sa puissance dans le jeu des comparaisons internationales, mais en laissant paradoxalement dans l'ombre l'espace des pratiques institutionnelles ; par rapport à l'époque contemporaine, l'Ancien Régime est en outre demeuré un parent pauvre des études en la matière jusqu'à récemment[39]. L'analyse fine des populations maritimes et des communautés a ensuite intéressé la recherche, le cadre micro-historique permettant de souligner les difficultés d'une population littorale en marge, dépassée notamment par un cadre institutionnel en mutation après l'Unité italienne[40]. À l'exemple des communautés de pêcheurs du *Mezzogiorno*, autre appellation pour le territoire du sud de l'Italie, la paupérisation socioéconomique caractérise également souvent ces catégories socioprofessionnelles[41]. De tels phénomènes de déclin ne doivent cependant pas masquer de réels succès : les processus de transformations socioéconomiques paraissent dès lors loin d'être uniformes face aux changements institutionnels[42]. Surtout, au-delà de la pêche, la redécouverte de l'activité des diverses marines marchandes italiennes dessine une extraterritorialité contredisant le paradigme étroit d'une intégration des littoraux à la nation dans le strict cadre du *Risorgimento*[43]. Cette dernière représentation n'est pas le fruit du hasard et procède des débats ayant trait au rapport de la Péninsule italienne à ses littoraux

---

39 C'est le cas dans Di Vittorio et Barciela Lopez, 2001. La dernière décennie voit cependant un intérêt grandissant pour ces questions : Pelleriti, 2011.

40 Voir la contribution de Marco Meriggi dans Frascani, 2001, p. 247-266.

41 Entre autres Clemente, 2005.

42 C'est le cas des pêcheurs des Pouilles (Salvemini, 1985, p. 441-488).

43 Entre autres Carrino, 2011. Le *Risorgimento*, qui signifie « renaissance » ou « résurrection » en Italien, correspond à la naissance de l'Italie contemporaine accompagnée de bouleversements politiques et sociaux qui correspondent aux principaux courants et aux grands événements qui ont permis à l'Italie de réaliser son unité au XIXe siècle (Pour un panorama détaillé : Pécout, 2004, p. 11-31). Il existe de nombreux débats autour du concept et tout particulièrement celui de l'historicisation de l'identité italienne et des facteurs qui sont supposés unifier la péninsule, et dont le rapport à la mer en constitue l'un des principaux aspects. L'héritage du *Risorgimento* trouve ainsi un écho particulier dans le domaine géographique et civilisationnel pour servir de justification historique à la domination méditerranéenne et à la colonisation. Concernant l'usage du concept de *mare nostrum* : Perrone, 2016.

qui a souvent fait l'objet d'une interprétation analytique excluant le caractère pluriel des économies littorales et l'Italie pré unitaire[44]. Véhiculant représentations et mythes comme autant de variations autour du concept de *mare nostrum*[45], les discussions « savantes » ont en effet eu une résonnance toute particulière pour le Royaume de Naples tout en influençant l'interprétation de son rapport avec l'Empire ottoman et la Méditerranée, et de fait son identité maritime.

Ainsi, dès le milieu du XVIIIe siècle le mouvement réformateur des *illuministi* méridionaux s'interrogent sur les moyens pour doter le Royaume de Naples d'une « bonne politique », en particulier sur le plan économique[46] ; et celle-ci passera par la mer et ses enjeux. Par exemple, Antonio Genovesi, l'un des principaux penseurs du mouvement, exalte la position géographique du *Regno* entouré par la mer et donc (supposé) propice au commerce[47]. Pour se faire, Genovesi s'appuiera sur les modèles économiques les plus avancés du temps et notamment (outre la France) celui en provenance d'Angleterre et d'inspiration mercantiliste[48]. Surtout, la dimension méditerranéenne du projet réformateur s'exprime par un besoin de domination sur mer pour le bien du commerce. Une force navale est donc jugé nécessaire pour la protection des routes commerciales et des navires napolitains, notamment concernant le danger barbaresque, et pour s'affirmer par rapport aux puissances maritimes dominantes[49]. Si le discours sur le développement économique n'est pas absent, tout comme la dépendance au commerce étranger qui est mise en accusation, les troubles révolutionnaires vont faire évoluer la matrice théorique du rapport du *Regno* à la Méditerranée[50]. Celle-ci se déplace alors d'une idée de réforme passant par la centralité maritime et la puissance sur mer, du moins la force navale, sur un terrain plus idéologique concevant le Royaume de Naples comme « frontière de la civilisation » dans

44 Frascani, 2008.

45 L'idée d'un rapport privilégié, voire exclusif, de l'Italie avec la Méditerranée est constitutif de l'identité italienne et a jalonné les représentations et les mythes notamment lors du *Risorgimento* : Armiero, 2002.

46 Concernant le mouvement réformateur napolitain : Venturi, 1969 et 1976 ; Galasso, 1989 et Carpanetto et Ricuperati, 2008. – Nous renvoyons une fois de plus aux travaux de Giuseppe Galasso dans la collection *Storia d'Italia*.

47 L'exemple provient de la brillante analyse faite dans Tuccillo, 2014.

48 *Ibid.*

49 *Ibid.*, p. 169.

50 Rao, 2006, p. 115-137.

l'orbite française et donc dans un rapport plus conflictuel que négocié avec la Méditerranée orientale[51]. Le concept aura un destin particulier car il sera repris par les fascistes italiens qui aspirent à l'hégémonie méditerranéenne, et par là ouvre la voie au mythe du *mare nostrum*[52]. Oscillant difficilement entre les formes d'étatisation, le cadre géopolitique, diplomatique et les aspects militaires, l'historiographie a lors de cette période naturellement matérialisé le littoral italien par le « haut », laissant dans l'ombre l'espace des pratiques, des institutions et dans une certaine mesure la période moderne[53].

« Puissance navale », « Frontière », *mare nostrum*...L'ensemble de ces représentations reste en grande partie théorique et élude d'importants aspects de la réalité pratique des contacts méditerranéens et des problématiques du commerce maritime. Citer l'exemple anglais, ou français, pour illustrer l'importance de la domination sur mer sans tenir compte des différentes formes de négociation autour de la liberté des mers, de la protection du pavillon et de l'extraterritorialité marchande, masque la majeure partie des enjeux liés à la souveraineté[54]. À ce titre, la donnée institutionnelle et juridique permet de complexifier les grilles de lecture traditionnelles des échanges méditerranéens car tribunaux et règlements constituent bien souvent le levier de toute négociation marchande : en d'autres termes, la chicane juridique et législative est l'un des éléments clés de la facilitation ou non du commerce, d'une possible réciprocité des pratiques marchandes et d'une affirmation de la souveraineté des États et gouvernances dits faibles[55]. Ces disputes marchandes et les

51 Tuccillo, 2014, p. 172.

52 *Ibid.*, p. 173.

53 Di Vittorio et Barciela Lopez, 2001.

54 La domination sur mer anglaise en Méditerranée est loin de s'être restreinte à la puissance navale et a pu revêtir des formes plus négociées : Barbano, 2019 et Pedemonte 2016. Concernant les espaces de négociations des acteurs, puissances et États mineurs autour des circulations marchandes méditerranéennes et en particulier l'importance des institutions et des consuls : Alimento, 2011.

55 C'est l'objet principal du projet *Mediterranean Reconfigurations* (ConfigMed) et dont l'ouvrage constitue l'un des résultats. Il s'agissait notamment d'étudier (revisiter) les litiges commerciaux, le pluralisme juridique et le commerce interculturel en Méditerranée, à la croisée de traditions, de régimes et de référents juridiques divers. Dans ce cadre, la méthode choisie prévoit d'aborder les conflits impliquant des acteurs économiques venus d'Europe, de l'Empire ottoman et du Maghreb, ainsi que les rencontres, les compromis et les éventuelles échanges et acculturations. Consulter par exemple le dossier sur les éléments de preuves dans les disputes juridiques : Kaiser et Petitjean, 2017.

institutions qui doivent les gérer prennent également (et naturellement) une dimension interculturelle[56]. La capacité d'adaptation des acteurs à des environnements juridiques et culturels variés revêt alors une importance capitale. Elle peut prendre diverses formes et induire des pressions externes comme internes qui agissent sur les systèmes juridiques de régulation des marchés en théorie « fermés[57] ».

Le Royaume de Naples est au cœur de cette problématique générale[58]. Dépourvu de traditions maritimes « nationales » solides et de réseaux transméditerranéens, le *Regno* manque également d'arguments politico-militaire afin d'entamer une réelle négociation d'État à État[59]. Pourtant, il se lance à partir des années 1740 dans une politique mercantiliste prenant appui sur l'élaboration d'une structure institutionnelle à même de lui fournir des arguments « commerciaux » : à la fois pour contraindre ses concurrents, développer les échanges sous pavillon national mais également, et paradoxalement, pour attirer les trafics. Ce « moment » mercantiliste est présent à la même époque dans les États pontificaux et marque le début du Pontificat de Benoît XIV[60]. Difficile pourtant de rattacher clairement ces politiques à un courant précis. De fait, la littérature concernant l'économie politique et ses penseurs offre un aperçu des diverses théories et concepts eux-mêmes très débattus[61]. Malgré tout, il convient de mieux appréhender le concept de mercantilisme[62]. Sans opposer ici les systèmes et leurs effets selon une dichotomie simpliste, nous reprenons l'idée – déjà énoncée en introduction – que le mercantilisme

56 C'est le cas de la retentissante controverse juridique entre Ramadam Fatet et John Jucker décrite dans Calafat, 2013.

57 La question est encore l'objet de nombreux débats et d'une importante production scientifique, notamment au sujet de l'approche néo-institutionnaliste décrite précédemment. Entre autres : Greif, 2006 ; Williamson, 1985 ; North et Thomas, 1973 ; concernant la critique historique de ces notions et le rôle de l'historien : Boyer, 2009.

58 L'un des ouvrages de référence en la matière est Zaugg, 2011.

59 *Ibid.*, p. 62-63.

60 Benoît XIV fût pape de 1740 à 1758. En 1742, et parallèlement à la définition des compétences du *Camerlengo* (Camerlingue) en matière économique, s'opère une tentative de reprise en main de la gestion juridique des trafics maritimes. L'objectif avoué est d'initier un cercle vertueux permettant de faire progresser les échanges. Paradoxalement, les visées protectionnistes sont également présentes. Cela se traduit par la création du tribunal du consulat de la mer à Civitavecchia le 27 janvier 1742, qui fait suite à la rénovation de l'édit pour la franchise du port en 1741 (Denis-Delacour, 2021). Concernant plus généralement le réformisme pontifical : Dal Pane, 1959.

61 Albertone, 2009.

62 On trouvera une précieuse synthèse de ces débats dans Spector, 2003.

est un « concept opératoire » dont la durée d'expérimentation varie selon les États[63]. À ce titre, il peut revêtir plusieurs formes. Entre bullionisme espagnol, colbertisme, commercialisme anglais ou bien encore caméralisme allemand[64], les fondements de la théorie mercantiliste divergent dans leurs objectifs. Concernant le cas napolitain, il s'agit d'un processus en plusieurs étapes, dont nous avons déjà décrit le cadre théorique proposé par les *illuministi* méridoniaux. Il s'agit d'un ensemble de mesures comme les barrières douanières, les vexations et les contraintes administratives, les limitations à l'importation des biens de consommation et la promotion du pavillon, des exportations et des acteurs marchands nationaux. Il apparaît cependant essentiel de s'attacher aux conjonctures, aux processus institutionnels et administratif et aux conflits d'intérêt qui peuvent naître des concurrences marchandes. En d'autres termes, dans la pratique le mercantilisme doit faire les comptes avec les différentes souverainetés, gouvernances et revendications économiques corrélées qui s'expriment en tous sens et souvent par l'intermédiaire des acteurs locaux du commerce. Par exemple, la compétition entre les différentes institutions de contrôle napolitaines, tout comme la nature et le rang des acteurs, permettent difficilement de réprimer la fraude. Ainsi, au cours de la seconde moitié du XVIIIe siècle les marchands français peuvent s'associer avec des partenaires napolitains pour faire bénéficier leur entreprise du privilège d'être national, et sans que cette pratique du prête-nom puisse être réprimée[65].

Concernant le Royaume de Naples, c'est le changement de dynastie en 1734 qui constitue le point de départ d'une reconfiguration institutionnelle majeure. Il s'accompagne d'une redéfinition de la politique économique en faisant intervenir les notions de commerce actif et donc une forme de mercantilisme déjà opérante pour la France[66]. Il s'agit alors

63 Heckscher, 1955, p. 19.

64 Ces concepts font référence aux diverses formes qu'a pu revêtir le mercantilisme et son interprétation, en mettant l'accent sur leur spécificité : respectivement l'accumulation de métaux précieux, l'interventionnisme étatique au niveau commercial et industriel, le développement du commerce extérieur et enfin à l'État comme promoteur du « bien public ».

65 Clemente, 2013, p. 378-379.

66 Venturi, 1969. Le commerce actif est communément entendu comme la capacité d'un État à exporter des marchandises nationales à l'étranger en échange de métaux précieux. À l'opposé, le commerce passif, auquel est associée une connotation négative, renvoie à une fuite monétaire vers l'étranger par l'achat de biens d'importation. Si simpliste qu'elle

pour le jeune souverain Charles de Bourbon de se frayer un chemin au sein de marchés soumis à une forte concurrence en agissant par imitation. L'affirmation de l'État napolitain va alors directement impliquer les navigations marchandes napolitaines.

Le renforcement du contrôle étatique sur le commerce prend d'abord corps autour d'un renouvellement du cadre institutionnel. Le 6 avril 1735 est créée une *Giunta di commercio*, un organe de réflexion devant prendre les mesures nécessaires au développement économique et financier du *Regno*[67]. Cette commission est composée de magistrats et de marchands et préside la politique économique napolitaine entre 1735 et 1739. Les compétences de la *Giunta di commercio* sont ensuite transférées en 1739 à une nouvelle institution qui doit symboliser l'affirmation juridique de l'État sur le commerce : le tribunal du *Supremo Magistrato di Commercio.* Il doit régler les litiges marchands dans le cadre d'une justice dite à usage économique : c'est-à-dire rapide et efficace, en ayant pour prérogative le commerce extérieur comme intérieur[68]. L'institution est chargée de juger en appel les litiges par rapport aux sentences du tribunal du *Consolato di Mare* de Naples qui, sur la base de la réforme de 1739, devient le tribunal du *Consolato di Terra e Mare.* Sont également créés vingt nouveaux tribunaux subalternes, appelés *consolati*, et répartis sur le territoire du *Regno* et subordonnés au *Supremo Magistrato di Commercio.* Ce dernier est également la juridiction d'appel pour toutes les sentences émises par le tribunal du *Grande Almirante* (l'Amirauté)[69], les corporations de métiers, les autorités portuaires et les délégués des nations étrangères[70]. Ce dernier point retient toute l'attention car le tribunal doit redonner au gouvernement certaines prérogatives juridiques en matière de gestion du commerce.

---

soit, cette définition participe à une structuration économique de l'État se basant sur la balance du commerce et donc une comptabilité des échanges. Un bureau de la balance du commerce est par exemple créé le 18 avril 1713 en France et la balance du commerce positive concrétise une politique mercantiliste renforcée par l'intervention de Colbert et qui va perdurer tout au long du XVIIIe siècle (Daudin et Charles, 2011).

67 Schipa, 1972, p. 93.

68 Zaugg, 2011.

69 Gentile, 1909.

70 Comme précisé précédemment, les principaux documents et actes concernant ces institutions se trouvent à l'*Archvio di Stato di Napoli* (ASN), séries *Tribunali antichi* et *Processi antichi ;* pour le *Supremo Magistrato di Commercio* (1739-1809), le *Grande almirante* (1646-1783), le *Regio Consolato di terra e mare* (1740-1784) et le *Tribunale dell'ammiragliato e consolato di mare* (1783-1790).

En effet, la présence de « juges-délégués » dont le statut est hérité des constructions juridiques espagnoles du XVIIe siècle, rendait le rapport de force marchand défavorable à l'État napolitain. Le juge-délégué devait représenter les intérêts des groupes marchands étrangers par l'intermédiaire d'un magistrat exerçant au sein des plus importantes institutions juridiques (la *Camera di Santa Chiara*)[71]. Obligatoirement napolitain et choisi par le gouvernement, le délégué était cependant rétribué par la nation qu'il représentait et les marchands étrangers ne manquaient pas de participer à sa nomination dans le but de bénéficier d'une justice favorable, au mieux de leurs intérêts. En y associant la nébuleuse de l'action consulaire, le règlement des litiges est ainsi loin d'être exempt de pressions extérieures et pouvait s'éterniser. Toutefois, c'est seulement après la réforme du *Supremo Magistrato di Commercio* en 1746, qui ne laisse au tribunal que la juridiction d'appel concernant le commerce extérieur, que la fonction de juge-délégué perd de sa substance et disparait. Le gouvernement napolitain a en effet cédé aux diverses pressions des acteurs lésés dans leurs attributions par la justice souveraine que le tribunal entend exercée. Si ce dernier doit modifier ses attributions, il devient cependant une référence institutionnelle favorable aux marchands étrangers et finalement efficace dans le règlement des litiges qui leur sont propres. En clair, les marchands étrangers n'ont plus besoin d'un délégué et acceptent alors une concession juridique sur le plan de l'extraterritorialité[72].

D'autres reconfigurations juridiques sont à prendre en compte au cours du règne des Bourbons. En 1783 le tribunal du *Consolato del mare* est réuni au tribunal de l'Amirauté napolitain et devient le *Tribunale dell'Ammiragliato e del Consolato di Mare*. Il s'agit de mettre fin aux conflits juridictionnels entre les deux institutions. Notons que lors des réformes napoléoniennes, en 1808, ce dernier tribunal est aboli. Le *Supremo Tribunale di Commercio* se substitue au *Supremo Magistrato di Commercio* et les compétences maritimes passent alors sous la juridiction de cette nouvelle institution[73]. Nous sommes, à peu de choses près, dans une configuration juridique semblable à celle en cours à Marseille : une

---

71 Zaugg, 2011, p. 59-71.

72 *Ibid.*, p. 93-95.

73 C'est également la date de la création d'une Chambre de commerce à Naples. Les actes et documents du tribunal sont présents à l'*Archivio di Stato* (ASN, *Tribunale di commercio*

institution unique est chargée de réguler les litiges commerciaux et notamment ceux pouvant naitre des trafics maritimes[74]. L'Amirauté de Marseille disparait en effet en 1791 au profit du tribunal de commerce qui récupère la juridiction maritime[75].

Parallèlement, le Royaume de Naples renforce à partir de 1734 sa marine marchande. Cette politique volontariste d'un point de vue maritime, même si elle est de moindre ampleur, est déjà présente lors de la période autrichienne (1707-1734)[76]. La différence est que désormais elle ne rentre plus dans le cadre de la politique d'un Empire aux multiples territoires et stratégies, mais revêt une portée exclusivement napolitaine[77]. Ainsi, le trait marquant de cette politique, au-delà des aspects « navals[78] », se trouvent dans les diverses mesures visant à assurer le caractère national de la flotte de commerce[79]. À l'image de l'ordonnance de marine colbertienne de 1681[80], la *Prammatica* du 18 août 1741 puis le *Regolamento per la navigazione de bastimenti mercantili* de 1742 ont pour objectif de réglementer l'activité de la flotte battant pavillon napolitain pour que son usage soit privilégié par les négociants locaux[81]. Associer aux nouvelles magistratures du commerce décrites précédemment, la nouvelle matrice législative entend influencer le développement des échanges maritimes dans le sens d'une progression comptable et maitrisée des trafics. C'est une étape incontournable. Après un recensement des embarcations locales, la nouvelle réglementation les oblige désormais à arborer le pavillon napolitain. Les navigations ne sont ensuite autorisées qu'après la délivrance d'une patente d'une validité de deux

di Napoli (1809-1882)). Pour une histoire de l'institution et de ses fonds : Russo, 2006 et Boccia, 2010.

74 Magnan, 1906.

75 Michel, 1957, p. 18.

76 Sirago, 2004 (a), p. 30-32.

77 Di Vittorio, 1973, p. 238.

78 Ce trait est souvent décrit comme essentiel (Ajello, 1972, p. 595). Nous verrons cependant que la rénovation de la flotte de guerre, aussi importante soit-elle, ne constitue pas l'élément qui permet de développer les trafics et de les protéger de la course barbaresque.

79 L'interprétation du renouvellement de la flotte marchande napolitaine lors de cette période à fait l'objet *a posteriori* de nombreuses interprétations et de manipulations idéologiques (Clemente, 2011).

80 Rappelons que cette dernière qui associe clairement les intérêts des armateurs et des navigants nationaux à ceux de l'État, assure aux marins un statut protégé et au pavillon français un cadre législatif favorable. L'héritage de ce système aurait perduré jusqu'au XIXe siècle : consulter Berneron-Couvenhes, 2001, p. 26 et p. 35.

81 Sirago, 2004 (a), p. 36-37.

ans. Le gouvernement s'appuie également sur la construction navale pour développer la marine marchande. Entre 1752 et 1762 ce sont près de 444 embarcations qui sortent des différents chantiers du Golfe de Naples[82]. Les capitaines et patrons d'embarcations doivent également tenir et signer un registre avec la liste des équipages et leur rôle à bord (rôle d'équipage) avec les lieux de destination et les chargements[83]. On oblige également les capitaines à tenir un journal de bord, à suivre des règlements disciplinant la vie à bord et les nolis. Concernant les négociants, il leur est en théorie interdit d'utiliser les embarcations étrangères. C'est mesures sont plusieurs fois renouvelées en 1751, 1757 et 1759, date à laquelle l'ensemble de la législation prend corps autour d'une unique *prammatica*[84].

L'accent est par la suite mis sur la formation des gens de mer. Un décret fonde 3 écoles nautiques de la marine marchande en 1770 : San Giuseppe de Chiaia à Naples, Meta et Carotto sur le territoire de Piano di Sorrento. La tradition maritime de la population est très forte sur ces territoires[85], à tel point que ces localités sont le principal vecteur du commerce maritime napolitain[86]. Une autre école nautique est ensuite créée au XIXe siècle à Procida en 1807[87]. Comme les précédentes, cette dernière doit former les marins napolitains qui doivent entre autres apprendre les langues étrangères et terminer leur formation par un voyage en Amérique pour apprendre les nouvelles techniques de navigation[88]. Il s'agit évidemment de se donner les moyens d'un politique d'ouverture commerciale à d'autres marchés et de rendre le pavillon napolitain sûr et profitable. Mais les aspects techniques et purement « maritimes » ne peuvent suffire à assurer le développement du commerce maritime sans des institutions à même de soutenir une flotte marchande nationale et les hommes qui la compose, particulièrement dans le cadre mouvant de l'extraterritorialité marchande et de la souveraineté sur mer.

---

82 *Ibid.*, p. 40.

83 Varius, 1772, p. 582-586.

84 Le 31 janvier 1759 (*Ibid.*, p. 595-610).

85 Sirago, 1999.

86 Sirago, 1989.

87 Les marins de Procida ont investi depuis l'époque moderne les routes méditerranéennes du commerce avant de se projeter sur les océans et notamment en Atlantique. Ils composèrent une communauté de marins qui pouvait s'implanter dans d'autres cités portuaires pour servir de base à leurs activités : Denis-Delacour, 2017.

88 Sirago, 2004 (a), p. 40.

Nous venons en effet d'évoquer des institutions et des règles napolitaines s'exprimant surtout localement dans le cadre de la concurrence marchande. Il s'agit de leviers qui sont supposés permettre d'envisager une réciprocité marchande par la contrainte juridique. Par exemple, il est vrai que les anciens privilèges dont bénéficient les français à Naples sont remis en discussion de manière récurrente au cours de la seconde moitié du XVIIIe siècle sous forme de vexations quotidiennes, dans le cadre des tribunaux napolitains mais également sur le plan douanier et sanitaire : les visites d'embarcation et autres chicanes juridiques sont autant d'éléments visant à négocier une forme de réciprocité et constituent en cela un levier d'affirmation de la souveraineté[89]. Néanmoins, les institutions ne peuvent être uniquement retenues comme agissant dans le sens des intérêts locaux. L'entreprise maritime, première concernée par les nouvelles réformes, doit certes composer avec l'institutionnalisation et la territorialisation d'un espace littoral qui devient le terrain privilégié pour la réalisation du commerce actif, source de la *pubblica felicità* (félicité publique) qui se réalise au travers de la figure du « négociant-patriote[90] ». Néanmoins, cette dernière représentation est illusoire et source de contradictions. Le marchand et l'entreprise maritime sont en contact avec un étranger devenu, sous l'angle de la *pubblica felicità*, le principal concurrent. Les négociants sont alors au cœur d'affrontements économiques entre États par l'intermédiaire d'institutions, de législations et d'une production normative visant, en théorie, à un strict protectionnisme. Le commerce demande néanmoins des espaces de négociation pour des acteurs qui agissent sur différents territoires et doivent faire interagir les normes et les pratiques. Ainsi, la notion de fraude et la figure du marchand-patriote sont loin d'être univoque pour l'époque moderne (c'est d'ailleurs toujours le cas aujourd'hui), tout comme peuvent l'être l'éthique et la morale marchande[91]. Dans le cas napolitain, les institutions et la production de normes issues des processus de souveraineté territoriale ont paradoxalement créé des espaces producteurs d'une éthique marchande spécifique où la notion de fraude peut être négociée et acceptée comme un mécanisme d'auto-défense

89 Zaugg, 2011 et Romano, 1951, p. 14.

90 Concernant ces deux notions, voir le numéro spécial de *Rives méditerranéennes*, numéro 49, coédité par Gilbert Buti, Olivier Raveux et Biagio Salvemini en 2014. Nous faisons ici référence à François Bedos de Celles et son « négociant patriote » (Celles, 1784).

91 *Ibid.*

marchand et une réaction aux contradictions du commerce actif[92]. Par exemple, en 1773 le pouvoir napolitain apprend que les agents de la douane « accordent » une baisse des taxes sur les salaisons en provenance d'Angleterre, à l'instigation des marchands napolitains en lien avec les négociants étrangers[93]. Il s'agit alors de faire passer pour « gâtés » des produits qui sont en fait parfaitement frais et ainsi de les faire bénéficier d'une taxe moindre. Cette fraude est un des moyens pour permettre le commerce et le rendre/maintenir compétitif alors que des taxes trop importantes ou abusives rendraient difficile les échanges et seraient par là source de faillite. La négociation institutionnelle tout comme les fraudes sont également producteur d'une régularité marchande acceptée par une part des officiels napolitains et des marchands locaux comme étrangers.

Il est donc naturel qu'en dehors du territoire napolitain ces leviers juridiques soient utilisés par les concurrents qui eux aussi possèdent des tribunaux de commerce, un système douanier et une situation de monopole de leur pavillon. C'est particulièrement le cas dans les ports de Méditerranée occidentale, de Marseille à Trieste[94]. Mais les espaces de négociations sont, comme dans le cas napolitain, nombreux, et la fraude représente l'un d'eux et doit être entendue dans ce contexte comme un processus essentiel de réciprocité souveraine et non un signe d'inefficacité[95]. De plus, dans les espaces marchands lieux d'intenses échanges, le commerce napolitain et son pavillon bénéficie des négociations autour de la réciprocité ou des différentes applications du contrôle du pavillon. C'est particulièrement le cas des navigations napolitaines en mer tyrrhénienne. Par exemple en 1774, le *Regno* soumet à une quarantaine de sept jours toutes les embarcations en provenance des ports étrangers, mesure qui ne concerne pas les ports ecclésiastiques de la côte romaine : profitant de cette occasion, les caboteurs battant pavillon

92 Clemente, 2013, p. 361.

93 *Ibid.* p. 372.

94 Le cas de Trieste concrétise l'émergence d'une politique mercantile rivale, celle des Habsbourg, qui pèse sur les acteurs maritimes de la frange adriatique et au-delà, dès le XVIIIe siècle. Outre les nombreuses extensions de la franchise des ports de Trieste et Fiume, l'Impératrice Marie-Thérèse rattacha ce dernier à la couronne de Hongrie (selon l'acte de *Corpus separatum* du 23 avril 1779) et donna dès le 14 février 1776 à la cité les mêmes privilèges que Trieste (De Corti, 2000 ; Dassovich, 2008). Surtout, le pavillon impérial était désormais privilégié au détriment des autres qui étaient plus lourdement taxé (Denis-Delacour, 2013, p. 407-409).

95 Voir le numéro spécial sur la fraude maritime Salvemini et Zaugg, 2013, et Calcagno, 2019.

napolitain ancrent en nombre à Civitavecchia pour obtenir la patente sanitaire romaine afin de contourner la quarantaine dans les escales du Royaume de Naples[96]. De plus, la souveraineté romaine peine à s'imposer face à des embarcations napolitaines essentielles pour le commerce du bois et la pêche ; leurs trafics sont d'ailleurs en capacité d'influencer les règles « contraignantes[97] ». Néanmoins, il s'agit de circuits économiques anciens et connus qui ont déjà fait l'objet de tractations au-delà d'un monopole déjà établi. Il s'agit d'une différence majeure avec le Levant, tout comme l'est l'ancienneté et la qualité du réseau consulaire mis en place. Si cette dichotomie entre Méditerranée occidentale et Levant ottoman sur le plan de la figure consulaire peut paraître désuète[98], elle fait dans une certaine mesure sens pour le Royaume de Naples.

Ici se pose en effet le problème de l'extraterritorialité juridique et de sa gestion qui s'incarne dans une fonction consulaire qui, dans le cas napolitain, se redéploye à partir de 1734 et pèse souvent peu face aux organes de juridiction locale[99]. Or ce dernier point doit retenir toute notre attention. Nous abordons en effet le terrain de la représentativité nationale et de l'identité des acteurs ; une donnée qui conditionne en partie les enjeux de la souveraineté maritime et que les ressortissants étrangers apprécient en fonction de nombreux critères[100]. Néanmoins, ces derniers ne correspondent pas forcément à la volonté ou au « projet » de leur État d'origine. Il ne s'agit pas non plus de s'y opposer par tous les moyens. En corollaire, la figure du négociant-patriote se révèle être une sorte d'oxymore, un objet introuvable, ainsi qu'en témoignent les

96 Denis-Delacour, 2021.

97 *Ibid.* Suite aux protestations des *Padroni dei bastimenti provenienti dalle Due-Sicile* (c'est-à-dire les capitaines battant pavillon napolitain, l'appellation dans les documents romains devançant l'union officiel des deux Royaumes) en 1769, plusieurs points d'un édit ayant trait à la taxation des embarcations naviguant sur le littoral pontifical (notamment au sud de Rome) furent abrogés et reformulés. Ces réclamations étaient du reste prévisibles, tant la première version de l'édit était susceptible de perturber et retarder les circuits économiques au sein desquels les caboteurs battant pavillon napolitain opèrent quotidiennement.

98 Grenet, 2016 (b), p. 25-27.

99 Romano, 1951, p. 56-57.

100 Pour une réflexion sur le concept d'identité dans les champs des sciences sociales, notamment en histoire : Baudry et Juchs, 2006. La notion d'identité aurait-été ainsi longtemps pensée comme une illustration du propos scientifique et non une « preuve », notamment dans une perspective quantitative, avant de trouver une place centrale dans de nombreux courants historiographiques, notamment la micro-histoire (*Ibid.*, p. 163). Cette tendance peut s'illustrer par divers travaux, entre autres Rovinello, 2008 et Smyrnelis, 2000.

innombrables plaintes contre ceux qui jouissent de la protection royale mais qui, étant également des individus ou appartenant à un groupe avec des intérêts correspondant imparfaitement à ceux du « souverain », frustrent parfois les ambitions étatiques du commerce actif[101]. Le consul des napolitains en poste à Marseille entre 1755 et 1765, Francisco Hombrados, se révèle par exemple être plus un adversaire du commerce actif napolitain que son promoteur[102].

Ainsi la fonction consulaire concentre une somme de pouvoir dont les contours sont parfois flous et ne se limitent pas exclusivement à la qualité personnelle des individus en poste. Que ce soit au niveau de l'expertise acquise dans les domaines du commerce, de l'information et de la diplomatie, le consul est pourtant loin de détenir le monopole de l'intermédiation[103]. Gageons que si ce dernier joue alors sa propre partition socioéconomique, à l'instar d'une foule d'autres acteurs qu'il est parfois difficile de définir, la fonction consulaire n'est jamais neutre et concentre des tensions qui lui sont propres ; tensions liées au contexte étatique et aux institutions locales du commerce qui la définissent et lui assignent un cadre spécifique, et tensions marchandes, dans la perspective économique qui peut alors être envisagée par le consul[104]. En d'autres termes, l'attachement du consul à la nation qu'il représente varie et n'est pas assurée.

Cette problématique revêt une importance particulière de la Péninsule balkanique aux côtes barbaresques. En Europe, les instances juridiques locales gardent leurs prérogatives face aux étrangers et leurs représentants consulaires ; le pouvoir régalien est en général respecté ou du moins une donnée avec laquelle composée. C'est par exemple le cas des consuls français face aux juridictions du commerce napolitains, et qui dans un

101 Denis-Delacour et Salvemini, 2014, p. 5-15.

102 Carrino, 2018 (b).

103 Windler, 2002.

104 Concernant les multiples aspects de la fonction consulaire et leurs évolutions, consulter la synthèse de Jorg Ulbert sur la question : Le Bouëdec et Ulbert, 2006, p. 9-20. Outre les différentes contributions à cet ouvrage, la problématique des « horizons consulaires » fait actuellement l'objet de rencontres scientifiques organisées par le Centre de la Méditerranée Moderne et Contemporaine (CMMC-Université de Nice) ; sont abordés les thèmes de l'insertion des consuls dans les contextes local et international, sur les plans social, culturel et institutionnel, ainsi que leur rôle dans la circulation de l'information et de l'intermédiation marchande. La publication la plus récente concernant ces travaux et thématiques : Bartolomei, Calafat, Grenet et Ulbert 2018.

premier temps affirment être les seuls à avoir la faculté de juger leurs ressortissants à l'étranger[105] comme le prévoit l'ordonnance de marine avant de finalement accepter la souveraineté du tribunal de commerce local[106]. En revanche, l'Empire ottoman permet l'application des ordonnances et autres règles univoques par l'intermédiaire de la donnée consulaire. Les consuls européens en territoire ottoman ont ainsi un pouvoir juridique sur leurs co-nationaux et des garanties procédurales dans les procédures mixtes devant le cadi (ou kadi, est un fonctionnaire de l'Empire ottoman et fait référence au juge et représentant de la hiérarchie ottomane[107]), lors des litiges opposant les membres d'une nation à des Ottomans, marchands et autres. Il existe alors une différentialité de la représentation consulaire selon l'État représenté et le lieu de représentation[108]. En effet, cette facilité est conditionnée par des traités et capitulations essentiels au commerce et aux navigations marchandes[109]. Cette disparité entre les pouvoirs de juridiction des consuls du monde ottoman et ceux de leurs homologues en Europe occidentale, et leurs potentiels conflits en termes de souveraineté juridique et extraterritorialité, a déjà été étudiée pour des espaces entretenant des liens anciens avec l'interculturalité marchande, comme c'est le cas de Livourne[110]. Mais dans le cas de la nouvelle politique économique napolitaine en Méditerranée orientale, ce n'est que tardivement que les consuls investissent les territoires de l'Empire ottoman et qu'ils obtiennent, conformément au droit capitulaire et aux traités de paix et de commerce, des privilèges censés leur accorder des prérogatives juridictionnelles étendues qui va devoir faire les comptes avec les problématiques du commerce actif napolitain, des concurrences de la souveraineté juridique et de l'usage de l'extraterritorialité. Mais avant de nous pencher sur la pratique consulaire napolitaine, revenons

105 La compétence judiciaire des consuls constitue ainsi une « ...atteinte au droit de souveraineté locale... » qui entraîne une négociation sur le partage de cette compétence (Mézin, 1998, p. 37).

106 Zaugg, 2011, p. 37-38.

107 Boogert, 2005, p. 43.

108 Zaugg, 2011, p. 29 pour le cas français.

109 Cette projection du droit européen au sein de l'espace ottoman soulève de nombreuses questions au niveau de la définition juridique des acteurs : entre autres Boogert, 2005. La question n'est pas nouvelle et a été l'objet de nombreuses réflexions : Barduzzi, 1909 ; Arminjon, 1903 et Rey, 1889. Notons également les conséquents travaux de Francesco Paolo Contuzzi ; Contuzzi 1882, 1885, 1889, 1905 et 1910-1911.

110 Consulter la contribution de Guillaume Calafat sur la juridiction des consuls français en Méditerranée dans Bartolomei, Calafat, Grenet et Ulbert, 2018.

d'abord à une étape incontournable : le Royaume de Naples va dans un premier temps suivre la voie des traités avec l'Empire ottoman et s'aventurer sur le terrain mouvant de la négociation de parcelle de souveraineté, notamment eu égard au commerce maritime.

POLITIQUES DES TRAITÉS ET CAPITULATIONS
Le cas napolitain

La capitulation obtenue par la France en 1740 auprès de l'Empire ottoman marque une césure avec les anciennes pratiques capitulaires[111]. De renouvelable à la mort du Sultan, et donc dans une certaine mesure précaire, la capitulation devient un accord permanent et obligeant[112]. Surtout, elle marque une progression de l'extraterritorialité européenne et des concessions unilatérales au détriment de la souveraineté ottomane, tant au niveau de l'immunité que dans les procédures juridiques[113]. Ces nouveaux rapports contractuels, au-delà du contexte dans lequel ils sont négociés, pose la question de l'inégalité d'une capitulation qui s'assimile désormais à un traité engageant deux partis. Il ne s'agit pas ici de débattre de ces aspects, mais il faut d'emblée noter que le cas napolitain ne renvoie pas à un droit capitulaire ancien. Il intervient dans la construction de relations interétatiques à la fois tributaire des anciennes pratiques tout en rééchelonnant (reformulant) les modèles de rapport avec l'Empire ottoman et les Régences.

Outre les institutions marchandes et la flotte de commerce, la redéfinition de la politique économique à partir de 1734 se répercute naturellement sur les relations internationales. Il s'agit alors pour le jeune souverain Charles de Bourbon de se frayer un chemin diplomatique

111 Poumarède, 1998, p. 71-85.

112 Windler, 2002, p. 221-223. Christian Windler évoque également l'étude des Capitulations en tant que base pour l'élaboration d'un droit spécifique qui favorise en premier lieu les négociants dans le cadre d'une diplomatie qui développe à la fois des normes et des pratiques spécifiques et intègre souverains et gouvernances dans un espace diplomatique commun. Leur renouvellement est également l'occasion d'une mise à jour pour un usage juridique qui répond concrètement aux besoins des négociants.

113 *Ibid.* et Lafon, 2001, p. 94.

pour atteindre des marchés soumis à une forte concurrence et garantir l'extraterritorialité napolitaine. Loin d'être uniquement « politique », nous verrons que les échanges maritimes sont au cœur de ces accords.

Pour s'insérer dans des trafics orientaux qui lui sont mal connus, le Royaume de Naples doit avant tout stipuler un traité de commerce et de navigation avec la Sublime Porte (autre nom donné à l'Empire ottoman)[114]. Il existait déjà un tel traité datant du 27 juillet 1718 alors que le *Regno* était sous domination autrichienne. De portée générale et jamais vraiment appliqué, un point essentiel de l'accord posait problème[115]. Selon le troisième article, toutes les marchandises qui entraient ou sortaient de l'Empire des Habsbourg (donc du Royaume de Naples) et de l'Empire ottoman était frappé d'une taxe de 3 % à payer en une seule fois[116]. Presque oublié en 1734, la négociation d'un nouvel accord est désormais placée sous le signe d'une affirmation d'un État qui s'émancipe de l'Empire autrichien. La gouvernance napolitaine agit là aussi dans un premier temps par imitation en prenant pour référence les capitulations déjà opérantes pour d'autres nations. Il faut cependant attendre la fin de la guerre de Succession de Pologne (1733-1738) puis celle entre la Russie et l'Empire ottoman (1736-1739), à laquelle participe l'Autriche, pour que le moment soit favorable à des négociations. Le *Regno* procède alors à une normalisation de ses relations avec les Ottomans dans une perspective clairement économique[117] : c'est le sens du traité de paix, de commerce et de navigation conclut pour vingt années le 7 avril 1740[118]. Loin d'être anodin, cet accord pousse la France à

114 Pour un cadre général des rapports entre le Royaume de Naples et l'Empire ottoman : Pezzi, 2004.

115 Antonio Di Vittorio, 1973, p. 305 et Di Vittorio, 2011, p. 928.

116 « *I mercanti d'ambi gl'Imperi dovranno pagare per le mercanzie, che si traportano sui fiumi, per terra e per mare, in un luogo dazario, cioè per la prima volta quando si importano le merci, e per la seconda quando se ne esportano di altre, il dazio del 3 per 100* » (« les marchands des deux empires devront payer pour les marchandises qui se transportent par fleuves, terre et mer, pour un lieu soumis à la taxation, c'est-à-dire une première fois quand les marchandises sont importés, et une seconde fois quand s'en exportent d'autres, le droit de 3 pour 100 »). Consulter Neuman, 1855, p. 3 : « Traité de commerce et de navigation entre Charles VI, Empereur des Romains et le Sultan Achmet Chan, Empereur des Ottomans, conclu à Passarowitz le 27 juillet 1718, Articolo III) ; notons que la retranscription du traité est en Italien dans cette édition.

117 Otetea, 1930.

118 Les documents concernant la négociation du traité et son contenu se trouvent dans ASN, Affari Esteri, Costantinopoli, *Legazione del Governo di Napoli a Costantinopoli*, b. 183-187 (1739-1740). Le traité fut imprimé et diffusé sous la forme d'un livret intitulé *Trattato perpetuo di Pace, Navigazione, e Commercio concluso fra il Re Nostro Signore, e l'Impero*

renégocier ses propres traités avec l'Empire ottoman. Face à l'irruption d'un nouvel acteur, même s'il compte peu, la France entreprend de renforcer les anciennes capitulations par le traité du 28 mai 1740, pour accentuer une position privilégiée sur les marchés du Levant[119].

Pour Naples, les 21 articles du traité nouvellement stipulé permettent la création d'une légation à Constantinople dirigée par celui qui avait mené les négociations, Giuseppe Finochietti[120]. C'est également la liberté de commercer et la libre navigation dans les ports de l'Empire et du *Regno* pour chacun. Mais loin de se limiter au versant oriental des marchés méditerranéens, le Royaume de Naples s'efforce également de développer à la même période son commerce extérieur avec la Suède, le Danemark et la Hollande, puis plus tard avec la Sardaigne et la Russie[121]. Surtout, le gouvernement napolitain comprend l'importance de mener parallèlement des négociations avec les Régences d'Afrique du Nord[122].

À ce titre, il convient de ne pas surestimer la politique levantine de Naples par rapport aux autres espaces du commerce. Il apparaît essentiel d'éviter une réactualisation de certains paradigmes créant des déséquilibres historiographiques encore tenaces de nos jours. Cette assertion prend tout son sens en ce qui concerne l'Afrique du Nord et la place des relations avec les Régences barbaresques. L'exemple du traitement réservé à l'histoire du commerce entre la France (et en premier lieu Marseille) et l'Afrique du Nord au XVIIIe siècle sert ici de garde-fou[123]. Construite dans l'ombre du commerce levantin, le commerce méditerranéen apparait

---

Ottomano, Da rispettivi Ministri in Constantinopoli il giorno 7 di Aprile dell' anno 1740. Colle Ratificazioni di Sua Maesta e quelle del Gran Signore, Contracambiate il giorno 24 settembre dell' istesso anno. In Napoli, 1740, imprimé en 1740 à Naples chez l'éditeur Francesco Ricciardo, l'imprimeur du palais royal. Concernant la génèse du traité, consulter également Alibrandi, 2011, p. 134-137.

119 Paris, 1957, p. 96-97.

120 Concernant les débuts de la légation : Otetea, 1929, p. 61-80. Les fonds documentaires concernant la légation, constitués entre autres des actes de chancellerie et d'une correspondance extrêmement riches sont inestimables pour les présents travaux (ASN, Affari Esteri, Costantinopoli, *Legazione del Governo di Napoli a Costantinopoli* (puis *Regia Lagazione* à partir de 1815), b. 183 à 259 (1739-1860).

121 Entre 1739 et 1753, pas moins de 6 traités sont signés avec l'Autriche, la Porte, la Suède, le Danemark, la Hollande et Tripoli. En 1786 une convention douanière est signée avec la Sardaigne et enfin un nouveau traité de commerce avec la Russie en 1787 sur lequel nous reviendrons par la suite (Di Vittorio, 1979, p. 18-20). Pour le contenu de ces traités : Giustiniani, 1804, p. 196-485.

122 Concernant l'importance de la « politique des traités » avec les Régences : Mössner, 1968.

123 Denis-Delacour et Grenet, 2015.

largement dominé par les travaux portant sur la connexion entre la France et le Levant[124]. Thématiquement, les relations entre l'Europe et l'Afrique du Nord se trouvent reléguées en second plan de la fameuse « course barbaresque » qui monopolise l'attention des historiens[125]. Pourtant, les travaux de Christian Windler ont largement dévoilé la richesse du terrain maghrébin pour l'étude de la diplomatie et des contacts interculturels au XVIIIe siècle[126]. De fait, si le pendant commercial d'une telle enquête reste encore à mener, le Royaume de Naples permet de décentrer nos manières d'appréhender les relations avec les Régences. Elles font partie d'un entrelacement complexe à l'échelle méditerranéenne, voire au-delà.

La course reste certes une préoccupation majeure. Les puissances européennes ont depuis longtemps cherché à s'en prémunir, avec plus ou moins de succès. Pourtant la cour napolitaine n'est pas un acteur que l'on peut qualifier de « nouveau » en 1734. Le commerce maritime napolitain a par le passé bénéficié de la tutelle de l'Autriche, notamment dans le cadre des relations diplomatiques avec Tripoli. En effet, si la nouvelle dynastie Qâramânlî reconfirme les traités auparavant passés avec l'Angleterre et la Hollande, elle en conclut un nouveau avec l'Autriche le 30 juin 1726 qui étend la protection de la course aux embarcations napolitaines et toscanes[127]. Or si Charles de Bourbon envisage la création d'une flotte de guerre puissante pour développer le commerce, il n'abandonne pas pour autant la voie diplomatique et les acquis autrichiens. Difficile en effet de retenir les quelques arraisonnements et éperonnages en faveur du *Regno* comme significatifs dans la lutte des Bourbons de Naples contre la course. Certes, à partir de 1739 les *Galeotte Regie* « traquent » en adriatique, mer ionienne et sur les côtes siciliennes les corsaires tripolitains, avec quelques coups d'éclats[128]. Pour

124 Parmi les contributions les plus significatives, on rappellera Carrière, 1973 ; Filippini, Meignen, Roure, Sabatier et Stephanides, 1976 ; Fukasawa, 1987 ; Eldem, 1999 ; Takeda, 2011. On signalera également la recherche doctorale de Sébastien Lupo : *Commercer en Méditerranée au XVIIIe siècle. Négoce, réseau, marché et sociabilité en milieu marchand*, thèse de doctorat menée à Aix-Marseille Université.

125 Panzac, 1999 ; Fontenay, 2010 ; Weiss, 2011. Concernant le pendant « italien » consulter Bono, 1964, 1997 et surtout 2005.

126 Windler, 2002, 2003, et 2004.

127 Filesi, 1983, p. 16. Les Habsbourg concluent également un traité avec les Régences de Tunis et d'Alger respectivement en 1725 et 1727 (Bono, 1964, p. 58).

128 En 1740, 79 corsaires tripolitains sont capturés après un combat de plusieurs heures dans les eaux calabraises (Filesi, 1971, p. 214).

autant, il ne s'agit que d'une modeste démonstration de force qui ne peut se suffire à elle-même. Ce qui est certain, c'est que plutôt que de contraindre les Régences, la gouvernance napolitaine chercha à ouvrir pacifiquement des négociations pour la conclusion d'un traité. Alger, Tunis et Tripoli sont alors approchées, en même temps que la Sublime porte. Les deux premières tentatives ne donnent rien, alors que la dernière Régence répond favorablement.

Le cheminement de ce traité reste évidemment soumis aux impératifs internationaux. C'est d'abord la question de la concordance des capitulations avec la Porte qui pose question. La *Giunta di commercio* avait évoqué l'opportunité de « faire la paix » soit avec Constantinople ou avec les Régences[129]. Cependant, l'idée qu'un traité avec la Porte favoriserait ceux avec les Régences, et donc d'une autorité ottomane sur celles-ci, était encore en cours à Naples. L'étape ottomane du futur traité apparaît alors essentielle et rentre dans le jeu des souverainetés ; en d'autres termes, on feint de reconnaître une forme de hiérarchie tout en signifiant la spécificité tripolitaine. Finalement, les négociations débutent de manière presque concomitante mais aboutissent plus rapidement avec l'Empire ottoman. Il est intéressant de noter que l'accord avec la Porte ne fait mention des Régences (et de la course barbaresque) que sous la forme d'une simple recommandation. L'article 17 traite précisément et sans équivoque de l'interdiction de la course pratiquée depuis l'Albanie et Dulcigno (Ulcinj au Monténégro) contre les embarcations napolitaines et des mesures que Naples et Constantinople pourront prendre en cas de non-respect du traité[130]. Or celui-ci se termine en indiquant que l'on communiquera aux Régences les articles du traité, et que la Porte fera son possible pour assurer le commerce et la libre navigation avec les Régences, mais en étant plus évasifs sur les moyens qu'elle se donnera[131]. À cela rien d'étonnant : le jeu des traités de paix et pactes de « non-agression » entre les Régences et les États européens revêt souvent un caractère transitoire du fait des nombreuses violations aux accords signés et de l'intérêt économique de la course barbaresque, parfois plus profitable que le commerce[132].

---

129 Filesi, 1983, p. 19.

130 Giustiniani, 1804, p. 270.

131 Il est simplement mentionné l'envoi respectif de représentants napolitain et ottoman qui traiteront de cette question (*Ibid.* p. 271).

132 Une étude fine de l'économie des captifs rend par exemple compte des enjeux de la course : Bono, 2006 et Kaiser, 2008.

Plus certainement, du côté de la Régence de Tripoli, c'est l'imminence d'un accord du Bey Ahmed Qâramânlî avec Venise qui pousse les agents diplomatiques napolitains à accélérer les tractations diplomatiques[133]. Venise et Naples sont alors en concurrence et celle-ci va s'accentuer les années suivantes jusqu'à prendre la forme d'une véritable guerre commerciale autour du commerce actif et de la souveraineté[134]. Le marchand juif Giuseppe Zevi est alors envoyé à Tripoli en mai 1739 pour débuter officieusement d'âpres négociations[135]. Ce dernier était très bien introduit auprès des autorités de la Régence pour avoir commercé pendant des années avec la cité et son neveu était un proche du Bey de Tunis[136]. Il ne s'agit pourtant plus de négocier un traité de navigation comme en 1726 mais bien un véritable traité de commerce. Les négociations sont émaillées de nombreux points d'achoppement, notamment sur la restitution d'esclaves et à cause de l'interférence d'autres consuls[137]. En effet, la volonté napolitaine de traiter avec Tripoli met fin aux négociations avec Venise et provoque le ressentiment du négociateur mis en échec[138]. De plus, la France déploie une importante activité consulaire afin de mettre en échec la paix entre le *Regno* et la Régence de Tripoli ; évènement qui dans une certaine mesure ouvre des trafics « exclusifs » aux embarcations napolitaines[139]. À partir de 1741 les embarcations napolitaines peuvent potentiellement naviguer avec moins de risque vis-à-vis des Barbaresques et donc améliorer leur compétitivité dans les trafics levantins. Il n'est donc pas étonnant que la France s'assure à la même période de son commerce monopolistique sur les côtes algériennes en créant une nouvelle compagnie Royale d'Afrique, désormais sous la tutelle de l'État, tout en renouvelant les traités avec Alger[140]. On craint en effet le commerce interlope, phénomène que la France ne

133 Informée par le consul napolitain à Venise des discussions avec la République, la cour napolitaine craint pour ses intérêts car selon elle la Régence ne peut faire la paix avec tous les États européens en même temps (ASN, Affari Esteri, b. 4410 à 4414, Spedizione di Don Giacinto Voschi in qualità di ministero plenipotenziario del Re N. S. in Tripoli per trattare la pace con quella Regenza (1739-1744)).

134 Clemente, 2015.

135 Giacinto Voschi est ensuite envoyé auprès de la Régence pour négocier en tant que plénipotentiaire (ASN, Affari Esteri, b. 4410).

136 Filesi, 1983, p. 24-25.

137 Falzone, 1964, p. 127.

138 Il s'agit du juif Pellegrino Vidan (Filesi, 1983, p. 33).

139 Zaugg, 2011, p. 61.

140 Denis-Delacour et Grenet, 2015 et Lopez, 2019.

peut contrôler malgré les accords sur l'exclusivité du commerce avec la Régence : c'est-à-dire l'activité de tout autre pavillon que celui de France et des exportations qui n'auraient pas pour destination Marseille. Finalement, sans renter dans les détails des tractations et des différents tributs et compensations réclamés, le traité de paix, de navigation et de commerce est conclu le 3 juin 1741 entre Charles de Bourbons et Ahmed Qâramânlî[141].

Ce qu'il faut retenir ici, c'est que l'intense activité diplomatique napolitaine des années 1739-1741 entend jeter les bases d'un projet plus général. Il s'agit de libérer les navigations napolitaines des possibles entraves, d'abord dans son voisinage immédiat, car c'est une condition essentielle pour envisager une projection d'ensemble, tout en assurant également les conditions juridiques d'une défense (ultérieure) de son commerce. Plus que le combat naval ou la démonstration de force, la gouvernance napolitaine (comme les autres États, puissances et gouvernances méditerranéennes) est bien consciente que la litigation marchande est l'espace où naissent et se règlent les conflits. C'est le sens de cette « politique des traités[142] » et en privilégier les aspects diplomatiques ne permet que de survoler la question de la souveraineté économique et marchande qui est au cœur des relations méditerranéennes du XVIIIe siècle.

Plus précisément, les contenus des traités sont loin d'être anodins sur le plan des pratiques maritimes[143]. Il n'est pas inutile de rappeler qu'une grande part des articles définit le cadre légal de la souveraineté maritime sans forcément présager la manière dont elle se négocie. Par exemple, l'article XIII précise entre autres que les corsaires tripolitains ne pourront faire de prises à moins de dix lieues des côtes du *Regno*. C'est également les modalités du contrôle des pavillons et des patentes

141 Le traité, composé de 17 articles, fut comme celui de 1740 imprimé et diffusé à Naples par le même éditeur. L'intitulé en italien est *Trattato di pace perpetua, navigazione, e commerzio, concluso fra la Maesta del Re Nostro Signore, ed il Bey Bassa, Divano, e Reggenza di Tripoli il giorno 3 di Giugno dell'anno 1741*.

142 En ce sens, le XVIIIe siècle est celui d'un important accroissement des relations entre les États européens et les Régences ; ce sont près de 28 traités qui sont souscrits avec Alger, 22 avec Tunis et 19 avec Tripoli. L'Angleterre et la France concluent respectivement 18 et 14 de ces traités dont 12 avec Tunis pour la France et 8 avec Alger pour l'Angleterre (Bono, 2005, p. 4).

143 Ces premiers traités sont également accessibles dans l'édition suivante, avec de légères différences de traduction par rapport au recueil de Lorenzo Giustiniani : De Hauterive, 1834, Livre V « Royaume des Deux-Siciles ». Pour le traité de 1740 avec l'Empire ottoman, p. 233-243 et celui de 1741 avec la Régence de Tripoli p. 309-320.

et passeports qui sont signifiées et doivent faciliter la circulation des bâtiments marchands napolitains (articles VIII et XIV)[144]. Il en est de même concernant le traité passé avec la Sublime Porte. Ce sont les articles XI (presque similaire à l'article VIII du traité tripolitain) et dans une certaine mesure l'article XVIII qui rappellent les conditions des rapports de souveraineté sur mer. Or, dans la pratique nous verrons que ces conditions sont un point d'achoppement récurrent et construisent l'espace où se négocie la souveraineté maritime napolitaine, ottomane et tripolitaine ; et ils induisent clairement une réciprocité des pratiques maritime. Pour l'instant, notons seulement qu'à peine le traité avec Tripoli ratifié la Régence et le *Regno* doivent régler une double affaire en contravention avec l'article XIII. Il s'agit de la prise par le corsaire Ali Agi Guitini d'une embarcation maltaise à moins de 6 miles des côtes siciliennes[145] et de la prise d'une *galeotta* de Tripoli par une tartane de Sorrento commandée par Gennaro Caffiero (donc armée en course) dans les eaux calabraises[146]. Cette dernière affaire pose problème car elle repose sur le témoignage du capitaine Caffiero et de l'équipage tripolitain. Le premier affirme que l'embarcation tripolitaine se trouvait à 6 miles des côtes, et qu'après avoir tenté de leur faire signe, et devant l'absence de réponse, le capitaine a décidé d'attaquer préventivement les tripolitains pour protéger d'autres embarcations marchandes vers lesquelles ils se dirigeaient. Caffiero affirme également que l'équipage pris n'avait aucune patente sur eux, arguant l'avoir perdu pendant le combat[147]. Quant aux seconds, les marins tripolitains, dont 8 d'entre eux perdirent la vie au cours de l'affrontement, ils assurent avoir bien présenté les patentes à Caffiero avant de le perdre par la suite lors de l'assaut. Notons que la perte de ce passeport est associée à celle de 4 autres « sauf-conduits », des documents de l'Angleterre, de la France, de la Hollande et de la Suède[148]. L'affaire se complique quand on sait

144 C'est par exemple l'obligation pour les corsaires tripolitains de prendre un passeport du Roi de Sicile lorsqu'ils appareillent en course et de l'exhiber sous peine d'être considérés comme des ennemis du *Regno* et donc de la marine napolitaine (article XIV) (Giustiniani, 1804, p. 340 et 342).

145 ASN, Affari Esteri, b. 4412, *Spedizione di Don Giacinto Voschi in qualità di ministero plenipotenziario del Re N. S. in Tripoli per trattare la pace con quella Regenza* (1742).

146 ASN, Affari Esteri, b. 4410-4411, *Spedizione di Don Giacinto Voschi in qualità di ministero plenipotenziario del Re N. S. in Tripoli per trattare la pace con quella Regenza* (1739-1741).

147 Cette précision renvoie à l'article XIV du traité.

148 Filesi, 1983, p. 42.

que le propriétaire de l'embarcation n'est autre que le Bey de Tripoli. Après les excuses et promesses d'usage, on préfère cependant partager des torts qui ne remettent pas pour l'instant en cause l'architecture des accords fraichement passés. En d'autres termes, le traité ne s'impose pas de manière verticale et la violation de deux articles peut se négocier. Il en va de même concernant l'extra-territorialité juridique.

Ces traités sont en effet essentiels sur le plan de la justice marchande et posent en creux la question de la concession de la part de chacun de parcelles de souveraineté. Certes, l'intense activité diplomatico-économique permet au Royaume de Naples de bénéficier de l'extraterritorialité juridique en territoire ottoman et tripolitain et elle s'incarne dans la justice consulaire. La teneur de cette concession ottomane est d'abord précisée dans l'accord du 7 avril 1740. Le traité de paix, de commerce et de navigation confirme dans l'article V que consuls et interprètes du Royaume de Naples examineront tous les litiges pouvant naître entre les sujets napolitains selon leurs propres lois et constitutions[149]. Mais le pouvoir napolitain formalise également le principe de réciprocité sur le plan juridique. C'est-à-dire que la Porte peut décider de nommer des consuls ottomans sur le territoire napolitain et bénéficier à son tour de l'extraterritorialité juridique[150] ; ce point est tout à fait remarquable car ce que l'Empire ottoman ne put obtenir auprès de la France et de la Grande Bretagne en matière de concession sur la souveraineté juridique, elle l'obtient auprès du Royaume de Naples[151]. Il s'agit pour l'instant de la possibilité de nommer un *Shah-Bender* (l'appellation ottomane pour consul) à Messine dans l'article VII qui suit immédiatement ce principe de réciprocité[152] : cette faculté, introduite dans d'autres accords conclus

149 Giustiniani, 1804, p. 264-265.

150 « *Nascendo controversia tra i Mercanti Sudditi del Re delle due Sicilie, sarà esaminata e terminata dai suoi Consoli, ed Interpreti, secondo le proprie leggi, e solite costituzioni ; ed esigendo la necessità, si procederà nella stessa maniera, per li Sudditi, e Mercanti dell'Impero Ottomano, che si troveranno ne' dominj del Re delle due Sicilie* » (« Toute controverse naissant entre les marchands sujets du Roi des Deux Siciles sera examinée et réglée par ses consuls, et interprètes, selon ses propres lois, et seules constitutions ; et exigeant la nécessité, on procédera de la même manière, pour les sujets et marchands de l'Empire ottoman qui se trouvent dans les territoires du Roi des Deux Siciles ») (*Ibid.*, p. 265).

151 Roberto Zaugg a également noté l'importance d'une telle concession (Zaugg, 2011, p. 118-119).

152 « *Sarà lecito alla Porta Ottomana, per la sicurezza, e tranquilità de'suoi Sudditi, e Mercanti di stabilire nei domini del Regno delle due Sicilie un Procuratore, vulgo Sach Bender detto, per risiedere nella Capitale di Messina, e i mentovati della fulgida Porta saranno respettati, e privelegiati, come lo saranno que' del medesimo Serenessimo Re nell'Impero Ottomano* » (« Il sera légal pour

par les puissances européennes et particulièrement avec les Régences, est présente entre la Porte et le *Regno* et induit en théorie une nouvelle forme d'interaction[153]. En d'autres termes, autour du commerce et des navigations, se développe entre une partie des États et gouvernances méditerranéens un droit contractuel par le biais de traités bilatéraux (c'est l'appellation qui convient dans le cas napolitain) qui permettent d'entretenir des relations continues et étroites[154]. Il s'agit d'une voie que les États secondaires comme le Royaume de Naples n'hésite pas à emprunter pour exister sur le plan économique. Ce principe de réciprocité est également, mais de manière différente, présent dans le traité avec Tripoli. C'est d'abord l'article V qui classiquement formalise la faculté des consuls de juger les litiges entre les napolitains, et d'être présent auprès du Bey et du Divan (conseil de gouvernement composé d'officiers expérimentés et sous l'influence des janissaires) lorsque le litige oppose un napolitain et un tripolitain[155]. Suit l'article VI qui autorise en théorie la désignation d'agents (et non d'un consul) sur le territoire du *Regno* pour protéger les commerce des tripolitains avec les même prérogatives dont jouissent les agents de l'Empire ottoman ou de n'importe quelle *nazione privilegiata*[156]. La formule n'est pas nouvelle et les représentants de la Porte (désignés par le pouvoir local) sur le territoire napolitain est relative[157]. Cette représentation politique faible, pour ne pas dire inexistante, se retrouve également dans le cadre des relations entre la France et la Régence de Tunis dont on ne tolère qu'un simple agent à Marseille[158]. Cependant, la formule reste ici ambigüe par rapport au récent traité conclut avec la Porte et pose la question des prérogatives des représentants ottomans. Pour l'instant, ces interrogations restent en suspens et nous verrons que la Porte comme la Régence de Tripoli

la Porte ottomane, et la sécurité et la tranquillité de ses sujets et marchands, d'établir dans les territoires du Royaume des Deux Siciles un représentant, dit *Sach Bender*, qui résidera dans la capitale de Messine, et les susmentionnés de la Sublime Porte seront respectés et privilégiés comme le seront ceux du Sérénissime Roi dans l'Empire ottoman ») (Giustiniani, 1804, p. 266).

153 Windler, 2002, p. 224.

154 Ce que les principes universalistes ne permettent pas (*Ibid.*, p. 218).

155 Giustiniani, 1804, p. 339.

156 *Ibid.*, p. 340.

157 Zaugg, 2011, p. 229-230. Nous revenons plus précisément sur ce point dans la troisième partie de cet ouvrage.

158 Windler, 2002, p. 163 et p. 311-313.

utilisent d'autres moyens pour exprimer leur souveraineté qui est fonction, comme pour le Royaume de Naples, de besoin concrets sur le plan des trafics. Ce qui est certain, c'est que ces traités permettent la mise en place du réseau consulaire napolitain, l'un des objectifs principaux outre se prémunir de la course.

La circulaire royale d'octobre 1741 régule l'activité de 14 nouveaux consulats qui sont érigés au sein de l'espace ottoman[159] ; le premier réseau se compose des consulats d'Athènes, Arta, Le Caire, les Dardanelles, Durazzo, Mykonos, du double consulat de Milos et l'Argentière (Kimolos), puis Rhodes, Naples de Romanie, Patras, Smyrne (Izmir), Tines, Zea (Kéa) et Salonique[160]. À ces consulats s'ajoute la légation napolitaine de Constantinople. Loin d'être figé, le réseau consulaire napolitain au Levant va rapidement évoluer en fonction des besoins et des possibilités du Royaume de Naples, au fil du contexte politique et des nouveaux marchés. Notons que dans les documents nous pouvons observer que les consulats napolitains représentent, même avant 1816, aussi les siciliens. En pratique, la pratique consulaire préfigure déjà l'unification des deux États. Dès 1747, 12 nouveaux consulats sont mis en place ; à Tekirdag au bord de la mer de Marmara, Saïda/Sidon, Beyrouth, Négrepont (Eubée), Modon, Andrinople, Kavala, Alexandrie, Tripoli de Syrie, Scio (Chios), Sicandro (Sikonos), Nasso (Naxos). En revanche les consulats du Caire et de Tines disparaissent tandis que l'Argentière devient un poste consulaire à part entière. Dans les années 1750 le réseau consulaire napolitain se contracte en Méditerranée orientale et seule une quinzaine de poste sont encore en activité : Naples de Romanie, Arta, Chypre, Modon, Coron, Patras, Tripoli de Syrie, Salonique, Smyrne, La Canée, L'Argentière, Kavala et Alexandrie[161]. Ces reconfigurations

---

159 ASN, Affari Esteri, Costantinopoli, b. 190, *Corrispondanza Ludolf-Di Maio* (1741).

160 ASN, Affari Esteri, Costantinopoli, b. 191, *Corrispondanza Ludolf-Di Maio* (1742). Les consuls en poste sont respectivement Demetrio Capitanachi, Balano di Girolamo, Giuseppe Brunacchi, Ovadia Zacuto, Giovanni Chevrier, Nicola Gizi, Luigi Gibert, Pietro Auvellier, Demetrio Manolachi, Giovanni Battista Bonifaci, Antonio Romiti, Antonio Paleocapo, Michele Pangalo et Luigi Boissin.

161 La documentation relative aux consulats napolitains au Levant est présente pour une grande partie des postes consulaires. Elle est parfois propre à un seul poste consulaire, et parfois mélangée sous un même « thème » (exemple *Levante porti*). Outre le fond consulaire, la correspondance de la légation de Naples complète les informations des consulats dont ils dépendent (ASN, Affari Esteri, Aleppo, b. 2349-2350 (1819-1833) ; Alessandria, Argentiera, Rodi, Missalunga, Stanchio, Saida, Micconi, Scio, Acri, Tine,

consulaires sont loin d'être exceptionnelles et s'observent sur d'autres réseaux. C'est le cas de celui de la France au « Levant et en Barbarie ». L'ordonnance royale du 17 août 1756 supprime par exemple les consulats et vice-consulats d'Andrinople, La Cavale, Négrepont, Athènes, Tines et Miconi tandis que sont créés les vice-consulats des Dardanelles, Scio, Rhodes et Milo[162]. Plus que les variations du réseau consulaire, la présence (continue) de la légation napolitaine à Constantinople reste le marqueur de la politique « levantine » du Royaume de Naples. Aux côtés des ambassades de France, d'Angleterre, de Hollande et de Venise, il s'agit d'une représentation diplomatique qui étonne et perdure, au-delà des considérations relatives à la faiblesse de l'État[163]. Certes, la dotation financière est irrégulière et le rendement consulaire loin d'atteindre le niveau des trafics français ou anglais, mais la charge consulaire revêt d'autres aspects dont nous avons déjà évoqué une partie des enjeux. Il s'agit entre autres du pouvoir économique et marchand conféré par la charge[164]. Surtout, un réseau consulaire bancal/faible pousse les capitaines et marchands à se tourner vers une foule d'acteurs, européens ou non, et les soumet à une interculturalité plus intense, et par là créatrice d'une ingéniosité relationnelle afin d'exister à leur niveau dans les trafics. Il est également possible de survivre sans consul officiel, même au Levant. À la fin des années 1760, c'est le consul de Venise à Chypre Bernardo Capara qui gère officiellement les affaires du Royaume de Naples après la disparition du consulat napolitain, et avec la patente de l'Ambassadeur de Naples à Constantinople[165]. Ce remplacement n'est pas étonnant car

b. 2351-2358 (1742-1827) ; Alessandria, b. 2359-2369 (1816-1861) ; Algeri, b. 2370-2400 (1787-1859) ; Canea e Cipro, b. 2509 (1743-1770) ; Cefalonia, b. 2521 (1785-1804) ; Corfù, b. 2539-2551 (1790-1860) ; Isole Ionine, b. 2673 (1815-1829) ; Levante porti, b. 2674-2679 (1740-1783) ; Salonicco, b. 2968 (1742-1756) ; Smirne, b. 2983-2993 (1784-1861).

162 Mézin, 1998, p. 50-51.

163 En 1740 il existe également deux diplomates « résidents » pour les Empire russe et Habsbourg et un chargé d'affaire pour la Suède à Constantinople (Di Vittorio, 1979, p. 61).

164 Denis-Delacour, 2014, p. 301-328.

165 Il s'occupe également des affaires suédoises (Mariti, 1769, p. 303-304). Bernardo Capara demande également qu'on lui envoie un Drogman (interprète) afin qu'il puisse mieux intervenir localement d'un point de vue juridique. Il évoque également la parenté de Callimeri qui fait de lui un sujet de l'Empire ottoman (ASN, Affari Esteri, Alessandria, Argentiera, Rodi, Missalunga, Stanchio, Saida, Micconi, Scio, Acri, Tine, b. 2351(1742-1770) : lettre de Constantinople destinée à Bernardo Tanucci datée du 13 décembre 1767). Concernant l'importance du Drogman et son rôle : Grenet, 2016 (c).

l'ancien consul napolitain de Chypre, Giovanni Callimeri, est en 1757 décrit par le chargé d'affaire de Constantinople, Maurizio Guglielmo Ludolf, comme une source de problème[166]. Le consul Callimeri envisage sa fonction comme une simple protection juridique et un atout pour ses affaires, tandis que sa nomination est illégale car la Porte n'autorise pas l'élection de locaux à ce poste (cela veut dire que Callimeri est un sujet de l'Empire). En effet, Ludolf évoque lui-même le désordre que l'emprisonnement d'un sujet ottoman également consul provoquerait par rapport au traité conclu, notamment l'article V[167]. Il doit donc corriger l'erreur faite à l'origine, ce que déplore également Bernardo Tanucci (*la mala elezione e la mala condotta*-la mauvaise élection et la mauvaise conduite). Il est alors décidé de mieux suivre les pratiques des autres nations et c'est Bernardo Capara qui hérite plus tard de la fonction. Au-delà de ce cas particulier, le réseau consulaire napolitain au sein de l'espace ottoman est donc, comme les autres, tributaire de recompositions marchandes et individuelles.

166 De Lucia, 1985, p. 252 : lettre de Bernardo Tanucci à Don Guglielmo del Ludolf du 27 août 1757 et note 4 de la même page. Ludolf évoque également le consul de Patras Demetrio Manolachi dans le même cas et dont le comportement et les dettes mettent Ludolf en porte-à-faux avec la Porte. Enfin, il prend l'exemple d'un consul « de valeur », Luigi Boissin, consul napolitain de Salonique et nommé par Finochietti qui l'avait connu marchand à Livourne. Cependant Luigi Boissin, à la suite d'une désastreuse entreprise liée au commerce du tabac, a contracté de nombreuses dettes avec des Turcs qui lui promettent « *una cattiva fine* » (une fin terrible). On hésite ainsi à lui retirer sa patente consulaire (Maiorini, 1985, p. 136). Concernant l'importance de Maurizio Guglielmo de Ludolf et de sa famille en tant que représentant de la cour napolitaine à Constantinople : Mafrici, 2004, p. 151-172.

167 Giustiniani, 1804, p. 264-265.

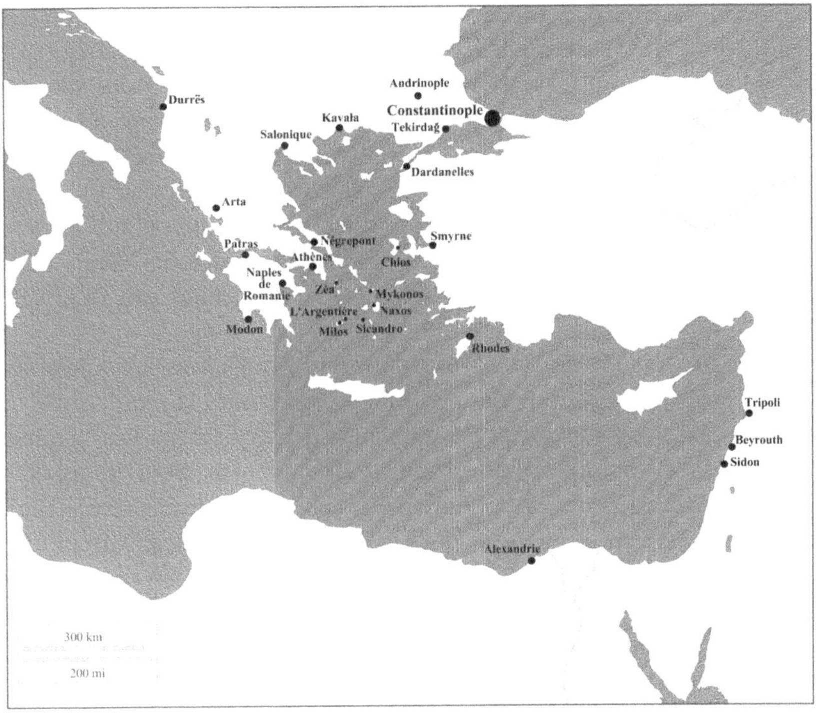

FIG. 2 – Réseau consulaire napolitain au Levant en 1747[168].

Le consulat napolitain sur le territoire de la Régence de Tripoli est également loin d'être assuré en 1741. Ce n'est d'ailleurs que le 2 juin 1742 que Raniero Bigani arrive à Tripoli pour prendre son poste tandis que la Régence envoie une ambassade qui arrive à Naples le 11 novembre en la personne de Mustafà Bey de Derne[169]. Rapidement le traité est remis en question suite à de nombreux incidents. Aux prises d'embarcations

168 Carte réalisée par l'auteur.

169 L'arrivée tardive du consul et des tributs étaient source de tensions et de menace, notamment concernant une possible rupture du traité. Quant au séjour napolitain de Mustafa bey, il est émaillé de quelques incidents même s'il se déroule globalement sans encombre. C'est notamment un renégat maltais à son service qui profita du séjour en terre chrétienne pour fuir et bénéficier de l'immunité extraterritoriale en se réfugiant dans un lieu saint. Ni le secrétaire d'État napolitain, en l'occurrence le Duc de Salas, ni le représentant tripolitain ne purent alors résoudre diplomatiquement l'affaire par

tripolitaines et litiges sur les esclaves[170], viennent également s'ajouter le problème de la succession d'Ahmed Qâramânlî qui se donne la mort dans la nuit du 3 au 4 novembre 1745. Son fils Mohamed lui succède et décide de reprendre la guerre de course, mais une guerre de course qui évite soigneusement la France et l'Angleterre pour se concentrer sur les États « secondaires ». C'est la rupture et le consulat du *Regno* est suspendu en avril 1746 avant que Bigani embarque pour Naples[171]. À partir de cette date, les relations entre le Royaume de Naples et la Régence de Tripoli seront contrastées même si le traité sera renouvelé sous Ferdinand IV le 10 septembre 1784[172].

Le traité conclu en 1741 devient donc rapidement autant un prétexte qu'un enjeu sur une échelle comprenant la donnée diplomatique et commerciale. Les deux aspects sont ici intrinsèquement liés : course et commerce, diplomatie et commerce de la course. Mais les aspects contractuels du traité de 1741 revêtent également une autre utilité. Au prisme de la diplomatie et de la course, certains enjeux spécifiquement liés au commerce et aux navigations peuvent passer inaperçus. Par exemple, Teobaldo Filesi évoque dans ses travaux, dont nous faisons ici amplement usage, le fait que la signature de la paix permet au pavillon napolitain de se placer en deuxième position par rapport au français en termes de trafic, et d'être préféré par les Tripolitains à celui des autres nations[173]. En tant que fils du Roi d'Espagne, Charles de Bourbons jouit apparemment d'un prestige important sur la place mais représente surtout le gage d'une sécurité sur le plan des navigations. Cette protection a trait à la course catalane et espagnole qui épargne naturellement le pavillon napolitain. Ce dernier est donc recherché pour les navigations et il n'est pas étonnant que les capitaines génois demandent aux consuls du *Regno* les patentes permettant de l'arborer. Cette pratique, en théorie illégale, est en fait assez courante et les embarcations ont à bord plusieurs pavillons et hissent celui qui

---

l'intermédiaire du *Supremo Magistrato di Commercio* qui s'avéra à cette occasion d'une grande faiblesse juridique et pratique (Teobaldo Filesi, 1983, p. 44 et 47-58).

170 ASN, Affari Esteri, b. 4413, *Spedizione di Don Giacinto Voschi in qualità di ministero plenipotenziario del Re N. S. in Tripoli per trattare la pace con quella Regenza* (1743-1747) : rapport du 22 octobre 1744.

171 Teobaldo Filesi, 1983, p. 78-81.

172 Une copie du traité se trouve dans : De Sariis, 1794, p. 254-261.

173 Filesi, 1983, p. 64.

convient le mieux à la configuration marchande et aux « rencontres » en mer[174]. Bien connu sur d'autres rivages[175], le phénomène interroge cependant car d'une part il est ici la conséquence du traité de 1741 et d'autre part il met en question l'État du pavillon et le commerce actif. Or nous avons peu d'informations concrètes à ce sujet, en termes de quantité ou des possibles litiges. Si Teobaldo Filesi évoque le phénomène seulement par l'intermédiaire de quelques lignes, c'est que les navigations napolitaines ne constituent pas le cœur de ses travaux qui portent essentiellement sur les aspects diplomatiques. La question du pavillon napolitain et de son usage nous confronte pourtant directement avec celle de la souveraineté et des institutions chargées d'en réguler le contenu. En d'autres termes, il serait illusoire de penser que l'un et l'autre s'ajustent parfaitement.

L'esquisse de la politique napolitaine en matière de traités et la mise en place du réseau consulaire qui s'ensuit ne fait donc sens que dans le cadre pratique des navigations napolitaines. De ces dernières va dépendre un entre-deux juridique qui est déterminant pour la souveraineté maritime car la présence du pavillon napolitain va faire interagir (ou du moins tenter) la régulation propre aux tribunaux du *Regno* et la justice consulaire en mer ottomane. D'un point de vue méthodologique, confronter les archives judiciaires et consulaires permet donc de restituer les pratiques quotidiennes des capitaines napolitains et de leurs interlocuteurs, notamment en matière de règlement des litiges. Ces derniers semblent constituer en effet le reflet le plus tangible d'un entre-deux socio-économique qui se déploie à l'échelle de toute la Méditerranée. Entre normes et pratiques, entre Italie, Levant et Afrique du Nord, entre succès commerciaux ponctuels et marginalité sociale chronique, on dispose avec les capitaines d'un observatoire pertinent des recompositions méditerranéennes en matière de pratiques marchandes mais aussi d'identités. Si les navigations napolitaines n'ont pas l'éclat des trafics français et anglais, nous verrons que leur permanence interroge dans le cadre d'une concurrence intense. Le corpus de sources est

---

174 À ce sujet Teobaldo Filesi cite précisément un extrait du mémoire de maitrise soutenu par Maria-Teresa Lo Celso en 1966 à l'université de Naples (que nous n'avons pas pu consulter) et qui s'intitule *I rapporti tra il Regno di Napoli e la Reggenza di Tripoli al tempo di Carlo III di Borbone*. La pratique de l'utilisation de plusieurs pavillons est largement confirmée concernant les embarcations génoises : Lo Basso, 2009, p. 239-262.

175 Denis-Delacour, 2013.

conséquent[176], mais on dispose avec les capitaines d'un objet d'étude constitué d'un petit nombre d'individus, rendant par-là cette recherche proportionnée à des thématiques en capacité de mieux cerner les recompositions méditerranéennes autour des questions de souveraineté. En effet, si les capitaines et leurs embarcations en sont à la fois porteurs et dépendants, sont-ils vraiment prisonniers de la souveraineté ? C'est à la fois la présence des capitaines napolitains dans les ports ottomans, le cadre administratif de leur action, la gestion consulaire de l'activité des capitaines et le problème de leur survie face aux transformations méditerranéennes du premier XIXe siècle qui sont les pistes que nous allons suivre pour répondre à ces questions.

176 Nous avons déjà cité l'ensemble des sources judiciaires des différents tribunaux de commerce chargés de réguler les trafics napolitains du XVIIIe au XIXe siècles et les sources consulaires détenues à l'*Archivio di Stato di Napoli* (ASN).

L'ENTREPRISE MARITIME NAPOLITAINE, D'UNE RIVE À L'AUTRE

FIG. 3 – Pavillon de la Régence de Tripoli
et son pavillon marchand (XVIIIe-XIXe siècles)[1].
© Roberto Beschi.

1 Le premier pavillon est celui de la cité de Tripoli, bannière en usage au XVIIIe siècle et jusqu'en 1912 lors de la fin de l'occupation italienne. Tripoli, comme les autres Régences, hisse un pavillon constitué de bandes horizontales dont les couleurs et le nombre varient. C'est le cas du pavillon marchand ici reproduit composé de bandes vertes, rouges et blanches qui est en usage aux XVIIIe et XIXe siècles. Notons que le pavillon de guerre, en mer comme à terre, en usage de 1727 à 1835 sous la dynastie Qâramânlî était composé de bandes verticales rouges et jaunes, 5 à 13, en nombre toujours impaire. Les illustrations proviennent de http://www.rbvex.it/africapag/libia.html#tripo. Concernant les sources : Norie, 1848 ; Gritzner et Siebmacher, 1878. Concernant les revues spécialisées, consulter celle de l'association « The Flag Research Center (United States) », *The Flag Bulletin*, Vol. XVI, 6, 1977 ; la revue de la « Societas Vexillologica Belgica (SVB) », *Vexillinfo*, 34, 35 et 38, 1983 et 46, 58, 1984 ; les publications de du « Centro Italiano Studi Vessillologici », *Vexilla Italica*, Vol. XXV, 1, 1998 ; et le bulletin de la Société française de vexillologie, *Franciae Vexilla*, 15, 1999.

TRAFIC ET PAVILLON

Disons-le d'emblée : les navigations napolitaines au Levant et en Afrique du Nord restèrent bien inférieures aux trafics français et britannique. Malgré les difficultés à cerner avec précision la place du *Regno* en mer ottomane, elle n'eut jamais qu'une place subalterne dans les transports maritimes de la zone. Mais était-ce vraiment l'ambition politique d'un État comme le Royaume de Naples et/ou de ses *sudditi*[2] maritimes ? Comme évoqué en introduction, l'affirmation de la souveraineté maritime ne requiert pas un grand nombre d'embarcation mais plus une « présence » du pavillon.

Antonio Di Vittorio témoigne dans son étude du commerce napolitain au Levant des difficultés d'une quantification des trafics. Les sources sont éparses et les relevés consulaires, qu'il utilise à ces fins, sont loin d'être réguliers. Il s'agit néanmoins d'un recensement qui permet une première approche des trafics napolitains au sein de l'espace ottoman. Sans surprise, ces derniers utilisent en majorité des petites embarcations de type tartane, pinques et polaques/polacres[3]. La tartane a une forme allongée, était pontée, jaugeant de 40 à 80 tonneaux, voire plus[4], avec un mât muni d'une grande voile latine sur antenne et parfois une voile carrée sur un petit mât d'artimon. Cette dernière mesurait environ 25 mètres de long et était servie par un équipage d'environ six à dix hommes. Elle est très maniable et adaptée au cabotage en Méditerranée, aux types de cargaisons qui s'échangent et se faufile entre les îles et les côtes escarpées. Sa vitesse lui permet de plus d'avoir la capacité d'échapper aux poursuites des bâtiments corsaires[5]. Les pinques sont elles des embarcations de fort tonnage, de l'ordre de 200

2 Très fréquemment employé pour qualifier le statut des individus dans la documentation, ce terme renvoie à la notion de « sujet » soumis à la souveraineté napolitaine et s'oppose à la notion d'étranger.

3 Di Vittorio, 1979, p. 70-71.

4 Un tonneau équivaut à 2,83 m³ en France depuis 1872, s'alignant sur le *Merchant shipping act* de 1854. Il représente la jauge brute, c'est-à-dire la mesure de tous les espaces clos du navire (cabines et machines comprises). L'ancien tonneau de mer était de 1,44 m³ et représentait la jauge nette, soit la jauge brute moins les espaces nécessaires à la marche du navire.

5 Jal, 1848.

à 300 tonneaux, d'une longueur de 10 à 15 mètres et à deux ou trois mâts, utilisés principalement en Méditerranée. Certaines sont gréées en chebecs[6], d'autres ont des antennes portant des voiles auriques[7]. Quant aux polaques/polacres, elles se confondent souvent avec les pinques à la différence qu'elles utilisent un gréement carré et portent trois mâts[8].

Concernant plus précisément les trafics, Antonio di Vittorio établit essentiellement ses statistiques sur la période qui va de 1741 à 1747 (tab. 1). Il s'agit selon lui d'un moment favorable à l'activité soutenue des embarcations napolitaines car la guerre de Succession d'Autriche (1740-1748) profite au pavillon du *Regno* et met en difficulté ses concurrents, notamment la France[9]. Il n'est ainsi pas étonnant que sur les 560 escales du pavillon napolitain dans les ports du Levant, il relève essentiellement des liaisons maritimes entre les bassins occidental et oriental[10]. Ces navigations remplacent mécaniquement la circulation du pavillon français (essentiellement des capitaines provençaux)[11] grâce à la neutralité napolitaine. Les appareillages se font en majorité au départ de Naples[12], puis les transporteurs du *Regno* alimentent à leur retour Marseille, Gênes et Livourne avec les produits du Levant[13]. Si l'avantage du pavillon neutre explique ce surcroit d'activité, l'écroulement des navigations napolitaines et son caractère sporadique après 1748 serait quant à lui issu de plusieurs facteurs : l'activité des embarcations napolitaines sur d'autres marchés au détriment du Levant et le développement des navigations ragusoises[14]. Cette dernière thèse entend en partie expliquer les raisons pour lesquelles les embarcations napolitaines ne profitent pas de la guerre de Sept Ans (1756-1763) alors que les transporteurs français

6 Un chebec est un type d'embarcation avec des voiles latines, typiquement méditerranéen aux origines mêlées, berbères et espagnoles. Il peut également avoir un usage militaire et propre à la course pratiquée par les Barbaresques et Chrétiens et donc être armé de canons (Jal, 1848).

7 Gatti, 2004, p. 137.

8 *Ibid.*, p. 139 et Jal, 1848.

9 Di Vittorio, 1979, p. 121.

10 *Ibid.*, p. 101-103. D'ailleurs, les sources ne lui permettent de connaître la provenance que de 124 capitaines sur les 560 qui font effectivement escales.

11 Panzac, 2004.

12 43 départs enregistrés, 17 depuis Marseille, 16 depuis Messine, 13 depuis Livourne (Di Vittorio, 1979, p. 101).

13 Il s'agit d'une évaluation sur 81 arrivées dans le bassin occidental : 11 arrivées à Marseille, 25 à Gênes, 22 à Livourne (*Ibid.*, p. 105).

14 *Ibid.*, p. 121-122.

sont également en difficultés du fait de la course. Sans remettre en cause ces affirmations, il apparaît essentiel de ne pas raisonner uniquement en termes totalisants, entre déclin et succès d'un pavillon au détriment d'autres, et de ne pas uniquement considérer les navigations entre les bassins occidentaux et orientaux. La variété des navigations et des objectifs suivis par les capitaines au sein de marchés spécifiques nous invitent au contraire à une analyse plus fine de la présence napolitaine.

Ports	1741	1742	1743	1744	1745	1746	1747	Total
Constantinople	1	4	9	13	18	23	23	91
Smyrne		3	1	2	16	24	1	47
Salonique		1			10	17	12	40
Chios				2	21	47	3	73
Kéa				3	12	6		21
Ténédos		1	5	11	13	7	15	52
Négrepont			1	1	5	3	4	14
Naples de Romanie			1		2	14	13	30
Patras					4	2	2	8
Navarin					9	4		13
Modon et Coron					27	19		46
Milos					22	21		43
Enos					2	2	2	6
La Canée			1	2	4	7	6	20
Candie				2	5	3	7	17
Alexandrie					4	5	1	10
Sidon							2	2
Chypre							1	2
Tripoli de Syrie			1		1	3		5
Jaffa				1		1	1	3
Tortose						1	1	2
Damiette						1	1	2
Santorin					1			1
Tekirdag					2	2		4
Kavala							1	1
Athènes					1	1		2
Sapienza						1		1

TABLEAU 1 – Trafics napolitains dans les ports du levant ottoman (1741-1747)[15].

15 Nous reprenons les statistiques d'Antonio Di Vittorio compilées à partir des registres et États des bâtiments transmis à la légation de Naples à Constantinople contenus dans ASN, Affari Esteri, Costantinopoli, b. 188-199 (1741-1747).

Certes, les trafics napolitains sont assurément très actifs en Méditerranée occidentale et le long des côtes tyrrhéniennes dans la seconde moitié du XVIIIe siècle. Nous savons que cette présence est importante dans les trafics marseillais[16] mais également à partir des côtes romaines. Il existe en effet des sources sérielles, outre les archives marseillaises[17], et qui témoignent du phénomène. Ce sont notamment les registres d'ancrage de Civitavecchia détenus aux archives d'État de Rome[18]. Malgré l'imprécision de nos sources concernant le port Civitavecchia où transitent la majorité des embarcations en provenance du sud tyrrhénien, on constate que l'activité des embarcations napolitaines est plus importante que les navires anglais, hollandais, danois, suédois ou de Raguse, et dépasse progressivement l'important trafic génois en fin de siècle.

16 Romano, 1951, p. 17.

17 Il s'agit de la série ininterrompue que constituent les registres de l'Intendance sanitaire de Marseille entre 1709 et 1852, détenues aux Archives Départementales des Bouches-du-Rhône (par la suite ADBDR), série 200 E, 474-604). Les déclarations des capitaines à l'Intendance sanitaire comportaient généralement leurs noms et leurs origines, le nom et le type de navire utilisé, la nature du chargement, la provenance, la durée du voyage, les escales éventuelles et quelques fortunes de mer. Cependant ces registres n'indiquent pas de manière détaillée la nature de toutes les cargaisons, sauf en ce qui concerne certaines denrées céréalières comme le blé, ou bien l'huile d'olive destinée à l'industrie marseillaise du savon.

18 Les registres d'ancrage sont présents de 1740 à 1743 puis de 1785 à 1796 (*Archivio di Stato di Roma* (par la suite ASR), Camerale III Civitavecchia, Ancoraggio, b. 838 et 839).

Origine	Entrées cumulées sur la période
Royaume de Naples	397
Marseille	180
Agde	163
Ligurie	108
Cannes	78
État pontifical	48
Martigues	39
Sète	32
La Ciotat	31
Narbonne	23
Antibes	21

TABLEAU 2 – Pavillon des capitaines provenant du littoral pontifical et accostant à Marseille (1751-1795). Source : ADBDR, 200E 507-551.

Année	1740	1741	1742	1743
Total	1675	2118	1641	908
Génois	602	775	598	290
Napolitain	401	571	446	234
Français	125	102	82	58
Sicilien	120	186	94	67
Forio d'Ischia	113	133	109	86
Romain	58	56	54	6
Gaetano	44	75	41	43
Livournais	33	29	27	21
Procedano	22	32	61	36

TABLEAU 3 – Principales origines des caboteurs accostant à Civitavecchia (1740-1743)[19]. Source : ASR, Camerale III Civitavecchia, Ancoraggio, b. 839 (1740 à 1743).

19 L'origine des capitaines est précisément inscrite pour ces années dans les registres d'ancrage, ce n'est plus le cas par la suite. Le registre de l'année 1743 s'arrête à la date

Année	Total entrées	Pavillon napolitain	Pavillon génois
1785	1501	757	341
1786	1343	682	277
1787	1309	704	285
1788	1426	659	279
1789	1536	850	259
1790	1443	807	268
1791	1345	789	315
1792	1040	536	231
1793	1266	779	333
1794	1676	991	262
1795	1555	878	296
1796	1471	-	408
1797[20]	95	-	46

Tableau 4 – Part des pavillons génois et napolitain dans les activités de Civitavecchia (1785-1797). Source : ASR, Camerale III Civitavecchia, Ancoraggio, b. 838 (1785-1797).

C'est également le cas des échanges en provenance de Sicile et à destination de Marseille. La présence des embarcations napolitaines et siciliennes dispute l'activité génoise tout au long de la seconde moitié du XVIIIe siècle. Notons que les transporteurs de Raguse n'apparaissent dans ces marchés qu'en fin de siècle pour un apogée en 1789 avec 3 % des trafics (soit 11 embarcations). Concernant spécifiquement la Sardaigne[21], nous pouvons constater que si la guerre de Sept Ans fait disparaitre momentanément les capitaines provençaux des trafics entre l'île et Marseille, ils reprennent leur place à l'issue du conflit. En revanche, c'est le deuxième conflit d'envergure de 1779 à 1781 qui a raison des marins provençaux. En effet on observe une chute de la présence française dans

du 14 septembre. L'évocation de ces navigations, qui eurent lieu en pleine guerre de Succession d'Autriche (1740-1748), doit tenir compte d'un contexte particulier avec de nombreux ravitaillements maritimes de la place forte des Présides napolitains.

20 Seul le mois de janvier est présent pour le registre de l'année 1797.

21 Denis-Delacour, 2010, p. 153-184.

les échanges dès 1779 pendant la guerre d'Indépendance des États-Unis, comparable à celle de la guerre de Sept Ans. Mais contrairement à 1768 le retour de la paix n'entraîne pas un retour des marins provençaux qui disparaissent pratiquement des échanges entre Marseille et cet espace : les Génois assurent alors à 99 % les échanges entre la Sardaigne et Marseille et les sujets du *Regno* et les Corses ont pris possession de l'ensemble du trafic en ayant chacun un espace spécifique, accompagnés par quelques Nordiques.

Origine	Marseille	Gênes	Royaume de Naples	Sicile	Corse[22]	Agde
1751-1753	54	17	14	9	2	48
1759-1761	6	103	16	22	7	1
1768-1770	51	44	17	86	20	40
1779-1781	3	201	62	73	116	0
1787-1789	32	139	86	44	290	46
1793-1795	3	21	5	0	17	0

TABLEAU 5 – Évolution de l'origine des capitaines en provenance de Corse, de Sardaigne et de Sicile et à destination de Marseille (1751 à1795). Source : ADBDR, 200 E 507-512 / 515-517 / 524-526 / 535-537 / 543-545 / 549-551.

L'exemple précédent pose également la question de l'uniformité de la présence napolitaine. Nous savons qu'au cours du XVIIIe siècle ce sont les caboteurs de la cité de Gaète qui prennent en charge une grande partie des trafics maritimes pontificaux[23]. Tandis que les marins de Procida se spécialisent dans les transports de bois des plages romaines à destination des arsenaux de par les arsenaux de Malte, Naples, Toulon et Carthagène et avec l'entremise des consuls, notamment français[24]. Cette spécialisation des communautés maritimes napolitaines que nous observons en Méditerranée nord-occidentale se retrouve dans les

22 Exclusivement en provenance de Corse.

23 Denis-Delacour, 2011, p. 729-764.

24 L'auteur se permet ici de renvoyer à ses propres travaux sur la question : Denis-Delacour, 2021.

trafics levantins. C'est l'intuition d'Antonio Di Vittorio qui souligne d'ailleurs que les capitaines présents sont majoritairement originaires de la région de Sorrento et cite la présence de « familles » au sein de ces trafics balbutiants : les Cacace, les Caffiero et les Savarese.

Total	183
Sans indications	56
Sorrento	33
Piano di Sorrento	21
Naples	21
Vico Equense	13
Positano	13
Sicile	12
Procida	3
Castellammare	3

TABLEAU 6 – Principales origines géographiques des capitaines napolitains présents dans les trafics levantins (1741-1747)[25].

En revanche, après 1748, le trafic levantin des sujets du *Regno* semble négligeable. Il est signalé 5 embarcations accostant à Constantinople en 1756, puis une en 1757[26]. Un trafic quasi-inexistant à la même période pour Salonique, même si 33 embarcations se rendent en 1757 à Patras. Par la suite le trafic reste indigent : entre 1776 et 1780 le pavillon napolitain est pratiquement absent de Salonique. Si la réalité numérique de la comptabilité n'est pas ici remise en cause, l'uniformité du phénomène, les sources utilisées et la grille de lecture proposée ne permet pas de saisir toute la richesse des navigations en mer ottomane. D'abord le pavillon napolitain reste le sixième plus actif (certes très modestement) dans certains espaces. C'est le cas notamment à Chios comme en témoigne les travaux de Daniel Panzac[27]. Mais répétons-le : même une quantité moindre permet de s'immerger dans les problématiques de souverainetés.

25 Di Vittorio, 1979, p. 72. Les capitaines siciliens sont inclus dans comptabilité napolitaine.
26 *Ibid.*, p. 120.
27 Panzac, 1996, p. 15.

Total	1575
France	762
Raguse	463
Empire	140
Venise	105
Grande-Bretagne	36
Naples[28]	21
Suède	20
Toscane	11
Provinces-Unies	8
Mahon	7
Danemark	2

TABLEAU 7 – Principaux pavillons en activité à Chios (1756-1772).

Surtout, d'autres sources témoignent que les transporteurs napolitains ne sont pas uniquement présents dans les trafics entre les bassins occidentaux et orientaux. Nous savons depuis les travaux de Gilbert Buti et de Daniel Panzac que la caravane maritime complexifie le tableau des navigations méditerranéennes par l'intermédiaire d'un cabotage qui, bien qu'essentiel, échappe bien souvent aux statistiques de par son caractère multiforme[29]. Ce cabotage et la caravane pose souvent des problèmes de définition : il ne s'agit pas de convois mais bien « …d'un grand cabotage, d'un commerce de port à port pratiqué par des bâtiments agissant seuls[30]… ». Or la caravane napolitaine reste dans l'ombre d'une interprétation restrictive (parfois erronée) et d'un contexte historiographique qui a longtemps mis au premier plan les liaisons est-ouest et la classique interprétation quantitative comme marqueur de puissance commerciale et par là du pouvoir étatique[31]. Entre 1741 et 1747 sur 560 embarcations

28 18 de ces escales se font entre 1756 et 1762 (*Ibid.*, p. 20).

29 Buti, 2003, p. 76-77 et 2005.

30 Buti, 2005, p. 9.

31 Antonio Di Vittorio évoque le voyage en caravane des embarcations napolitaines à partir des sources qu'ils utilisent, les documents de la légation de Naples, qui sur 560 arrivées au Levant évoquent entre 1746-1747 l'escale de 6 embarcations en caravane (*giunta in*

napolitaines en escale au Levant, une trentaine ne repartent pas pour les côtes tyrrhéniennes et provençales mais participent bien aux trafics internes à la mer ottomane[32]. Les documents utilisés mentionnent que les capitaines napolitains sont alors majoritairement affrétés depuis Constantinople par des marchands turcs pour se rendre à Smyrne, La Canée, Candie, Sidon, Jaffa, Damiette et Alexandrie. Or, sachant que sur les 560 escales officielles entre 1741 et 1747, seule la provenance de 124 embarcations napolitaines est connue, cette « caravane » napolitaine mérite toute notre attention. D'autres sources nous y incitent. L'État des bâtiments napolitains en escale à Stanchio (Kos) en 1746 complexifie par exemple le tableau dressé précédemment. Les relevés parvenu au consul Bonifacy[33], rédigés en Français et apparemment transmis par un vice-consul, invite à élargir le spectre de la recherche documentaire sur ces trafics[34]. En effet, sur les 17 embarcations napolitaines en escales à Stanchio en 1746, et qui ne touchent jamais terre en même temps, nous savons que 3 effectuent leur navigation entre Smyrne et Alexandrie et inversement (à 2 reprises), puis 3 autres viennent de Salonique pour se rendre à Alexandrie. Enfin, un capitaine vient de Damiette pour Smyrne et un autre de Constantinople pour Jaffa. Parmi eux, 3 stipulent un autre contrat d'affrètement à Stanchio. C'est le cas de Gasparo di Martini le 14 juillet, provenant de Smyrne et se rendant à Alexandrie, et qui est de retour à Stanchio le 28 septembre. Nous ne savons pas si ce contrat s'ajoute à d'autres stipulés auparavant à Smyrne ou ailleurs. Aussi intéressants sont les relevés en provenance de Rhodes et signés par le consul Bonifacy. Ces derniers indiquent pour l'année 1742 la présence le 4 août d'un seul capitaine napolitain, Gasparo di Martini, qui provient de Constantinople[35]. Un document le concerne d'ailleurs

---

carovana). Il en conclut qu'il s'agit de convois. Or nous ne savons pas s'il s'agit d'une arrivée groupée ou d'escales sporadiques (Di Vittorio, 1979, p. 111).

32 *Ibid.*, p. 115-116.

33 Nous pensons qu'il s'agit de Giovanni Battista Bonifaci déjà consul de Rhodes en 1742.

34 ASN, Affari Esteri, Alessandria, Argentiera, Rodi, Missalunga, Stanchio, Saida, Micconi, Scio, Acri, Tine, b. 2351(1742-1770) : États des bâtiments napolitains qui sont venus à Stanchio cette année jusqu'au sixième octobre 1746 et États des bâtiments napolitains qui ont touché à Stanchio depuis le dernier compte que nous avons soldé avec M. Bonifacy consul de Naples du 6 octobre 1746.

35 ASN, Affari Esteri, Alessandria, Argentiera, Rodi, Missalunga, Stanchio, Saida, Micconi, Scio, Acri, Tine, b. 2351(1742-1770) : *Nota dei bastimenti che hanno toccato in questa scala di Rodo.*

spécifiquement[36]. Il précise qu'entre 1743 et 1746 il a effectué les trajets Constantinople-Rhodes-Tripoli (1743), Smyrne-Stanchio-Alexandrie (1744), Alexandrie-Stanchio-Smyrne (1745), Alexandrie-Rhodes (escale le 8 décembre 1746)-Smyrne. Les relevés suivants nous apprennent que le 4 avril 1743 la barque d'un autre capitaine, Crescenzo Caffiero, provenant de Candie, a été affrétée à Rhodes pour Alexandrie et que la même année il repasse par Rhodes en ayant été nolisé à Damiette. Par la suite, 15 napolitains font escales à Rhodes en 1744. Parmi eux le capitaine Anielo Atanasio dont l'embarcation est nolisée à Rhodes pour une durée de six mois alors que précédemment, la même année, il a effectué la navette suivante : Rhodes-Alexandrie-Rhodes-Candie-Rhodes-Alexandrie-Rhodes. Nous sommes donc bien loin d'une simple position d'attente avant un retour sur les côtes du *Regno*[37] ; il s'agit bel et bien d'une pratique maritime qui s'assimile à l'activité et au parcours de la caravane maritime française[38]. Notons également l'importance de la navigation à destination d'Alexandrie, ici prégnante, par rapport aux listes établies à partir des documents de la légation[39]. Il s'agit d'une ligne commerciale essentielle à l'Empire ottoman, en majorité assurée par les caravaneurs français au XVIIIe siècle même si manifestement d'autres pavillons y participent[40].

36 ASN, Affari Esteri, Alessandria, Argentiera, Rodi, Missalunga, Stanchio, Saida, Micconi, Scio, Acri, Tine, busta 2351(1742-1770) : Esta du cap[ne] Gasapre de Martini qui a toucher à Rhodes daté du 22 mai 1747 et signé par le consul Bonifacy.

37 Di Vittorio, 1979, p. 115.

38 Buti, 2005, p. 18.

39 Alexandrie n'y apparaît qu'une fois (Di Vittorio, 1979, p. 116).

40 Gilbert Buti, 2005, p. 13. Notons que le pavillon n'est pas cité au contraire des Vénitiens, Italiens sous pavillon impérial, Anglais, Ragusois et Suédois.

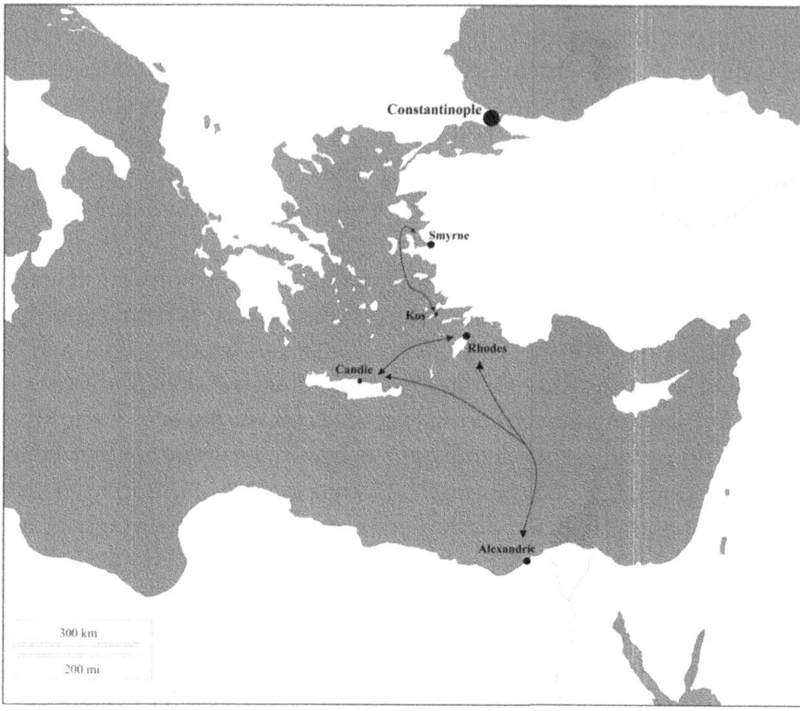

FIG. 4 – Navigation du capitaine Anielo Atanasio (1744)[41].

Concernant la nature de ces trafics, les documents du consulat de Rhodes sont sans ambiguïtés. À la fin de ces récapitulatifs des comptes des droits d'ancrage et de consulat, il est précisé que sont également inclus « *li noleggi che hà esatto il consolo di Rodi da capitani carovanori*[42] ». Par essence diffuse, la pratique de la caravane maritime du Levant aux côtes d'Afrique du Nord nuance les interprétations basées sur des trafics dont nous ne connaissons que de succinctes listes et quelques escales.

En d'autres termes, les sources mises en jeu et la simple quantification mettent un peu trop vite à la marge les navigations du Royaume de

41 Carte réalisée par l'auteur.

42 « les nolis qu'a comptabilisé le consul de Rhodes des capitaines caravaneurs ». ASN, Affari Esteri, Alessandria, Argentiera, Rodi, Missalunga, Stanchio, Saida, Micconi, Scio, Acri, Tine, b. 2351(1742-1770) : *Nota dei bastimenti che hanno toccato in questa scala di Rodo.*

Naples. Sachant de plus que les consuls napolitains ne sont pas présents dans toutes les escales du Levant, ou de manière transitoire, et que les navigations ne sont pas fonction du réseau « national », nous pouvons raisonnablement penser qu'une bonne part de ces navigations n'ont pas été prises en compte. Par exemple, le capitaine Nicola Jaccarini arrive à Smyrne en 1774 avec son pinque en provenance de l'Archipel, puis il conclut un nouvel affrètement pour aller en caravane ; mais nous ignorons le début et la suite de son parcours[43]. C'est également le cas du capitaine Vincenzo Savarese, nolisé à Alexandrie pour 4 mois *in carovana* (en caravane)[44]. La pratique est pourtant loin d'être inconnue du pouvoir.

La caravane maritime est encouragée et constitue le moyen d'exister au sein des trafics. La correspondance entre Bernardo Tanucci et Guglielmo de Ludolf est d'ailleurs claire à ce sujet :

> [...] *Se le nostre circostanze tuttavia non ci permettono di pensar sodamente al commercio orientale, almen desiderarei che si animasse il Padron e marinaro alla Carovana Marittima ; oltre il profitto che ne ricava questo, si ascquista pratica nell'arte nautica che ridonda in vantaggio dello Stato* [...][45]

La caravane maritime napolitaine répond finalement parfaitement aux ambitions modestes de la politique orientale du *Regno* ; un développement des trafics napolitains au Levant qui rivaliserait avec les autres puissances apparaît peu réaliste. La caravane maritime permet à la fois une présence du pavillon tout en ouvrant des brèches dans le marché levantin qui vont familiariser une partie des capitaines napolitains avec les pratiques locales. Dans cette perspective, il s'agit d'interroger la persistance de la présence des embarcations napolitaines malgré la concurrence, la faiblesse des trafics et le peu d'interstices économiques. En d'autres termes, les navigations napolitaines vont bénéficier d'un soutien moindre de la part du pouvoir central et vont devoir faire les comptes avec une réciprocité pour l'instant déficiente. Cela implique de négocier avec une pluralité d'acteurs

43 ASN, Affari Esteri, Levante porti, b. 2676 (1774-1775) : lettre de Smyrne du 15 septembre 1774.

44 ASN, Affari Esteri, Levante porti, b. 2677 (1776-1777) : lettre de Smyrne de Pietro Franceschi datée du 23 juin 1777.

45 « si les circonstances toutefois ne permettent pas de penser sérieusement au commerce de l'Orient, je voudrai au moins que le patron et marin participe à la caravane maritime, outre le profit qui peut en être retiré, elle permet d'acquérir la pratique de l'art nautique qui en retour est un avantage pour l'État ». De Lucia, 1985, p. 172 : lettre de Bernardo Tanucci à Don Guglielmo del Ludolf du 30 juillet 1757 et note 3 de la même page.

économiques de toutes origines, et souvent mieux armés d'un point de vue juridique concernant leur extraterritorialité et donc « protégés » par leurs nations respectives. Pour autant, nous savons qu'il est possible pour de États à faible souveraineté et bénéficiant d'un appareillage institutionnel moindre de « louvoyer » entre les monopoles et nations bénéficiant de réseaux consulaires et d'une force navale supérieurs[46]. C'est par exemple le cas de Génois qui assure un rôle d'intermédiation entre la France et le commerce levantin[47]. Ces derniers s'appuient sur leurs réseaux marchands, communautés maritimes et pratiques du commerce pour s'insérer dans les interstices du commerce levantin. Si cette indépendance « forcée » eu égard à l'État central et sa souveraineté est en apparence moins solide du point de vue des institutions, elle offre plus de flexibilité et l'entreprise maritime génoise, dans sa diversité, en tire sa force. C'est également le cas des différentes communautés et lignes maritimes du Royaume de Naples.

Dans le contexte d'Ancien Régime, la réflexion concernant la pérennité d'une ligne commerciale doit en effet s'écarter d'une simple explication économique si l'on veut en saisir toutes les articulations. L'exemple des capitaines des Pouilles en Adriatique rejoint dans une certaine mesure celui de la caravane napolitaine au Levant[48]. En tenant compte des possibilités restreintes qui s'offrent en matière de choix, les acteurs des marchés doivent composer avec des ressources également limitées. Si dans le cas du Levant, il faut composer avec une concurrence féroce et l'absence d'un réseau marchand et consulaire ancien et bien implanté, le contexte adriatique est tout aussi difficile. Pourtant, dans le cas des capitaines des Pouilles interviennent des opérateurs qui savent tirer profit des contraintes de la construction marchande en place, même si celle-ci apparaît de prime abord difficile à manœuvrer. Capitaines et intermédiaires marchands mettent alors en place des structures maritimes, sur la base de microentreprises mêlant un nombre restreint d'acteurs économiques au sein d'un interstice marchand également restreint, qui se révèle étonnamment solides. C'est le cas des capitaines génois dans le sud de l'Italie[49], et des navigations

46 Il s'agit là d'une révision majeure des précédentes analyses sur les rapports méditerranéens et qui déplace la focale d'une vision centrée sur l'État, son pouvoir et son influence aux individus, acteurs et leurs pratiques : Marzagalli, 2016.

47 Carrino, 2018 (a).

48 Salvemini, 2007, p. 155-203.

49 C'est notamment le cas de la communauté ligure de *Laigueglia* en Calabre (Lo Basso, 2009, p. 246).

corses sur les rivages occidentaux[50]. Sur des distances plus lointaines, nous pouvons également évoquer les capitaines tropéziens[51]. Ni l'apparition de nouvelles difficultés, comme une évolution juridique ou un contexte de guerre, ni la tentation ou l'ouverture d'autres marchés plus lucratifs mais incertains ne remettent définitivement en question ces microentreprises. En tenant compte de ces éléments, il manque assurément à ce stade de notre analyse des témoignages documentaires permettant de révéler l'ensemble des leviers de la caravane maritime napolitaine. C'est en mesurant la constance et les dynamiques de l'intermédiation marchande, tout comme leur caractère parfois transitoire et non-linéaire, que l'on pourra donner plus d'épaisseur à l'*habitus* socioéconomique que ces navigations mettent en jeu. Il convient alors d'interroger ici les questions de pavillon et la perméabilité de l'entreprise maritime napolitaine.

Le cas des trafics marseillais au Levant nous y invite. Il existe en effet des possibilités d'éluder la concurrence imposée par le protectionnisme lié au pavillon. À défaut d'une activité de « première-ligne », prête-noms et associations économiques avec les sujets français, notamment le partage de la propriété des embarcations, permettent aux marchands « étrangers » de s'insérer au sein des monopoles économiques, et ainsi de bénéficier par usurpation un réseau consulaire puissant. C'est le cas des marchands grecs sur la place de Marseille, mais également de négociants turcs, arméniens, hollandais et autres qui, par l'intermédiaire de divers montages économiques et avec la complicité de négociants, de consuls français aux Échelles et de capitaines locaux, contournent le monopole marseillais du Levant en captant une part des trafics[52]. Si le phénomène apparait certes modeste quand on se penche sur les documents relatifs aux fraudes dénoncées et jugées, son ampleur interroge néanmoins car une large part reste certainement dans l'ombre des trafics marseillais. C'est sous cet angle que l'entreprise maritime napolitaine doit être envisagée. En l'absence de statistiques totalement fiables, les litiges autour de la question pavillonnaire et du contrôle étatique de celle-ci

50 Caboteurs, agriculteurs et intermédiaires locaux entretenaient d'étroits rapports socioéconomiques permettant une projection sur divers marchés, de Marseille aux côtes italiennes (Serpentini, 2004, p. 163-175).

51 Buti, 2010.

52 Comme en témoignent les Archives de la Chambre de Commerce et d'Industrie de Marseille (par la suite ACCIM), J-1590 Commerce du Levant, commerce des étrangers, contraventions aux ordonnances (1727-1792).

dessine un tableau beaucoup plus riche des trafics mineurs en mer orientale ; cette reconstruction se fait pièce par pièce au gré des escales des capitaines du *Regno.*

LA CARAVANE MARITIME NAPOLITAINE
Les conditions de l'interaction marchande (1741-1787)

Malgré son importance et le degré de contrôle exercé, le commerce levantin de Marseille est cependant loin d'être imperméable à la concurrence entre États et entre marchands. Si la question n'est pas totalement éludée par l'historiographie[53], elle mérite d'être approfondie malgré la complexité des phénomènes issus des diverses recompositions qui se succèdent aux XVIIIe et XIXe siècles. À ce titre, la présence de l'entreprise maritime napolitaine autour de la problématique des marchés orientaux peut constituer un observatoire permettant d'en définir la substance. L'analyse de la politique économique ottomane du Royaume de Naples n'aborde que très partiellement la diversité des phénomènes induits par la concurrence des marchés[54] . L'influence des acteurs, économiques comme institutionnels, leur capacité à interpréter la norme et à profiter de nouveaux interstices marchands peut ouvrir de nouvelles perspectives, surtout dans le cadre d'une interculturalité qui est loin d'être univoque sur le plan maritime. Les Français comme les sujets des divers États italiens, les Autrichiens et les Dalmates des côtes adriatiques, les Ottomans turcs, grecs ou des régences barbaresques ainsi que les « Nordiques », sans oublier les diverses communautés transnationales, interagissent autour des marchés levantins malgré les puissants organes de contrôle étatique du commerce. Si plusieurs travaux nous permettent d'apprécier les spécificités de l'identité des acteurs des

53 Robert Paris esquisse seulement les reconfigurations des marchés levantins marseillais à la fin du XVIIIe siècle. Aux prises avec l'irruption de nouvelles puissances, l'Autriche et la Russie, une partie des trafics méditerranéens se réorientent alors autour du commerce avec la mer Noire selon une nouvelle géopolitique ottomane (Paris, 1957, p. 106-110).

54 Di Vittorio, 1979.

marchés maritimes, comme ceux de Daniel Panzac, son caractère parfois transitoire, fragmenté ou négocié dans le cadre d'une interculturalité méditerranéenne reste largement à explorer[55].

En clair, l'entreprise maritime se trouve au cœur de plusieurs entre-deux, sur une frontière maritime qu'elle peut repousser, ou du moins modifier, et contourner malgré le fait qu'elle soit porteuse de l'affirmation de souverainetés concurrentes.

Comme nous l'avons évoqué précédemment, les capitaines napolitains sont présents à partir de 1741 dans les trafics dits orientaux et ils arrivent à s'y insérer et maintenir durablement. Or, les modalités de cette présence interrogent, notamment comment les *sudditi napoletani* (sujets napolitains) interagissent avec une foule d'interlocuteurs ; Européens comme Ottomans et Magrébins. Elles sont parfois explicitement mentionnées dans les sources relatives aux litiges commerciaux ; litiges qui bien souvent posent problèmes aux tribunaux du Royaume de Naples car l'entreprise maritime napolitaine, engagée sur les marchés orientaux, mets les institutions face aux spécificités d'une insertion marchande élaborée, comme pour beaucoup d'autres, en dehors du cadre national.

C'est le cas du capitaine Giuseppe Del Giudice, originaire de Piano di Sorrento, qui est incarcéré en 1752 pour l'usage du pavillon Impérial sur son embarcation napolitaine[56]. Le tribunal du *Consolato di terra e mare* y voit à juste titre une infraction aux récentes ordonnances de navigation et son cas doit servir d'exemple aux autres patrons tentés de naviguer sous la *bandiera austriaca* (pavillon autrichien). Cependant, la plaidoirie du capitaine témoigne de toute la complexité de cette supposée fraude pavillonnaire : il affirme en effet qu'il s'agit pour lui de ne pas retomber entre les mains des corsaires barbaresques. Il retrace alors tout son parcours « maritime ». Giuseppe Del Giudice a par le passé fait l'achat d'un pinque arborant le pavillon napolitain pour effectuer des navigations marchandes à destination de Smyrne pour le compte de marchands juifs de Livourne et de Messine[57]. Au cours de l'un de ses trajets, il obtient à Smyrne un nouveau noli pour se rendre à Alexandrie pour le compte d'affréteurs turcs mais fait naufrage avant d'être capturé par des Barbaresques vers l'ile de Chios et envoyé comme esclave à Tripoli pour 3 ans. L'application des

55 Fusaro, Heywood et Omri, 2010.

56 ASN, Processi antichi, Regio consolato di terra e mare (1740-1782), b. 6-2 (1750-1752).

57 Eu égard à la suite du récit, nous estimons que cet achat remonte aux années 1720.

traités de paix entre les régences et l'Empire autrichien (1725-1726), grâce à la contrainte de l'Empire ottoman, lui offre l'occasion d'être affranchi[58]. L'implantation d'un réseau consulaire impériale étant désormais permise à Tripoli, Giuseppe Del Giudice réussit en effet à se faire reconnaître par le consul autrichien comme *sudditi austriaci* et rapatrier à Trieste. Il se marie ensuite avec une Impériale à Fiume et demande en avril 1750 l'octroi d'une patente pour naviguer sous pavillon impérial à bord d'une embarcation dont il partage la propriété avec un marchand autrichien du nom de Weimer. Son équipage se compose alors de 8 marins de Sorrento et de 5 « étrangers » (en fait 3 génois et 2 vénitiens). Lors de la revente de son embarcation à Trieste en 1752, il est cependant rattrapé par sa condition de *suddito napoletano* qui entre-temps a revêtu une définition « nationale » et rentre désormais dans un jeu serré d'affirmation de la souveraineté, surtout auprès de l'ancienne puissance de tutelle autrichienne. Contraire aux ordonnances élaborées par le nouveau gouvernement napolitain, la vente de l'embarcation à un certain Conti est stoppée par le consul du *Regno* en poste à Trieste, Francesco De Laspina, et Giuseppe, venu défendre son point de vue à Naples, condamné. Par la suite, un document émanant du *Supremo Tribunale di Commercio* de Trieste et joint à la procédure nous apprend qu'en 1753 le bâtiment est séquestré et mis aux enchères ; il est alors mentionné que c'est une polacre qui est rachetée par un certain Grassin Vita Levi.

Pavillon, patente, passeport et contrôle consulaire sont une constante dans les litiges ayant trait aux navigations des capitaines appartenant aux États dits « faibles[59] ». Même si tous les pavillons sont concernés par ces éléments, ils prennent un relief particulier avec les puissances de second ordre. Il n'est donc pas étonnant que ces éléments soient des points d'achoppement récurrents à Trieste comme ailleurs, notamment lorsque le commerce actif et les affirmations de la souveraineté sont en jeu. Le consul De Laspina participe à ce titre à l'entreprise (ou tentative) d'uniformisation des pratiques de l'État napolitain quant à ces questions. Il propose d'instaurer un protocole afin que les caboteurs fréquentant le littoral *austriaco*[60] circulent en conformité avec les ordonnances du

58 Panzac, 1999, p. 33.
59 Denis-Delacour, 2013.
60 Il s'agissait du littoral autrichien appartenant aux Habsbourg constitué par l'enclave de Trieste au nord de l'Istrie et, plus au sud, par le port de Fiume.

Regno[61]. Ce sont les capitaines des Pouilles qui sont particulièrement visés par ces procédures (Molfetta, Bari, Trani et Bisceglie). La plupart de ces embarcations naviguent sans patente royale, avec un document expiré, ou bien encore uniquement avec une autorisation du tribunal de leur province ou de leur cité, ce qui est en théorie illégal. Le contrôle doit donc être renforcé en fonction d'une centralisation administrative désormais entendue comme univoque. L'uniformité du pavillon est tout aussi importante. En tant que marqueur symbolique de la souveraineté napolitaine, et de toutes les prérogatives qui y sont attachés, les initiatives personnelles ne sont plus permises. Ce n'est pas tant le fait que les capitaines des Pouilles arborent un autre pavillon mais la non-conformité de celui-ci. Francesco De Laspina évoque un pavillon où certes les *Reali armi (*armes royales) sont présentes (une reproduction de celles-ci sont présentes au début de la première partie de l'ouvrage), mais dont les ornements extérieurs sont « personnalisés », le plus souvent avec des images de Saints. Le consul entend donc mettre en conformité le pavillon napolitain, tant l'ornement et l'écu que la couleur de fond, selon l'édit royal pour le règlement de la navigation des bâtiments marchands du 18 août 1741 qui est inséré dans l'édit successif du 14 août 1751. Concernant l'affaire de Giuseppe Del Giudice, nous ne trouvons par la suite aucune trace d'une affaire similaire à Trieste[62].

Il s'agit ici d'un mode d'insertion sur les marchés orientaux précédent les traités et qui n'a pas su intégrer par la suite un nouvel environnement juridique gage d'une protection efficace. Nous pouvons l'affirmer car à partir des années 1740 un groupe de capitaines doit sa réussite à sa capacité à réaliser un entre-deux marchand favorable. Surtout, jouant sur la nécessité pour la gouvernance napolitaine de maintenir une entente avec la porte et les Régences, ces derniers se permettaient de contrevenir ouvertement aux ordonnances sans que les tribunaux napolitains n'exercent de sanction juridique à leur encontre. À ce titre, l'affaire évoquée précédemment résume les leviers qui permettent et permettront à l'entreprise maritime napolitaine de transcender les

61 ASN, Affari Esteri, Trieste, b. 3026, Console di SM in Trieste (1751-1759) : *Umilissima memoria del da farsi per il miglioramento del commercio e navigazione dei sudditi delle due sicilie per Trieste* daté du 5 juillet 1752. Notons ici une fois de plus la prise en compte des « Deux-Siciles » dans la documentation consulaire.

62 ASN, Affari Esteri, Trieste, b. 3026-3032 (1751-1789).

obstacles marchands : à savoir la perméabilité pavillonnaire et un référentiel « national » aléatoire. C'est-à-dire assimiler une embarcation de commerce à une entité juridique aménageable au gré des systèmes institutionnels rencontrés. Cette structure échappe parfois à la compréhension légale et aux sanctions des institutions napolitaines. Pourtant, ces institutions doivent tenir compte du « retour d'expérience » de navigations qui les obligent à renégocier les notions de commerce actif et les dogmes mercantilistes. Cette problématique n'est pas nouvelle : les monopoles commerciaux français poussent par exemple chaque capitaine étranger à trouver la meilleure formule juridique pour naviguer dans les interstices marchands à disposition, tout en profitant des tensions diplomatiques : c'est le cas de la Compagnie Royale d'Afrique qui doit faire face à un commerce interlope rendu possible par les liens tissés entre des capitaines étrangers et les gouvernances barbaresques[63]. Dans le cas napolitain, bien avant la stipulation du traité de 1740 avec la Porte, les trafics battant pavillon du *Regno* sont à la fois confrontés au péril barbaresque et défavorisés par l'absence de tout accord direct qui entraîne celle de véritables représentations consulaires auprès de la Porte et des Régences. Pour pallier les insuffisances napolitaines en matière de souveraineté maritime, les solutions sont multiples et connues : partage d'embarcation, prête-nom ou possibilité d'arborer divers pavillons. Après les années 1740, la Régence, ce n'est plus l'ennemi, c'est un partenaire, et la mer ottomane un espace de commerce à investir comme les autres. Sous cet angle, la pratique de Giuseppe Del Giudice, qui enfreint les ordonnances napolitaines, notamment la *Prammatica*, n'est plus une fraude qui doit être durement sanctionnée mais une construction marchande rendue nécessaire et acceptée par tout ou partie des acteurs marchands et institutionnels[64]. Les consuls napolitains vont donc jouer un rôle majeur dans l'appréciation de la flexibilité de la règle et de la souveraineté maritime. Leur personnalité et parcours sont alors essentiels pour comprendre les mécanismes à l'œuvre dans l'insertion des navigations napolitaines en mer ottomane.

Le 13 novembre 1765 le consul napolitain d'Alexandrie, Gian Francesco Marion, informe Bernardo Tanucci que le pinque *Immacolata Concezione e San Michele* a été obligé de changer de capitaine, Gaspare di Costanzo

63 Denis-Delacour et Grenet, 2015.

64 Nous rejoignons ici les travaux d'Alida Clemente (Clemente, 2013).

de Sorrento remplaçant son frère Saverio, malade[65]. Ce remplacement est signalé dans les actes de la chancellerie hollandaise le 14 octobre 1765 lors de l'escale de l'embarcation à Alexandrie. Saverio a été auparavant débarqué en Barbarie tandis que Gaspare effectue en 1765 un trajet entre Lefke au nord de Chypre, Benghazi et la côte tripolitaine. Il n'est pas étonnant que le consul Marion ait accès à ces actes. Nous savons qu'il a remplacé Robert Hughes au poste de consul des Provinces-Unies au Caire[66]. Ce dernier a en effet été destitué car couvert de dettes contractés avec des Ottomans. Nous apprenons à cette occasion que son neveu s'occupe des affaires courantes à Alexandrie, notamment du départ de la pinque de Gaspare pour Benghazi et de la polacre de Saverio pour l'Italie. La date de ces navigations, comme sa nomination au Caire nous est inconnue.

Ce qui est certain, c'est qu'il est également consul du Royaume de Naples à Alexandrie depuis le 29 octobre 1757. Gian Francesco Marion intervient d'ailleurs en 1765 auprès de Tanucci en faveur de son neveu, Giovanni Giuseppe Brandi, afin que ce dernier obtienne le poste de consul du Royaume des Deux-Siciles à Chypre[67]. Le poste est en effet vacant car Pietro Chabert y a renoncé. Il fait valoir les qualités de son neveu et son expérience qu'il connait bien car Brandi a exercé 8 années sous sa direction à la chancellerie des consulats sicilien, impérial, suédois et danois. Il le remplaçait même lors de ses absences. Ce qu'il ne précise pas ici, c'est qu'il a par le passé dû fuir Alexandrie pour Rosette en 1765 à cause de dettes, le temps de trouver les moyens de régler l'affaire[68]. C'est la légation de Naples à Constantinople qui va aider dans cette affaire car il s'avère alors trop compliqué de le remplacer.

Par l'intermédiaire du consul Marion, nous savons que les Di Costanzo sont particulièrement présents dans les trafics entre le Levant et la Régence

65 ASN, Affari Esteri, Alessandria, Argentiera, Rodi, Missalunga, Stanchio, Saida, Micconi, Scio, Acri, Tine, b. 2351(1742-1770) : lettre du consul Marion d'Alexandrie à Bernardo Tanucci datée du 13 novembre 1765.

66 La date nous est inconnue ; ASN, Affari Esteri, Alessandria, Argentiera, Rodi, Missalunga, Stanchio, Saida, Micconi, Scio, Acri, Tine, b. 2351(1742-1770) : mémoire anonyme daté du 18 mai 17. (de Ludolf ?).

67 ASN, Affari Esteri, Alessandria, Argentiera, Rodi, Missalunga, Stanchio, Saida, Micconi, Scio, Acri, Tine, b. 2351(1742-1770) : lettre du consul Marion d'Alexandrie à Bernardo Tanucci datée du 5 novembre 1765.

68 ASN, Affari Esteri, Alessandria, Argentiera, Rodi, Missalunga, Stanchio, Saida, Micconi, Scio, Acri, Tine, b. 2351(1742-1770) : mémoire de Constantinople (Pera) anonyme daté du 13 août 1763.

de Tripoli, et liés à des acteurs locaux. Par exemple, au début de l'année 1765, Gaspare est obligé de vendre à Alexandrie la polacre normalement commandée par un autre de ses frères, Melchiore[69]. L'embarcation n'est en effet plus apte à reprendre la mer. Or cette revente est loin d'être simple. Les ordonnances obligent en effet les capitaines à justifier la vente des embarcations du Royaume de Naples qui est interdite à l'étranger. En ce sens, le *Supremo Magistrato di Commercio* demande le 30 mars 1765 des renseignements sur la validité de la vente du bâtiment de Gaspare Di Costanzo faite à Alexandrie[70]. L'acheteur est en effet le Raïs Ramadan de Tripoli[71], pour une somme de 700 piastres. Le tribunal s'interroge également sur le passeport sous lequel naviguait Gaspare sans pouvoir apporter une réponse définitive à la légalité de la pratique. Malgré ces imprécisions qui restent en suspens, la vente n'est pas interdite car l'embarcation avait été achetée en 1762 au Pacha de Tripoli pour la somme de 247 *zecchini tripolini*[72]. Mais le « passé » de la polacre est encore plus complexe car il s'agit en fait d'une ancienne prise d'un corsaire tripolitain, devenu propriété du Pacha et revendue par la suite à Gaspare. Pourtant, l'embarcation a pu naviguer sous pavillon napolitain et les conditions de la délivrance du passeport sicilien, ici entendu comme celui du *Regno* (et des autres navigations au sein de l'espace ottoman) restent ici inconnues.

À la lecture du parcours de la polacre, on devine aisément les liens qui existent entre les autorités tripolitaines et la famille Di Costanzo.

69 ASN, Affari Esteri, Alessandria, Argentiera, Rodi, Missalunga, Stanchio, Saida, Micconi, Scio, Acri, Tine, b. 2351(1742-1770) : mémoire de Constantinople (Pera) anonyme daté du 9 février 1765.

70 ASN, Affari Esteri, Alessandria, Argentiera, Rodi, Missalunga, Stanchio, Saida, Micconi, Scio, Acri, Tine, b. 2351(1742-1770) : lettre de Naples (Caserta) datée du 30 mars 1765.

71 Raïs ou Reïs signifie chef en arabe et dans l'Empire ottoman il s'agit de dignitaire (le *Reïs-effendi* est par exemple le ministre des Affaires étrangères) et pour les Régences le terme peut renvoyer aux chefs de navire de guerre durant l'ère ottomane et parfois au capitaine.

72 Le *zecchino* (sequin) est une monnaie de transaction d'origine vénitienne qui circula sur les grands axes du commerce pendant la période moderne. Il s'agit d'une pièce d'or de 3,495 gr équivalente à 11,95 lire italienne à l'époque contemporaine (Martini, 1976, p. 819). La monnaie locale de Tripoli est le *Ghersh* et le *Rial* (Martini, 1976, p. 799), mais il n'est pas étonnant de retrouver l'appellation de *zecchini tripolini*. Le poids en or et la valeur du *zecchino* semble recouvrir une réalité plurielle et varier sensiblement selon les places marchandes. Ainsi, nous trouvons les appellations *zecchini di Costantinopoli ; di Algeri ; di Tripoli ; di Tunisi* avec la valeur du sequin de Constantinople légèrement supérieure à celles de Tripoli, Alger et Tunis (Metra, 1794, p. 271).

Certes, le consul Marion évoque surtout dans sa correspondance l'activité maritime de ces caboteurs spécialisés dans les trafics avec Tripoli. Le 7 février 1767 Gaspare et Saverio sont par exemple encore à Alexandrie et sont affrétés pour les côtes tripolitaines et une autre destination non précisée. Puis en 1768, Gaspare fait naufrage alors qu'il provient de Limassol avec un chargement de bois effectué dans une précédente étape[73]. Apparemment Gaspare y survit car il est récupéré, avec 5 de ses marins, par Saverio qui arrive le 9 mai 1768 à Alexandrie et en repart le 25 pour Constantinople[74]. L'observatoire d'Alexandrie révèle cependant pour d'autres capitaines toute l'épaisseur sociale et pratique de la caravane napolitaine.

Le 13 novembre 1765 le consul Marion signale l'escale à Alexandrie (le 18 octobre) d'une *martigana*[75] ayant appartenu au capitaine Lorenzo Astarita[76]. Ce dernier a récemment renié la foi catholique à Tripoli de Barbarie, au mois de juillet de la même année et à l'imitation de son frère, puis vendu son embarcation à un Grec. Concernant ce frère, il y a trace d'un autre capitaine Astarita, Matteo, signalé en 1777 par le consul de Naples en poste à Corfou[77]. Ce capitaine Astarita est originaire de Sorrento et il fait escale à Corfou en provenance de Tripoli, avant de se rendre à Préveza situé plus au sud. Il est difficile de savoir si celui-ci est réellement le frère de Lorenzo ; la Régence lui a en tout cas accordé pendant un an un passeport pour assurer ses navigations. C'est également le cas de Lorenzo Astarita qui fait escale à Alexandrie

73 ASN, Affari Esteri, Alessandria, Argentiera, Rodi, Missalunga, Stanchio, Saida, Micconi, Scio, Acri, Tine, b. 2351(1742-1770) : lettre du consul Marion d'Alexandrie à Bernardo Tanucci datée du 18 février 1768.

74 ASN, Affari Esteri, Alessandria, Argentiera, Rodi, Missalunga, Stanchio, Saida, Micconi, Scio, Acri, Tine, b. 2351(1742-1770) : lettre du consul Marion d'Alexandrie à Bernardo Tanucci datée du 31 mai 1768.

75 La *marticana* (également orthographiée *martigana* ou *martingana*) était une embarcation de cabotage typique des côtes du *Regno*. Elle pouvait avoir une portée susceptible d'atteindre 80 à 150 tonneaux (Marzari, 1998). Présente en mer Adriatique et Tyrrhénienne, son origine fait l'objet de débats. Supposée provençale, son usage se serait diffusé à partir de la fréquentation des routes tyrrhéniennes marchandes des tartanes de Martigues (*martegal*). Il s'agirait en fait d'une tartane « réaménagée » portant une voile carrée sur un mât (Bellabarba et Guerreri, 2002, p. 150-153).

76 ASN, Affari Esteri, Alessandria, Argentiera, Rodi, Missalunga, Stanchio, Saida, Micconi, Scio, Acri, Tine, b. 2351(1742-1770) : lettre du consul Marion d'Alexandrie à Bernardo Tanucci datée du 13 novembre 1765.

77 ASN, Affari Esteri, Levante porti, busta 2677 (1776-1777) : lettre du consul Demetrio Nicazza de Corfou datée du 20 mars 1777.

en 1764 en possession du passeport du Bey de Tripoli[78]. L'avantage de l'octroi des documents tripolitains est évident et la pratique, dans le cadre de la caravane napolitaine en mer ottomane, se précise et gagne en consistance grâce à la correspondance consulaire.

Quelques jours après sa lettre ayant trait à Lorenzo Astarita, le consul Marion écrit à nouveau le 19 novembre 1765 pour informer Naples qu'il doit faire face à une situation particulière en lien avec le capitaine[79]. En effet, l'un de ses anciens équipages, le napolitain Domenico Castagnola, a entre-temps rejoint Alexandrie depuis Tripoli sur une embarcation française et navigue avec deux patentes accordées par Malte. La première date du 31 octobre 1747 et lui permet de commander une pinque, et la seconde date du 16 décembre 1750 et l'autorise à être le capitaine d'une polacre arborant le pavillon maltais. Domenico Castagnola utiliserait ces patentes pour une polacre appartenant à Casem El Garzi, agent de la Régence de Tripoli, avec un équipage composé de Grecs. Mais le capitaine estime qu'il peut encore améliorer la « perméabilité juridique » de son embarcation. Il contacte le consul Marion à ces fins pour lui demander un acte de chancellerie en faisant le propriétaire de la polacre (en prête-nom), qui par la suite doit naviguer sous le « pavillon turc » (« *bandiera turchesca* »), alors que le pavillon maltais ne serait arboré qu'en cas de rencontre avec des corsaires chrétiens. Le consul Marion refuse et affirme avoir saisi les deux patentes, arguant qu'il évite ainsi les galères à Constantinople, l'esclavage en Barbarie, ou l'emprisonnement en Sicile ou à Malte. Pour autant, s'il évoque une fraude, l'illégalité des patentes et de la vente demandée est loin d'être aussi univoque. La suite de l'affaire ne nous est pas connu, mais il semble peu probable que Domenico Castagnola ait été inquiété. Ce qu'il faut retenir, c'est que ce dernier est potentiellement (déjà) à la barre d'une embarcation en capacité de traverser toutes les entraves maritimes et juridiques des côtes de Barbarie au Levant, et donc un formidable concurrent pour les autres transporteurs. Au-delà de son cas et des manipulations autour de « l'État du pavillon », nous remarquons également que l'appui tripolitain

78 ASN, Affari Esteri, Alessandria, Argentiera, Rodi, Missalunga, Stanchio, Saida, Micconi, Scio, Acri, Tine, b. 2351(1742-1770) : lettre de Naples (Portici) anonyme datée du 29 septembre 1764.

79 ASN, Affari Esteri, Alessandria, Argentiera, Rodi, Missalunga, Stanchio, Saida, Micconi, Scio, Acri, Tine, b. 2351(1742-1770) : lettre du consul Marion d'Alexandrie datée du 19 novembre 1765.

apparaît essentiel. Assurément, la paix entre la Régence et le *Regno* a joué un rôle important, pas seulement sur le plan diplomatique mais sur le volet des possibilités désormais offertes aux capitaines. Difficile évidemment de retracer les débuts de cette acculturation marchande, mais gageons que la fréquentation de Tripoli a ouvert de nouveaux horizons, et cela malgré la rupture de la paix. Le rapport du consul Raniero Bigani sur le commerce de Tripoli évoque dès 1743 les nombreux bâtiments venus *far la carovana* pour charger du blé et autres denrées ou pour approvisionner le territoire[80]. L'entreprise maritime napolitaine est manifestement venue se mêler à ces navigations et a su évoluer pour s'insérer dans les trafics levantins. Cette activité contredit également une certaine interprétation historique des relations entre Naples et Tripoli. Pour Teobaldo Filesi, il « semble » que la période qui va de 1748 à 1790 ne soit pas riche en termes de relations commerciales[81]. Il lui consacre donc naturellement une part réduite dans ses travaux. Comme précisé plus haut, il s'agit d'un problème de sources, restreinte ici aux documents consacrés à Tripoli, et d'interprétation du fait maritime et de la projection commerciale qu'il implique. Un mémoire daté du 1er janvier 1790 témoigne que l'activité napolitaine sur les côtes de la Régence est importante dans les années précédentes[82]. L'auteur anonyme[83] évoque les ressources et les besoins locaux et les trafics associés. Les échanges avec les ports de Venise et de Livourne sont importants et se font par l'intermédiaire de marchands juifs. Ce n'est pas le cas pour Marseille car *le regolazioni* (les régulations) de la France ne sont pas favorable aux marchands et aux bâtiments étrangers. Selon ce mémoire, les marchands

80 ASN, Affari Esteri, Tripoli, Diversi, b. 3054 (1742-1743) : *Spiegazione ho' sia relazione destinta consistente al al commercio di Tripoli di Barbaria tanto di entrata che di uscita* du consul Raniero Bigani daté du 18 février 1743.

81 « [...] *Per quanto riguarderà in particolare i rapporti con Napoli non sembra ch'essi siano stati in questo periodo meritevoli di attenzione anche sul piano strettamente commerciale* [...] » (Filesi, 1983, p. 85).

82 ASN, Affari Esteri, Tripoli, Diversi, b. 3056, Consoli esteri residenti in Marocco, Tripoli e Algeri, Tunisi (1775-1790) : *Relazione del comercio di Tripoli di Barbaria e delle rendite del Bassa* du 1er janvier 1790, anonyme.

83 Il s'agit certainement du consul de Naples Pietro Soler en poste depuis 1785 (également consul de l'Espagne à Tripoli) et le nouveau traité de paix conclu le 28 août 1785. Ce dernier n'a été rendu possible que grâce à la paix signée le 10 septembre 1784 entre la Régence et le roi d'Espagne, qui n'est autre que Charles III l'ancien monarque du Royaume de Naples jusqu'en 1759. Ainsi son fils, Ferdinand IV, souverain du *Regno*, demande à accéder à cette paix, ce que lui accorde la Régence (Teobaldo Filesi, 1983, p. 85).

affrètent entre 60 à 80 embarcations françaises par an pour les échanges avec Marseille. Pour les trafics avec Malte, ce sont 6 à 7 bâtiments par an qui assurent les acheminements. Ce sont des marchands chrétiens, la plupart maltais, qui détiennent ce marché et ils sont sous la protection de la France. Les marchands « Maures » sont également très actifs. Outre les acheminements de produits depuis l'arrière-pays, ils organisent également la vente d'esclaves d'Afrique noire, près d'un millier par an, destinés à Gerbi, au Levant et particulièrement à destination de Smyrne sur 5 à 6 bâtiments, qui en retour charge des balles de toile, soie et cotons pour Tripoli. Il mentionne également une ligne de trafic de 2 à 3 embarcations avec Alexandrie qui consiste entre autres à des cargaisons d'huile et de burnous (manteau en laine) contre des toiles, du riz et du lin. En revanche, quand le mémoire évoque le commerce avec la Tunisie, c'est pour affirmer que celui-ci n'offre que peu d'opportunité aux *legni carovanori* (embarcations en caravane). Ce sont en effet les *sandali*[84] et *sciambecchini*[85] maghrébins qui assurent l'intense trafic entre les 2 Régences (produits manufacturés, toiles et bois) en nombre : 80 « barques » de petite et grande taille tous les ans. Ce trafic ne s'effectue pas avec Tripoli, même si existe une navigation annuelle de 4 à 5 bâtiments entre la capitale et Benghazi. Concernant Naples, on évoque surtout l'envoi annuel de 2 bâtiments chargés de blé pour le compte du Pacha. Ce mémoire, malgré ses approximations, dresse un tableau assez simple des possibilités offertes aux capitaines napolitains depuis la Régence : exclus du commerce avec Marseille, et en dehors des ports occidentaux aux mains de sérieux concurrents, il leur reste la caravane maritime vers le Levant. Certes, une part de l'implantation des capitaines du *Regno* à Tripoli nous échappe certainement ; la quantification comme la durée du phénomène paraît difficile à envisager de manière exhaustive. Pourtant, rappelons qu'il s'agit de navigations conformes à la place des napolitains dans les trafics levantins, et qu'une poignée de

84 Un *sandalo* est une petite embarcation à fond plat qui sert au transport d'hommes et de marchandises dans les eaux peu profondes (Stratico, 1813).

85 Nous rapprochons ce type d'embarcation du *sciabecco* également nommé *sciambecco*. Il s'agit d'un type d'embarcation similaire au chébec et qui donc serait d'origine arabe, portant 150 à 200 tonneaux, armés de canons et de voiles latines sur 3 mâts (Stratico, 1813.). Cependant, l'appellation *sciambecchini* semble renvoyée à une embarcation de moindre envergure et dédiée, comme le *sandalo*, à une navigation côtière à courte distance. D'autres sources confirment l'origine multiple et partagée du terme : Kahane, Kahane, et Tietze, 1958, p. 358.

capitaines peuvent sur une année alimenter une comptabilité consulaire au gré de multiples escales. Si nous prenons au mot le mémoire de 1790, l'affrètement par les marchands tripolitains de 2 à 3 bâtiments par an pour Alexandrie correspond tout à fait à la caravane des frères Di Costanzo dans les années 1760. Ce qui est certain, c'est que le système tripolitain est un atout face à la concurrence restant difficilement compris par les institutions napolitaines

Plus que de l'étonnement, l'impuissance transpire de la correspondance entre les consuls et la gouvernance napolitaine face à ces pratiques, qui ne sont certes pas encouragées mais bénéficient d'une forme de tolérance. L'éloignement du territoire joue certainement car la négociation autour de la souveraineté du pavillon et du commerce n'est que partiellement remise en question, qui plus est dans un contexte de superposition « nationale » comme en témoigne la fonction consulaire qui souvent recouvre plusieurs consulats sous la direction d'un même individu. Mais lorsque la justice commerciale napolitaine est directement confrontée à ces navigations, l'obligation d'une réponse ferme face à des pratiques enfreignant les règles s'avère tout aussi délicate et incertaine.

Une affaire en témoigne tout particulièrement, en plusieurs étapes documentaire et institutionnelle. Il s'agit d'abord d'actes du tribunal du *Grande Almirante* (tribunal de l'Amirauté) ayant trait à l'héritage de Costantino Caffiero originaire de Sorrento. Tommaso et Gabriele, les fils de Costantino, doivent en effet justifier la propriété de leur embarcation au cours d'une procédure dont on ne connait pas l'origine[86]. À cette occasion, sont produits des justificatifs affirmant que la propriété de celle-ci est partagée depuis 1770 entre les Caffiero et un Raïs de Tripoli. Une lettre de ce dernier et jointe à la procédure engagée devant le tribunal du *Grande Almirante*, traduite en italien, précise que Tommaso, malgré qu'il soit un *infedele della fede* (c'est-à-dire ici non-musulman), est tout de même propriétaire avec lui de l'embarcation[87]. L'issue et la raison de cette procédure concernant l'héritage des Caffiero nous sont cependant inconnues à partir des sources du tribunal de l'Amirauté. Mais nous retrouvons par la suite le capitaine Caffiero dans le cadre d'une affaire qui va bien au-delà d'un simple héritage. Cette dernière est tout à fait

86 ASN, Processi antichi, Grande Almirante, b. 4 (1768-1783) : affaire Costantino Caffiero (1770).

87 ASN, Processi antichi, Grande Almirante, b. 4 (1768-1783).

éclairante d'un point de vue juridique. Elle est également révélatrice de l'activité napolitaine à Tripoli après 1748.

Le 8 mai 1773 l'embarcation de Tommaso Caffiero fait naufrage sur la plage de Vico Equense, au sud de Naples[88]. Loin d'advenir au cours d'une navigation commerciale, cette fortune de mer a lieu alors que le bâtiment doit être escorté sur ordre du tribunal du *Grande Almirante* et de son *Giudice* (juge) Francesco Dattilo par les *Reali sciabecchi* (chébecs royaux militaires) de la marine. Le but est de séquestrer l'embarcation dans le cadre d'une procédure ayant pour origine les dettes de Tommaso. Témoin direct de l'après-naufrage, le commandant général de la marine Pasquale Borras transmet rapidement son rapport à Francesco Dattilo[89]. C'est ensuite l'organisation du *recupero*, procédure faisant suite à tout naufrage[90]. Les marchandises sont transportées et consignées au *portolano* (officier du port) de Vico, près de Naples, Andrea Savarese, et au douanier de Castellamare, Gennaro Rota, tandis que le *luogotenente* (lieutenant) de Vico est envoyé à Naples pour faire son rapport[91]. Le document précise qu'il s'agit de mettre en sécurité le matériel et les marchandises qui pourront servir au remboursement d'un change maritime mais également de la dette de 200 *zecchini tripolini* contracté auprès d'un certain Amhet Caya, général du Pacha de Tripoli. Or, cette affaire est loin d'être récente et débute le 24 décembre 1772 par l'intermédiaire du Simon Rys, consul de Hollande à Tripoli.

Il adresse en effet à cette date une lettre dans laquelle il affirme que Tommaso Caffiero menace la présence des autres Napolitains liés à la Régence[92]. Plus clairement, Tommaso et deux de ses frères trafiquent

88 ASN, Affari Esteri, Tripoli, Diversi, b. 3056, Consoli esteri residenti in Marocco, Tripoli e Algeri, Tunisi (1775-1790) : lettre anonyme destinée à Bernardo Tanucci datée du 8 août 1773.

89 ASN, Affari Esteri, Tripoli, Diversi, b. 3056, Consoli esteri residenti in Marocco, Tripoli e Algeri, Tunisi (1775-1790) : mémoire du commandant général de la marine au *Giudice del Grande Almirante* daté du 18 mai 1773.

90 Le *recupero* (récupération des marchandises) est une procédure complexe, recouvrant l'espace de juridiction du tribunal, et qui demande une organisation logistique précise avec l'affrètement d'embarcations pour aller éventuellement récupérer l'épave et les marchandises en mer, puis celles échouées sur les plages.

91 ASN, Affari Esteri, Tripoli, Diversi, b. 3056, Consoli esteri residenti in Marocco, Tripoli e Algeri, Tunisi (1775-1790) : mémoire du commissaire général de Campanie au *Giudice del Grande Almirante* daté du 6 juillet 1773.

92 ASN, Affari Esteri, Tripoli, Diversi, b. 3056, Consoli esteri residenti in Marocco, Tripoli e Algeri, Tunisi (1775-1790) : lettre de Tripoli du consul de Hollande Simon Rys datée du 4 décembre 1772.

depuis des années avec Tripoli mais il y a 3 années environ ils ont acquis un bâtiment appartenant à la Régence et qui est anciennement une prise. C'est notamment grâce à l'intermédiaire d'Amhet Caya qu'une telle entreprise a pu réussir. Général du Pacha et renégat napolitain, le personnage a même prêté l'argent nécessaire à Tommaso pour finaliser l'opération. Ils concluent alors un accord : outre le prêt pour l'achat de l'embarcation, Amhet Caya va fournir à Tommaso le passeport tripolitain, celui de Tunis, puis celui d'Alger, tandis que le capitaine, après un fructueux affrètement entre Tripoli et Malte, doit lui obtenir le passeport du Royaume de Naples et revenir effectuer des navigations en toute sécurité sur les côtes de la Régence et ainsi rembourser sa dette. En effet, le consul mentionne qu'avec « tant de protection » l'embarcation aurait pu effectuer de fructueux affrètements que se seraient partagés le capitaine et le général. Cependant, Tommaso Caffiero ne donne plus de signes de vie après sa navigation vers Malte et entreprend d'autres voyages pour son propre compte. Ahmet Caya, menace alors de contraindre tous les Napolitains présents sur le territoire à rembourser la dette de Caffiero.

Le consul évoque un précédent, celui d'un renégat maltais, Casnadar, qui 6 années auparavant a séquestré tous les biens et activités des Maltais présents à Tripoli dans le cadre d'une affaire similaire, et sans que le consul de France ne puisse faire quoi que ce soit pour arranger l'affaire[93]. Pour éviter un tel procédé, Rys demande donc que l'on force Tommaso Caffiero à donner des nouvelles et à revenir à Tripoli pour régler ses comptes afin qu'Ahmet Caya ne mette pas ses menaces à exécution. Il ajoute également que le consul de Naples en poste à Malte est informé de la situation et que les Napolitains de Tripoli lui ont indiqué que la capitaine possède une belle demeure dans sa patrie (pour éponger ses dettes ?).

Si Simon Rys intervient, c'est qu'il joue ici un rôle d'intermédiaire à la demande de l'un des acteurs de l'affaire, soit Ahmet Caya ou bien des membres de la nation napolitaine qui se sont placés sous sa protection. En l'absence de consul officiel, le consulat des Provinces-Unies semble protéger les intérêts des capitaines du *Regno* à Tripoli. Ce qui est certain, c'est que son intervention va trouver un écho favorable. Une lettre *confidenziale* va lui parvenir quelques mois plus tard et lui indiquer que le Roi a transmis au *Giudice* de l'Amirauté l'ordre d'intimer au capitaine

93 Le consul Rys précise que les Maltais sont traditionnellement sous la protection de celui-ci.

Caffiero le règlement de sa dette[94]. Ferdinand Dattilo transmet alors l'ordre au gouverneur de Sorrento de faire venir le capitaine à Naples pour qu'il s'explique[95]. N'obtenant aucune réponse de Sorrento, il apprend que le bâtiment se trouve à Vico et le fait séquestrer. Tommaso Caffiero vient alors se présenter à lui et assure qu'il est sur le point de partir pour de lucratifs affrètements qui lui permettront de rembourser sa dette à Tripoli[96]. Dattilo accepte alors de le laisser faire et le libère car les propositions du capitaine pour régler l'affaire sont conformes aux demandes du consul Rys. Néanmoins, le temps passe et les paroles du capitaine ne sont pas suivies d'actes, tandis que Francesco Dattilo estime qu'une affaire aussi sérieuse ne peut plus trainer. Il décide alors d'agir et de séquestrer définitivement l'embarcation du capitaine pour qu'il rembourse sa dette tripolitaine. La crainte que ce litige s'étende à un conflit de plus grande envergure avec la Régence, tout comme la pression royale, motive clairement l'action du *Giudice* de l'Amirauté.

Outre la gestion juridique du « commerce interculturel », le naufrage fait également naître un conflit entre les institutions. L'Amirauté et le tribunal du *Consolato di Terra e Mare* se disputent en effet les compétences juridictionnelles de l'affaire[97]. Sur ordre de la plus haute juridiction du Royaume, la *Camera di Santa Chiara*, le litige interinstitutionnel doit être tranché. Poursuivi par ces créditeurs intéressés dans l'affrètement prévu avant le naufrage, Tommaso Caffiero fait rapidement son témoignage (intitulé *testimoniale* ou encore *consolato*) devant le tribunal du *Consolato*. Celui-ci est essentiel car il le protège contre ses créanciers. Il prélude la procédure de *repartitio*, c'est-à-dire la répartition des dommages et le calcul des remboursements dans les cas de naufrages et autres fortunes de mer[98]. Pour calculer la contribution de chacun à l'avarie (propriétaires des marchandises et du navire, part du capitaine et des assureurs...),

94 ASN, Affari Esteri, Tripoli, Diversi, b. 3056, Consoli esteri residenti in Marocco, Tripoli e Algeri, Tunisi (1775-1790) : lettre de Napoli (Caserta) au consul de Hollande à Tripoli de Barbarie datée du 2 avril 1773.

95 ASN, Affari Esteri, Tripoli, Diversi, b. 3056, Consoli esteri residenti in Marocco, Tripoli e Algeri, Tunisi (1775-1790) : lettre de Francesco Dattilo à Bernardo Tanucci datée du 25 avril 1773.

96 *Ibid.* et *supplica* (supplique) de Tommaso Caffiero signée de sa main mais non datée.

97 ASN, Affari Esteri, Tripoli, Diversi, b. 3056, Consoli esteri residenti in Marocco, Tripoli e Algeri, Tunisi (1775-1790) : lettre de Procida à destination de la Camera Reale datée du 25 septembre 1773.

98 Sur l'importance de la médiation liée à l'expertise : Calafat, 2010, p. 95-107.

il faut en effet dans un premier temps évaluer le capital de départ, qui comprend tant l'embarcation[99] que les marchandises transportées. On procède alors à une vérification « physique » et technique, notamment l'état de l'embarcation et les documents à même de prouver la valeur des cargaisons perdues/abimées[100]. Naturellement, les décisions prises ont une incidence économique importante et la procédure ne peut éluder les liens qu'entretiennent les acteurs des trafics. Mais l'un des marchands intéressés dans le change maritime, Alessandro Rossi, renonce à la procédure (*premio marittimo*) et s'adresse au général de marine afin qu'on lui restitue son capital. Il obtient ainsi une lettre exécutoire qui, en l'absence de Caffiero entre temps réfugié dans un lieu saint[101], condamne la caution solidaire de ce dernier, Giuseppe Miccio, à le rembourser. À son tour Giuseppe Miccio demande la protection du *Consolato* eu égard la procédure du *repartitio*. Rossi demande alors l'appui du tribunal de l'Amirauté et obtient gain de cause et l'inhibition des jugements du *Consolato*. Giuseppe Miccio est alors incarcéré, ne voulant payer Rossi, tandis que le tribunal du *Consolato* est dénié dans ses prérogatives et demande l'intervention royale. Il est alors décidé de confier ce problème de compétences juridictionnelles et tous les actes du litige au *Supremo Magistrato di Commercio*. Mais ne nous trompons pas sur ce transfère : il s'agit certes d'évaluer la légalité de l'incarcération de Miccio et éventuellement celle de Caffiero, les demandes de Rossi, mais surtout d'avoir la main sur le remboursement des sommes dues à Ahmet Caya. Il est précisé que l'on doit rapidement organisé le remboursement grâce à la revente des marchandises, non seulement pour faire montre d'une prompte justice reconnue par toutes les nations étrangères, particulièrement celles de Barbarie, mais également pour éviter tous les désagréments mentionnés par le consul Rys[102]. Or il n'en sera rien.

99 Seule la valeur de la moitié de l'embarcation était prise en compte dans le capital de départ (Targa, 1750. Consulter en particulier le chapitre LXXVII *Della Contribuzione* p. 179-181). Une fois les deux estimations faites, une règle de trois permettait d'obtenir le taux de contribution de chacun à l'avarie générale. Les destinataires ayant subi les plus importants dommages étaient favorisés, alors qu'à l'inverse une cargaison de grande valeur parvenue sans encombre à destination occasionnait pour son propriétaire une lourde contribution.

100 Les polices de chargement, d'assurances et autres factures étaient à ce titre essentielles.

101 Les lieux saints jouissent du privilège de l'immunité et échappe aux procédures juridiques.

102 ASN, Affari Esteri, Tripoli, Diversi, b. 3056, Consoli esteri residenti in Marocco, Tripoli e Algeri, Tunisi (1775-1790) : lettre de la *Camera Reale* datée du 13 septembre 1773.

Le naufrage pose d'abord question. Ce ne serait pas le mauvais temps mais bien par malveillance que le bâtiment serait venu s'échouer sur le rivage de Vico[103]. Et cela, à la veille d'une intervention de la marine militaire devant le refus du gouverneur de Vico d'intervenir pour faire saisir l'embarcation. L'Amirauté soupçonne alors fortement Caffiero d'en être à l'origine, en taillant ou faisant tailler les amarres à la proue, puis en laissant la tempête faire le reste, et donc d'avoir délibérément provoqué le naufrage. Un cas typique de baraterie lorsque les dettes étranglent le capitaine. Les problèmes s'accumulent également rapidement du côté du *recupero.* Le douanier de Vico refuse d'autoriser la récupération de caisses contenant de l'acier, qui selon lui appartiennent désormais à son administration. Pourtant, le douanier de Castellamare à lui déjà en consigne près de 20 *cantara* du précieux métal[104]. Le remboursement d'Amhet Caya prend donc du retard. Le capitaine Caffiero est également insaisissable, alors que le 2 octobre est ordonné son incarcération par le tribunal du *Supremo Magistrato di Commercio* qui a hérité de toute l'affaire[105]. Or le capitaine du tribunal ne peut exécuter cet ordre car chaque fois qu'il s'est rendu sur place le capitaine s'est réfugié à l'église *Madonna di Lauro* à Meta. Le tribunal délègue alors cette arrestation à l'administration locale, notamment Roberto Terribile (!), gouverneur de Sorrento, ce qui est un aveu d'impuissance. On entend alors « surprendre » le capitaine lors de ses sorties de l'église. Aucun des différents individus chargés de cette arrestation n'y parvient cependant. Pire, Tommaso Caffiero a réussi à fuir et à s'embarquer sur un des *Reali sciabecchi* qui lui permettent apparemment d'éviter l'arrestation. Selon les propres mots des juges du tribunal, l'action royale « n'a eu aucun effet[106] ». Il faut pourtant rembourser Ahmet Caya qui a d'ailleurs intéressé le Pacha de Tripoli dans l'affaire. Le Pacha menace désormais tous les Napolitains de représailles. Devant l'urgence, le tribunal charge en décembre 1773 le gouverneur de Sorrento de procéder à la vente de la maison de Caffiero. Mais cette vente est elle aussi particulièrement difficile à mettre en place.

---

103 ASN, Affari Esteri, Tripoli, Diversi, b. 3056, Consoli esteri residenti in Marocco, Tripoli e Algeri, Tunisi (1775-1790) : lettre de Ferdinando Dattilo à Bernardo Tanucci datée du 12 mai 1773.

104 Le *cantara* est une mesure napolitaine pour le poids et est égal à 89, 099 kg (Martini, 1976, p. 395).

105 ASN, Affari Esteri, Tripoli, Diversi, b. 3056, Consoli esteri residenti in Marocco, Tripoli e Algeri, Tunisi (1775-1790) : lettre des juges du *Supremo Magistrato* au *Real segretario di Stato, affari esteri e Casa Reale* datée du 9 août 1775.

106 *Ibid.*

Elle oblige le *Supremo Magistrato di Commercio* à procéder au calcul de l'héritage des Caffiero entre les frères de Tommaso et sa mère, qui réfute que la totalité de la maison soit vendue, car son fils endetté n'en possède que le tiers hérité de son père Costantino[107]. L'opposition d'Orsola Caffiero oblige le tribunal à remonter jusqu'en 1756 pour connaître la répartition de l'héritage des Caffiero et fait trainer en longueur la procédure jusqu'en 1775, et sans que personne ne se soit depuis présenter pour acheter une partie de cette maison. Tous ces blocages institutionnels et juridiques ne plaident pas en faveur d'une justice « rapide » à usage économique, tel que les tribunaux napolitains sont supposés l'incarner. Malgré la pression diplomatique, réelle et dommageable, le pouvoir napolitain se trouve sans solutions devant un « modeste » capitaine de Sorrento. En d'autres termes, Tommaso Caffiero met les institutions commerciales du *Regno* face à leurs faiblesses et contradictions.

Dès 1773 Giorgio Chalmets, qui remplace Simon Rys parti occupé le consulat d'Alger, évoque cette lenteur de la justice napolitaine et la façon dont elle est perçue à Tripoli[108]. Ahmet Caya qui, par l'intermédiaire de Chalmets a reçu l'assurance du pouvoir napolitain que sa dette sera remboursé, commente alors le fonctionnement des tribunaux du *Regno.* Selon lui « en Chrétienté les choses sont différentes par rapport à la Barbarie, qui règle les litiges rapidement, en une seule audience[109] ». Chalmets rappelle qu'Ahmet Caya est très souvent auprès du Pacha et qu'il ne se prive pas d'évoquer en permanence le litige et l'inefficacité de la justice napolitaine. Le chargé des affaires hollandaises (et napolitaines) demande donc, « malgré le libre cours de la justice en Europe l'intervention du pouvoir napolitain pour accélérer les choses[110] ». En effet, les capitaines

107 ASN, Affari Esteri, Tripoli, Diversi, b. 3056, Consoli esteri residenti in Marocco, Tripoli e Algeri, Tunisi (1775-1790) : acte imprimé du *Supremo Magistrato di Commercio* daté du 27 juillet 1775.

108 Giorgio Chalmets ne se présente pas comme le consul mais comme étant chargé des affaires du consulat de Hollande à Tripoli. Dans sa correspondance, constituée d'une seule lettre, il orthographie le nom du général renégat de la manière suivante : Hammet Kyaja (ASN, Affari Esteri, Tripoli, Diversi, b. 3056, Consoli esteri residenti in Marocco, Tripoli e Algeri, Tunisi (1775-1790) : lettre de Tripoli de Giorgio Chalmets datée du 25 août 1773).

109 *Ibid.* : « *Li affari passavano in una maniera affatto differente in Christianità du quella pratica in Barbaria, dove le liti sono terminate sul luogo, in breve spazio di tempo ed una sola udienza* »

110 *Ibid.* : « *Non ignoro, che in tutte le paesi polizzate d'Europa sia un principo fondamentale che le leggi abino un corso libero, ma se S. V. Potesse trovar qualche mezzo per accellerarela determinazione di quest'affare, sarebbe nella mi umile opinione, fare in una certa maniera un pubblico servizio* »

napolitains jouissent apparemment de nombreuses facilités et un tel litige pourrait les remettre en cause. Il cite notamment le capitaine Giuseppe Silvio naviguant sur une pinque ayant le passeport du Pacha et sous la protection du consulat hollandais qui lui a également fourni le passeport de la Régence de Tunis.

Côté napolitain, les commentaires des juges concernant le litige sont éloquents : « [*più di questo, non potevamo fare*] » (« [nous ne pouvons rien faire de plus] »)[111]. Cela se traduit par le fait qu'en 1775 Ahmet Caya n'est toujours pas remboursé, et ce pour des tracasseries administratives difficile à comprendre. Le tribunal n'a par exemple pas pu mettre sous séquestre l'acier récupéré, pour des raisons obscures et non explicitées, alors que sa vente aurait permis de rembourser immédiatement toutes les dettes de Caffiero qui empoissonnent les relations avec la Régence depuis plus de 4 ans…En 1776 l'affaire n'est toujours pas réglée et le consul des Provinces-Unies désormais Nathanel Warnsman, signale qu'il a évité que le Pacha de Tripoli ne séquestre 2 capitaines naviguant habituellement sur les côtes de la Régence avec le passeport tripolitain[112]. Le consul a promis que dans les plus brefs délais cette dette sera remboursée, comme Rys et Chalmets par le passé. Notons que depuis 1772 les capitaines napolitains naviguant avec le passeport du Pacha sont régulièrement mentionnés et l'objet de possibles représailles sur place. Certes, la correspondance consulaire ne les dénombre pas. Mais ils sont en tout cas bien présents et ont assez d'importance pour être mis en balance dans le litige. Finalement, c'est seulement en 1777 que la dette est remboursée, mais non par l'intermédiaire d'une décision de justice. C'est le pouvoir royal qui met un terme au litige en remboursant directement Ahmet Caya sur ses propres deniers[113]. Immédiatement, le

111 ASN, Affari Esteri, Tripoli, Diversi, b. 3056, Consoli esteri residenti in Marocco, Tripoli e Algeri, Tunisi (1775-1790) : lettre des juges du *Supremo Magistrato* au *Real segretario di Stato, affari esteri e Casa Reale* datée du 9 août 1775.

112 ASN, Affari Esteri, Tripoli, Diversi, b. 3056, Consoli esteri residenti in Marocco, Tripoli e Algeri, Tunisi (1775-1790) : lettre de Tripoli de Nathanel Warnsman à Bernardo Tanucci datée du 20 octobre 1776.

113 « *Ho visto con piacere que S. M. aveva prese la generosa risoluzione di pagare di suo real conto li due cento zecchini per sodisfare questo Ahmet Caya del suo credito verso il padrone Tomasso Caffiero per il quale tante volte sono stato perseguitato* » ; « J'ai vu avec plaisir que S. M. avait pris la généreuse résolution de payer sur son compte royal les 200 zechini pour satisfaire ce Ahmet Caya de son crédit envers le patron Tomaso Caffiero pour lequel tant de choses ont été faites » (ASN, Affari Esteri, Tripoli, Diversi, b. 3056, Consoli esteri residenti in

consul Warnsman règle la dette à Tripoli avant qu'on lui fasse parvenir la somme via Livourne et le consul des Provinces-Unies[114]. Le contexte est d'ailleurs peu favorable car les prises de bâtiments napolitains par les corsaires se multiplient et le consul Warnsman demande que sa correspondance avec Naples soit gardée secrète pour éviter qu'il ait lui-même des problèmes à Tripoli[115].

Le litige entre Caffiero et Caya nous permet de tirer plusieurs enseignements. D'abord, elle témoigne d'un système économique qui fait fi des notions de souverainetés, mais les redécouvre lors des confrontations juridiques. La multiplicité des passeports et la propriété des embarcations, et donc les multiples références juridiques et pavillonnaires qui y sont rattachés, ne permet pas aux institutions napolitaines de revendiquer une souveraineté univoque. Mieux, la pression diplomatique et les enjeux du commerce maritime poussent en partie le pouvoir napolitain à éluder les institutions pour mieux négocier le règlement du litige. Dans le cas de conflits commerciaux entre la Régence et le Royaume de Naples, les tribunaux deviennent un poids et une contrainte pour chacun des partis. De plus, l'utilisation d'une intermédiation consulaire non-nationale fragmente un peu plus la souveraineté napolitaine qui ne fait plus sens, si ce n'est au niveau individuel du capitaine en tant que justiciable. Au final, la possession partagée des embarcations, la naturalisation et les usages pavillonnaires, l'action consulaire (ou son équivalent) sont autant d'éléments propres à favoriser une présence de capitaines napolitains « graduellement » barbaresques/ottomans ou faussement nationaux, malgré la proclamation de mercantilismes concurrents. L'usage de ce système par les capitaines leur permet de s'insérer au sein de trafics concurrentiels, mais ne les épargne pas des difficultés inhérentes aux litiges marchandes.

Nous avons évoqué précédemment Giuseppe Silvio, naviguant avec des passeports napolitain, tripolitain et tunisien. Si ces navigations des côtes tunisiennes à l'Égypte et au Levant semblent fructueuses, le capitaine,

---

Marocco, Tripoli e Algeri, Tunisi (1775-1790) : lettre de Tripoli du consul Nathanel Warnsman au Marchese della Sambuca datée du 24 avril 1777).

114 ASN, Affari Esteri, Tripoli, Diversi, b. 3056, Consoli esteri residenti in Marocco, Tripoli e Algeri, Tunisi (1775-1790) : lettre de Livourne du 14 juillet 1777.

115 ASN, Affari Esteri, Tripoli, Diversi, b. 3056, Consoli esteri residenti in Marocco, Tripoli e Algeri, Tunisi (1775-1790) : lettre de Tripoli de Nathanel Warsnman au *Marchese della Sambuca* datée du 8 mai 1777.

originaire de Sorrento, n'est pas épargné par les litiges commerciaux. C'est notamment avec le consul Warnsman que va naître au cours de la période une autre et complexe affaire de dette. À l'origine, le conflit porte sur le dépôt de 360 *zecchini* à la chancellerie du consulat des Provinces-Unies le 18 février 1775[116]. C'est en fait le Pacha de Tripoli qui doit cette somme au capitaine suite à un affrètement effectué pour son compte à Alexandrie[117]. Le Pacha dépose alors au consulat de Hollande une obligation correspondant au montant que le consulat sera par la suite chargé de verser. Mais Warnsman ne peut remettre que 53 *zecchini* au représentant de Silvio, Antoine Sicard[118]. Surtout, le consul demande à ce que Naples verse le reliquat sur une créance en sa faveur, qui n'est toujours pas réglée. Il s'agit d'une somme que le Marquis de la Sambucca, qui a remplacé Bernardo Tanucci au poste de *primo ministro di Stato* (premier ministre d'État) en 1776, l'a chargé de régler le 17 décembre de la même année et dont Warnsman n'a pas été remboursé depuis. Le litige est loin d'être anodin car le capitaine Giuseppe Silvio est en fait un personnage important à Tripoli.

Le Bey Hassan Qâramânlî[119], fils du Pacha, fait en 1789 une demande officielle au Roi de Naples pour qu'il lui délivre un passeport napolitain[120]. Le document est destiné à Giuseppe Silvio afin qu'il puisse commander l'un des bâtiments appartenant au Pacha. Il y a cependant des réticences de la part du pouvoir napolitain et le consul Pietro Soler renvoie le passeport pourtant accordé. Il explique que le Pacha et son fils font en 1789 construire deux barques et un *sciambecco* (autre nom pour chébec) qu'il destine à envoyer au Sultan pour l'aider dans le conflit qui l'oppose actuellement à la Russie (1787-1792). Pietro Soler craint que Silvio puisse commander l'une de ses embarcations, mais également qu'il

116 ASN, Affari Esteri, Tripoli, Diversi, b. 3056, Consoli esteri residenti in Marocco, Tripoli e Algeri, Tunisi (1775-1790) : lettre de Pietro Soler à Nathanel Warnsman datée du 23 juin 1789 et lettre de Malte de Lingatelli à Acton datée du 5 octobre 1789.

117 ASN, Affari Esteri, Tripoli, Diversi, b. 3056, Consoli esteri residenti in Marocco, Tripoli e Algeri, Tunisi (1775-1790) : *Estratto dei registri di questa consular' cancelleria di Spagna e Napoli*, acte du 18 février 1775.

118 *Ibid.*, copie d'une lettre de Nathanel Warnsman en français du 23 juin 1789.

119 Hassan est assassiné par son frère Yusuf en 1790 pour la future succession mais c'est le frère aîné qui devient le favori et obtient la même année le titre de Bey de Tripoli (Filesi, 1983, p. 129-131).

120 ASN, Affari Esteri, Tripoli, Diversi, b. 3056, Consoli esteri residenti in Marocco, Tripoli e Algeri, Tunisi (1775-1790) : lettre de Pietro Soler au Cavalier Acton datée du 24 décembre 1789.

vienne trafiquer sur les côtes du *Regno* avec un bâtiment tripolitain. Le capitaine se trouve donc au cœur d'un jeu de diplomatie commerciale qui, dans ce cas précis, rechigne à accorder une pleine et entière réciprocité. Paradoxalement, la paix est une préoccupation majeure et permanente du pouvoir napolitain. En 1789 la Régence Tripoli, dans un contexte de guerre avec Alger et Tunis, est (et reste) également essentielle de par la proximité de ses côtes avec le *Regno*[121]. Ce n'est pourtant pas en fonction de ces éléments que se définit l'action des capitaines napolitains.

Nous pouvons parler d'un système tripolitain qui permet à la caravane napolitaine de fréquenter les escales de Méditerranée orientale, d'Alexandrie à Constantinople en passant par Sidon. Affrétés par des Ottomans, des Musulmans des Régences et autres, ils naviguent en courant peu de risques vis-à-vis de la course et animent des lignes de trafics internes à l'espace ottoman sans forcément repasser par Naples et fréquenter les postes consulaires napolitains. L'extraterritorialité et les structures étatiques revêtent alors une importance moindre. À ce titre, la *Real Compagnia delle assicurazioni marittime* (compagnie royale des assurances maritimes) créée par le pouvoir napolitain en 1751 apparaît inutile eu égard à des pratiques bien plus efficaces en termes de contre-assurance marchande et maritime[122]. Son échec, tout au long de son existence, peut dans une certaine mesure trouver une explication dans les systèmes ici décrits et mis en place par les acteurs maritimes[123]. L'association entre Tripolitains et capitaines du *Regno* en témoigne. Les possibilités de pavillonnage sont nombreuses et peu risquées au niveau juridique, avec d'autres références consulaires qui peuvent masquer l'activité napolitaine tout en en assurant son succès. C'est d'autant plus vrai et vérifiable qu'en dehors de ce système, le risque demeure important pour le pavillon napolitain. Par exemple, le 11 mars 1776 le vice-consul d'Arta, Giorgio Dolci, informe le consul de Smyrne de la prise de deux embarcations napolitaines par un corsaire tripolitain[124]. Les capitaines Vincenzo Feulo et Nicola Piacentino, originaires de Procida

121 ASN, Affari Esteri, Tripoli, Diversi, b. 3056, Consoli esteri residenti in Marocco, Tripoli e Algeri, Tunisi (1775-1790) : lettre de Pietro Soler au chevalier Acton datée du 24 décembre 1789. Concernant le contexte de guerre, consulter également Mafrici, 2007, p. 649.

122 En 1752 la compagnie est déjà en difficulté à cause des prises des corsaires (Filesi, 1983, p. 104-105).

123 La compagnie disparaît en 1802 et sa liquidation va durer 27 années (1804-1831) ; Assante, 1997, p. 5-63.

124 ASN, Affari Esteri, Levante porti, b. 2677 (1776-1777) : lettre de Smyrne de Pietro Franceschi datée du 21 avril 1776.

et affrétés par des Turcs *scuttarini* (c'est-à-dire originaires du Nord de l'actuelle Albanie) ont été arraisonnés vers Missolonghi puis leurs embarcations revendues : un des bâtiments à l'un des affréteurs *scuttarini* (!) et l'autre à Patras. Les sources des postes consulaires levantins témoignent d'événements similaires qui, bien que sporadiques, permettent d'évaluer les conditions du risque : sans l'intermédiation tripolitaine, l'entreprise maritime napolitaine est moins bien armées pour les navigations levantines.

Pour autant, cette perméabilité autour des questions de pavillons, de passeport et de propriété d'embarcation élaborée par l'entremise de la gouvernance de la Régence de Tripoli fait-elle partie d'une stratégie visant clairement à s'insérer sur les marchés orientaux, ou s'agit-il de profiter des opportunités qui s'offrent au gré de la nouvelle donne législative et diplomatique de 1740 et 1741 ? Sans être catégorique, et sans multiplier ici les exemples, il apparait clairement que les relations que les capitaines entretiennent avec Tripoli sont l'antichambre d'une part des navigations napolitaines à destination du Levant et de l'Empire ottoman en général. La caravane maritime apparaît plus sûre que la liaison entre les bassins occidentaux et orientaux qui manifestement s'épuise après 1748. C'est finalement là l'enseignement des travaux d'Antonio Di Vittorio : la navigation en droiture, avec quelques escales, entre les deux espaces et en suivant la normativité napolitaine ne résiste pas à la concurrence des systèmes[125].

Quant aux litiges rencontrés, ils sont proportionnels aux trafics et à la place de la caravane napolitaine et leur règlement se situe logiquement en dehors de la souveraineté des tribunaux napolitains. L'autonomisation des capitaines par rapport aux institutions du commerce du *Regno* apparaît évidente. Les autres capitaines napolitains, par exemple connectés aux marchés locaux comme les échanges maritimes avec les États italiens, sont plus présents dans les procédures des tribunaux napolitains car ils constituent bien souvent un réel recours[126]. En revanche, pour la caravane napolitaine il est naturel de superposer plusieurs systèmes qui la

125 Il n'y a donc pas une « élimination » du dernier venu (le Royaume de Naples) sur le marché levantin, comme l'affirme Antonio Di Vittorio, mais des pratiques moins résistantes que d'autres qui permettent de perdurer dans les trafics. Ce dernier n'explicite d'ailleurs pas vraiment en quoi les navigations de Raguse sont particulièrement dommageables aux trafics napolitains, si ce n'est en théorie et concernant les lignes classiques occident-orient (Antonio Di Vittorio, 1979, p. 138).

126 La consultation des archives des tribunaux de l'Amirauté, du *Consolato di terra e mare* et du *Supremo Magistrato di Commercio* fait ressortir cette tendance lourde. Les affaires concernent le plus souvent les litiges locaux, inter-napolitains ou avec des marchands

protège mieux que la souveraineté (univoque) du pavillon ; eu égard aux enjeux diplomatiques importants le litige commercial prend rapidement une connotation politique et permet d'éluder le terrain des institutions pour celui, plus souple, de la négociation diplomatique qui tourne bien souvent à l'avantage du capitaine. C'est dans ce cadre que se règle et se définit l'interculturalité marchande propres à la caravane napolitaine.

Difficile pourtant de dire avec précision quand ce système est abandonné ou moins efficace, alors que les marchés méditerranéens subissent une reconfiguration majeure dans le dernier quart du XVIIIe siècle. Plus qu'une fin ou un début, il existe assurément un temps de latence, une transition et un chevauchement concernant l'activité des capitaines. Entre les deux événements majeurs que sont l'ouverture de la mer Noire et l'explosion de la souveraineté napolitaine, le marché des transporteurs actifs de la Barbarie au Levant se transforme. Certes les Ragusains sont là, mais chacun va s'adapter à cette nouvelle donne en fonction des multiples ressources dont il dispose. Nous sommes dans une période de troubles qui va multiplier les possibilités, les succès rapides et les déclins qui le sont tout autant, et cela pour tous les transporteurs et tous les pavillons.

DU LEVANT À LA MER NOIRE
Une souveraineté pavillonnaire sans cesse renouvelée (1787-1815)

L'irruption de nouveaux acteurs complique les régimes institutionnels des tribunaux régulant les marchés et la notion de souveraineté maritime. L'activité de la marine de Raguse est par exemple, à Naples comme à Marseille, source d'une inquiétude commune[127]. Il est intéressant de noter qu'en août 1767 une controverse naît par l'intermédiaire du consul de France à Raguse et se répercute rapidement à Naples et à Constantinople. C'est le consul Prévost qui dénonce le fait que certains Français partagent

---

ou capitaines étrangers des rives proches. Les questions de nolis, de change maritime et de dettes y sont prégnantes.

127 Gilbert Buti, 2005, p. 35.

la propriété des embarcations ragusaines ; phénomène constituant selon lui une atteinte aux intérêts français. Les documents consultés ne développent cependant pas son argumentaire. En revanche, la plaidoirie du consul de Raguse auprès de la cour de Naples, qui fait écho à ces accusations, est éclairante. Il dénonce d'abord la contumace dont les sujets de sa nation (les capitaines de Raguse) sont victimes, étant déjà soumis à la quarantaine dans les ports français et italiens. Puis il affirme qu'un étranger ne peut pas être propriétaire d'une embarcation de Raguse et bénéficier du Firman (décret royal) de la Porte, mais que les Juifs et les Grecs qui possèdent des embarcations ragusaines sont considérés comme *sudditi* de Raguse car ils résident depuis assez longtemps sur le territoire de la République[128]. Il y a là une question liée aux multiples identités et communautés pouvant se réclamer ou non de la souveraineté ottomane. Néanmoins, les navigations de Raguse constituent un cas différent par rapport aux Napolitains car elles ne « découvrent » pas le Levant à la fin du XVIIIe siècle, mais sont familières d'un Empire ottoman auquel la République paye un tribut annuel par rapport à ses finances[129].

Outre les Ragusains, la pénétration occidentale de la marine grecque sous pavillon ottoman est également une réalité depuis la fin du XVIIIe siècle[130]. Il ne s'agit pourtant pas d'une revanche de « l'Est méditerranéen[131] » à envisager de manière totalisante. Les conditions de cette interpénétration sont plurielles et dépendent des situations micro-institutionnelles et communautaires qui les accompagnent. Ces nouveaux acteurs interagissent avec un tissu marchand et un ensemble de normes qu'ils sont eux-aussi loin de découvrir, comme en témoigne les multiples conditions d'insertion de la diaspora grecque à Marseille, Livourne, Venise et Naples[132]. Ce contexte fait écho à l'usage de multiples souverainetés maritimes et apparaît profitable à une part des capitaines, mais de manière transitoire[133]. Plusieurs étapes « politiques » vont être déterminantes quant à la gestion de l'État du pavillon et des marchés.

---

128 ASN, Affari Esteri, Ragusa, b. 973, Legazione di Ragusa a Napoli (1736-1770) : lettre datée du 10 août 1767.

129 Di Vittorio, 1979, p. 123.

130 Outre les aspects maritimes, la présence de communautés orthodoxes, ancienne, et les problématiques religieuses et diasporiques qu'elle induit est particulièrement prégnante pour le *Regno*, ses institutions et son territoire (Falcetta, 2016).

131 Harlaftis, 2010, p. 223-252.

132 Grenet, 2013 (b), p. 311-344.

133 Harlaftis et Laiou, 2008, p. 19 et 27-28.

À l'issue de la guerre entre la Russie et l'Empire ottoman (1768-1774), le traité de Kütchük-Kaynardja permet aux capitaines grecs d'arborer le pavillon russe tout en libérant les Détroits et le commerce de la mer Noire pour « toutes les nations ». Le protectorat de la Russie sur les îles ioniennes entraina lui une émigration sur le territoire bordant la mer Noire[134]. Pour autant l'usage du pavillon russe par la marine de commerce grecque parait limité en Méditerranée occidentale qui entre 1780 et 1810 privilégie le pavillon ottoman[135]. Le phénomène concerne à cette époque de manière plus significative la mer Noire[136]. La situation se complexifie concernant le cas des capitaines ioniens car ils peuvent arborer au cours de la période le pavillon ottoman, russe et ionien qui peut les rattacher à la souveraineté de l'Empire ottoman, russe ou encore au protectorat britannique[137]. Dans le même temps le Sultan Selim III (1789-1807) entreprend une série de réformes visant à enrayer le déclin de la marine ottomane, et qui permet dans la première décennie du XIXe siècle de faire revenir sous le pavillon ottoman les capitaines grecs qui avaient opté pour le pavillon russe ou autrichien[138]. Ces capitaines bénéficient alors de quelques avantages au niveau des taxes et l'assurance d'une protection de leurs intérêts[139].

La liberté de navigation dans les Détroits et l'accès à la mer Noire n'est pas seulement une opportunité pour une partie des capitaines grecques. Le traité de 1774, avec la médiation française, ouvre d'abord cet espace aux bâtiments de commerce russes qui, complété le 21 mars 1779 par la convention d'Aynali Kavak, leur permet le passage du Bosphore et des Dardanelles. La Crimée est définitivement annexée en 1783. L'Autriche obtient ensuite une partie de ces privilèges en 1784, puis ce furent la Suède (1792), la Grande-Bretagne (1799) et la France (1802)[140]. Il s'agit de participer à l'exportation du blé depuis les ports voisins de la Crimée. Bien avant cette date, plusieurs tentatives d'implantation sont menées, elles sont notamment françaises à Cherson et mêlent les aspects

134 Harlaftis, 1996, p. 5-6.
135 Harlaftis et Laiou, 2008, p. 28.
136 *Ibid.*, p. 29.
137 La République des îles Ioniennes devint un protectorat anglais après le traité de Paris de 1814 et jusqu'en 1864 (Harlaftis, 1996, p. 27 et 30).
138 Grenet, 2013 (b), p. 327.
139 Harlaftis et Laiou, 2008, p. 21-22.
140 Planhol, 2011.

diplomatiques et commerciaux[141]. Entre temps, le septième conflit entre la Russie et l'Empire ottoman éclate (1787-1792). L'Autriche se joint à la Russie 1788 puis l'abandonne pour une paix séparée en 1791, tandis que l'Angleterre envisage d'intervenir pour éviter que l'expansion russe ne devienne trop importante, et crée un puissant allié pour la France. Le traité de Iasi en 1792 est à l'avantage de Catherine II, Selim III demandant la paix face à l'avancé russe. L'accord entérine la souveraineté russe sur la Crimée et s'opèrent différents échanges de territoire. Concernant les États italiens, la progression de Catherine II en mer Noire les rapproche de l'orbite russe. Pour autant, lorsque cette dernière tente d'établir des relations avec la Péninsule, notamment en 1767-1768 avant les grands conflits de la fin du siècle, la crainte de s'aliéner l'Empire ottoman ne permet pas de solides rapports diplomatiques, préludent des relations économiques, avec la plupart des États italiens[142]. Seul le Royaume de Naples va répondre favorablement aux approches russes[143].

Dès 1777 des représentants diplomatiques sont envoyés à Naples et Saint-Pétersbourg, respectivement le comte de Razoumovski et le duc de Serracapriola. Ces premières relations se matérialisent également sur le plan international par le soutient du *Regno* à l'Empire russe concernant la neutralité armée face à l'Angleterre[144].

141 Schnakenbourg, 2011, p. 309-325.

142 Giura, 1967, p. 5 et Berti, 1957, p. 39-58.

143 Pour un cadre général concernant les relations diplomatiques entre le *Regno* et la Russie : Mafrici et Migliorini, 2012 ; Mafrici et Vassallo, 2012, p. 69-82.

144 Giura, 1967, p. 7.

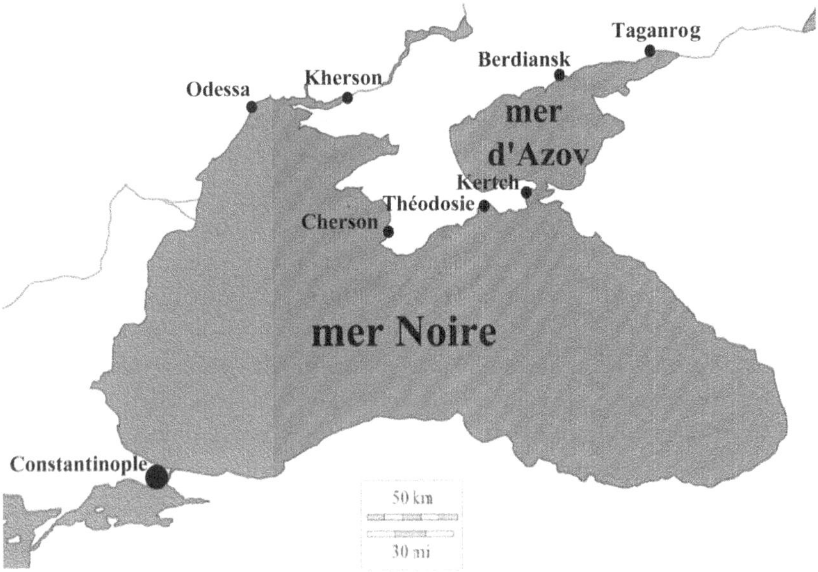

FIG. 5 – La mer Noire à la fin du XVIIIe siècle[145].

Catherine II soutient en effet le principe de *libera nave merce libera* face à la course telle qu'elle est pratiquée par l'Angleterre, notamment pendant la guerre d'Indépendance américaine. Ce principe renvoie au libre commerce des pavillons neutres avec les belligérants des conflits, neutralité qui protège également leur marchandise à l'exception de la contrebande. La Russie souhaite constituer une coalition de neutre dirigée exclusivement contre l'Angleterre. Le Royaume de Naples rentre donc dans un jeu diplomatique dont elle attend des retombées économiques, et notamment par rapport aux marchés de la mer Noire. Dès janvier 1787 l'accès en est officiellement facilité par le traité de commerce et de navigation signé entre les deux puissances[146]. D'une durée de 12 années, il porte essentiellement sur des exemptions douanières réciproques (article V, VI et VII) et la neutralité en cas de conflits (article XVII, XVIII et XIX). Surtout, une convention secrète engage la Russie à permettre

145 Carte réalisée par l'auteur.
146 Giustiniani, 1804, p. 485-508.

aux embarcations napolitaines d'arborer son pavillon pour franchir les Détroits et accéder à la mer Noire[147], ce droit étant nié par la Porte au pavillon napolitain.

Néanmoins la stipulation d'un tel traité ne signifie évidemment pas que les trafics napolitains en mer Noire vont aussitôt se développer de manière importante. Par exemple, en 1793 le consul de Naples à Cherson délivre le pavillon russe pour 4 embarcations napolitaines, ce qui reste modeste[148]. En 1799 le traité est certes renouvelé avec la même clause concernant la concession du pavillon russe pour circuler en mer Noire[149], mais la période révolutionnaire déplace les centres d'intérêts du pouvoir napolitain et de ses capitaines. En effet, les multiples changements de souverainetés, bien souvent momentanées, engagent le commerce maritime dans une phase « d'atomisation » des usages pavillonnaires. La concomitance des évènements amène alors brusquement les capitaines napolitains à faire des choix. Le système napolitain basé sur l'appui de la Régence de Tripoli semble à cette période, et dans ce contexte politique et géographique, devenir moins efficient[150]. Il est aussi mis à mal par un changement d'acteurs politiques à Tripoli. Dans le cadre du présent ouvrage, nous associons les troubles politiques de la Régence à ceux du *Regno* car ils déterminent assurément une grande partie de la stratégie commerciale de la caravane napolitaine basée sur le partage de leurs embarcations avec les autorités locales.

Face aux problèmes de succession à Tripoli, et une nouvelle tentative de prise de pouvoir par Youssouf Qâramânlî, la Porte envoie Ali Burghul rétablir l'ordre[151]. Ce dernier est renversé en novembre 1794 par Ali Pacha et l'aide de la Régence de Tunis. Finalement Youssouf Qâramânlî est nommé Pacha le 11 juin 1795 après un ultime coup de force. Mais si la Régence continue à jouer des traités de la diplomatie commerciale, avec un certain succès, elle entre dans une phase de représailles inédites. Dès 1797 la marine danoise vient faire respecter par la force les traités[152]. Dans le même temps, la Régence et le *Regno* vont

147 ASN, Affari Esteri, Trattati di commercio con la Russia e diversi altre trattati, b. 4217.

148 ASN, Affari Esteri, Russia, Diversi, b. 1677 : lettre du consul Vincenzo Musenga au Ministre des affaires étrangères datée du 18 juin 1793.

149 ASN, Affari Esteri, Trattato di commercio con la Russia (1800-1805), b. 4222 : lettre du Duc de Serracapriola de Saint-Pétersbourg au Chevalier d'Acton du 22 octobre 1800.

150 La documentation ayant trait à la Régence confirme cette tendance.

151 Filesi, 1983, p. 132.

152 *Ibid.*, p. 134.

acquérir une importance stratégique dans le contrôle de la circulation méditerranéenne pour les différents acteurs des guerres de la Révolution française[153] alors que l'affrontement franco-anglais en Méditerranée participe à une fragmentation des pratiques maritimes.

En 1799 Naples est occupé puis libérée, Ferdinand IV revient alors de Sicile où il s'était réfugié[154]. La paix d'Amiens en 1802 suspend momentanément les activités militaires avant que la monarchie napolitaine ne soit à nouveau renversée en 1806, tandis que Joseph Bonaparte devient Roi. Le *Regno* appartient alors à l'Empire français jusqu'en 1815 tandis que la Sicile est sous l'influence britannique avec à sa tête le roi Ferdinand, qui y trouve une fois de plus refuge et installe la cour à Palerme. Le Royaume de Naples est alors politiquement et territorialement divisé. Il y a alors à la tête du *Regno*, renommé Regno *delle Due Sicilie* à partir de 1808 sous le règne de Joachim Murat, sur le continent une dynastie familiale faisant partie d'une confédération d'États à souveraineté limitée tandis que la Sicile reste aux Bourbons qui y exercent une gouvernance « napolitaine » hors de Naples. Surtout, l'économie napolitaine (nous parlons ici du continent) est alors asservie aux besoins de l'Empire et la mer le principal vecteur de cette circulation[155]. Il s'agit d'un *decennio francese* qui va modifier les institutions napolitaines tout comme sa politique économique[156]. Sur le plan maritime, les embarcations napolitaines peuvent arborer le pavillon français tandis que les siciliennes ont la possibilité d'hisser celui de la Grande-Bretagne[157]. Mais la protection induite par l'un ou l'autre est différente face aux Régences. Le pavillon français est l'assurance d'une navigation moins dangereuse dans ce cas précis à partir de 1806. En conflit avec l'Empire ottoman, la France négocie toutefois avec Alger, Tunis et Tripoli et conclut la paix en 1801 et 1802 ; cette paix « globale » tant désiré par le *Regno* par le passé est bien accueillie par Naples même si elle s'obtient par l'entremise de la France[158]. Notons qu'elle est une fois de plus porteuse d'espoir pour le commerce maritime napolitain, même si rapidement la course reprend

153 Barra, 1993, p. 21-22 et Mafrici, 2011, p. 238.

154 Galasso, 2007, p. 1021-1302.

155 Barra, 2007, p. 18.

156 Un très bon exemple des conséquences de ce changement de souveraineté concerne les juges de paix : D'Antuono, 2013, 169-177.

157 Filesi, 1983, p. 135.

158 *Ibid.*, p. 138.

et que les capitaines la subissent de plein fouet. Le *Regno* tente alors en vain d'obtenir des Firmans pour protéger le pavillon napolitain de la course, ce que la Porte lui refuse[159]. Mais finalement, le changement de souveraineté de 1806 modifie une nouvelle fois la donne et permet aux embarcations napolitaines de bénéficier de tous les avantages de la paix. Pour les Siciliens, la course n'épargne pas l'île et ce n'est qu'en 1812 qu'une trêve précaire est conclue avec les Régences par l'entremise de l'Angleterre[160]. Concrètement, les capitaines doivent rapidement assimiler cette succession de reconfigurations étatiques qui, sur quelques décennies riches en traités et remises en question, conditionne leurs navigations. Malgré le fait qu'elles soient incertaines et transitoires, nous avons trace des possibles choix qu'offrent les multiples renégociations de la souveraineté napolitaine.

Suite aux accords avec la Russie en 1787, parviennent en effet quelques demandes pour arborer le pavillon russe de la part de Napolitains. En général ces demandes passent par la fonction consulaire napolitaine en mer Noire, en l'occurrence Vincenzo Musenga. Ce dernier est d'abord nommé vice-consul du *Regno* en mer Noire après le traité de 1787, et siège d'abord à Cherson puis à Odessa, cité fondée en 1794 par l'Hispano-napolitain Giuseppe De Ribas[161]. Musenga doit travailler de concert avec le consul napolitain en poste à Saint-Pétersbourg, le Duc de Serracapriola[162]. Concernant spécifiquement la mer Noire, la fondation d'Odessa permet à quelques marchands napolitains de s'installer tandis que des capitaines de Sorrento et de Procida développent leur trafic et l'armement maritime à destination de ce nouveau marché[163]. Si la prise de Naples en 1799 freine momentanément cette progression, l'ouverture de la mer Noire aux navigations napolitaines est une réalité. Nous en avons un exemple en 1799, lorsqu'un négociant palermitain souhaite expédier un chargement de soufre en mer Noire sur le brigantin du capitaine Mario Salerni[164]. Concernant ce dernier, c'est le consul Musenga

159 *Ibid.*, p. 140.

160 *Ibid.*, p. 141-142.

161 Sirago, 2012, p. 90-92.

162 Il doit entre autres nommer des vice-consuls à Sebastopol et à Theodosie, tout en informant des trafics et contribuant à leur développement (Mafrici, 2011, p. 234-236).

163 Sirago, 2012, p. 92.

164 ASN, Affari Esteri, Passagio del Mare Nero (1792-1825), b. 4142 : lettre anonyme de Palerme datée du 3 juin 1799.

qui formalise les demandes de transport à l'Amiral de la mer Noire pour obtenir les patentes permettant d'arborer le pavillon russe (en l'occurrence l'Amiral Mardvinoff). Précédemment, en 1798, une demande similaire est faite pour 4 embarcations napolitaines qui souhaitent trafiquer en mer Noire[165]. Le consul reçoit alors une réponse favorable de la part du bureau du commandement en chef des flottes de la mer Noire. Cette réponse, traduite en français dans la correspondance, restreint cependant pour des raisons de lenteur administrative la portée des patentes accordées[166]. Les demandeurs, le vice-consul Scanzio et les capitaines Michele di Lauro, Antonino Russo et Domenico Sommariva, reçoivent dans un premier temps une autorisation provisoire pour la « petite navigation » jusqu'à que les imprimés soient signés par les autorités compétentes (il est évoqué la réunion d'un « collège » à ces fins). Le bureau demande à Musenga de préciser cependant si les patentes définitives doivent être pour la « grande navigation », et explique que celle-ci correspond à « [...] l'expédition par les deux canaux de Constantinople et les Dardanelles, pour les côtes de l'Empire ottoman adjacentes à l'Archipel, de mêmes qu'à celles de la Natolie, de la Syrie, de l'Égypte, de la Romélie, de la Morée, et aussi pour celles de toutes la Méditerranée [...] ». Il ne s'agit ni plus ni moins pour les capitaines napolitains que de naviguer sous pavillon russe sur toutes les rives et de multiplier les possibilités d'affrètements. Concernant la « petite navigation », les responsables russes expliquent qu'il s'agit de « [...] la mer Noire, la mer de Marmara, et pas plus loin que les Dardanelles qui séparent la-dites mer de Marmara de l'Archipel [...] ». Le consul Musenga leur répond que la patente pour la grande navigation est demandée pour les capitaines, mais pas le vice-consul qui n'est plus en poste[167]. Il ajoute qu'il répétera ces demandes pour tous les capitaines napolitains qui désireront arborer le pavillon russe, afin de développer les trafics et le commerce entre les deux États et conformément au traité de navigation et de commerce stipulé. Les requêtes concernant le pavillon russe seront néanmoins erratiques à cette période.

165 ASN, Affari Esteri, Passagio del Mare Nero (1792-1825), b. 4142 : lettre du consul Vincenzo Musenga d'Odessa datée du 4 janvier 1799.

166 ASN, Affari Esteri, Passagio del Mare Nero (1792-1825), b. 4142 : lettre du bureau du commandement en chef des flottes de la mer Noire datée du 15 décembre 1798 et signée Nicolai Zerikow, Premier auditeur Pancoff et Registrateur Boris Ivanoff.

167 ASN, Affari Esteri, Passagio del Mare Nero (1792-1825), b. 4142 : lettre du consul Vincenzo Musenga d'Odessa à l'Amiral Mardvinoff datée du 22 décembre 1798.

C'est après la paix d'Amiens en 1802 que l'on observe une reprise des demandes de pavillon russe, alors que la Porte accorde aux embarcations napolitaines le libre passage des Détroits[168]. Le consul de Saint-Pétersbourg y voit là un moment favorable pour le commerce napolitain avant que le commerce français au Levant ne reprenne vigueur[169]. Seulement, les conditions des navigations méditerranéennes ont en partie évoluées. Le chancelier de la Légation de Naples, Giacomo di Marini[170], informe en 1803 Giovanni Acton que 5 polacres napolitaines sont arrivées à Constantinople ; l'une d'entre elles arbore un pavillon russe et en détient le passeport, une autre possèdent les mêmes documents mais ils sont britanniques, et les trois dernières arborent le pavillon napolitain[171]. Elles sont commandées par les capitaines Antonio Castellano, Gioacchino Cacace et Saverio Scarpato, tous de Sorrento. Ils ont été affrétés à Trieste pour se rendre à Odessa chargé des céréales et une demande a été faite à la Porte pour qu'on leur accorde les Firmans qui les autorisent le passage des Détroits. Au début de l'année suivante il signale qu'aucun bâtiment napolitain n'est venu par crainte des Barbaresques, et que les embarcations du *Regno* arborant le pavillon russe ont été rares[172]. Il informe également que de nombreux napolitains sont embarqués sur des bâtiments des *sette isole unite*[173] naviguant au Levant avec des équipages turcs et grecs, et qu'ils assistent les capitaines[174]. En 1805 ce sont encore 10 embarcations napolitaines qui rejoignent Odessa avec des pavillons russes et anglais[175].

Certes, à la veille de la « décennie française » les informations sont éparses mais elles nous permettent d'abord d'affirmer que la donnée pavillonnaire devient désormais aléatoire. Elle l'était par le passé, mais

168 Mafrici, 2011, p. 238.

169 ASN, Affari Esteri, Passagio del Mare Nero (1792-1825), b. 4142 : lettre du consul de Serracapriola de Saint-Pétersbourg au Chevalier d'Acton datée du 31 juillet 1802.

170 Il est entre mars 1802 et septembre 1804 le chargé d'affaire de la légation en l'absence de l'ambassadeur Guglielmo Costantino Ludolf (Pezzi, 2004, p. 91).

171 ASN, Affari Esteri, Passagio del Mare Nero (1792-1825), b. 4142 : lettre du chancelier Giacomo di Marini de Constantinople (Pera) à Giovanni Acton datée du 10 mai 1803.

172 Ce qui signifierait que le pavillon russe protège de la course.

173 Il s'agit de la République des Sept-Îles, un protectorat rassemblant sept îles Ioniennes situées entre la Grèce et l'Italie (Corfou, Paxos, Leucade, Céphalonie, Ithaque, Zakynthos et Cythère) mis en place suite au traité de Constantinople le 2 avril 1800 entre les empires russes et ottoman (Delli Quadri, 2018).

174 ASN, Affari Esteri, Passagio del Mare Nero (1792-1825), b. 4142 : lettre du chancelier Giacomo di Marini de Constantinople (Pera) à Giovanni Acton datée du 25 janvier 1804.

175 Mafrici, 2011, p. 238.

la phase de conflit révolutionnaire va déplacer la fraude pavillonnaire des limites de la légalité à son institutionnalisation formelle. La floraison d'accords internationaux au cours de la seconde moitié du XVIIIe siècle rend en quelque sorte caduque les règles pavillonnaires édictées de manière univoque et la justice « nationale » qui est supposée l'accompagner. Nous nous rapprochons ici des situations évoquées en introduction de l'ouvrage quant à l'indéfinition de l'État du pavillon. L'internationalisation croissante du transport maritime et des traités de navigation entraîne paradoxalement une fragmentation de la souveraineté maritime et l'espace institutionnel où elle se négocie. Il s'agit d'une rupture sous-estimée qui à la lumière des problèmes actuels prend un tout autre relief.

Enjeux économiques de premier plan, les politiques pavillonnaires sont comme de nos jours l'objet de débats sensibles entre les XVIIIe et XIXe siècles, mettant clairement le droit maritime à l'épreuve des logiques d'un espace économique méditerranéen qui s'uniforme sur le plan des pratiques maritime mais qui doit en même temps tenir compte des différentes constructions étatiques qui s'opposent sur le plan de la légalité et des restrictions des navigations sous pavillon national. Il est manifeste que le concept d'un droit « partagé » par l'ensemble des gouvernements apparaît déjà à cette époque illusoire concernant les transports maritimes. Le sens même de l'État du pavillon est déjà largement remis en cause face à la concurrence des monopoles et l'insertion de « marine de l'entre-deux » qui peut jouer sur plusieurs pavillons et référents juridique et extraterritoriaux. De nos jours, comme à cette époque, un navire commercial est supposé relever en haute mer uniquement de l'État dont il arbore le pavillon[176]. Néanmoins, nous sommes déjà dans une phase de compétition sans merci que se livrent les armateurs et capitaines autour des marchés levantins et qui a contribué à l'essor au cours du XXe siècle de l'utilisation de ce qui sera plus tard nommé « pavillons de complaisance[177] ». La définition juridique des responsabilités est à l'Époque moderne comme au début du XIXe siècle presque impossible en cas dettes, fortune de mer ou bien encore fraude. Or, l'exemple des navigations napolitaines illustre le fait que l'on est bien loin de faire face à une « nouveauté » quand sont évoquées de telles pratiques de nos jours[178].

176 Rappelons que c'est la Convention des Nations Unis sur le Droit de la Mer signée le 10 décembre 1982 réaffirme ce principe (Duvic Paoli, 2011).

177 Coutansais, 2010, p. 307-318.

178 *Ibid.*, p. 315.

Pavillon	Nombre d'embarcations
Autriche	421
Russe	329
Raguse	18
Ionien	16
France	15
Angleterre	7
Hydra	6
Espagne	3

TABLEAU 8 – Mouvement maritime en mer Noire par pavillon en 1803[179].

Ainsi, sur les 815 bâtiments ayant franchi les Détroits pour se rendre en mer Noire en 1803, il apparaît difficile d'affirmer qu'aucun n'est Napolitain, ou que d'autres embarcations italiennes ne prennent part à ces trafics ; par exemple les Vénitiens sous pavillon autrichien ou bien des Génois arborant le pavillon français, et cela dans une totale légalité[180]. Après 1806, le phénomène va prendre encore plus d'ampleur tout en complexifiant le règlement des litiges. Outre la chute de la dynastie des Bourbons à Naples, s'engage la huitième guerre entre la Russie et la Sublime Porte (1806-1812), tandis que la France s'est rapprochée des Ottomans, provoquant d'abord le blocage des Détroits avant de défaire les Anglais dans les Dardanelles en 1807[181]. La Russie décrète entre temps le blocus des ports ottomans. Lors de cette période, c'est le général Horace Sebastiani qui négocie activement avec Selim III un rapprochement momentané avec la France contre l'ennemi Russe et Anglais[182]. Notons également que lors de cette période le commerce du Levant est ouvert à la concurrence des transporteurs

179 Giura, 1967, p. 13.

180 Concernant ce dernier phénomène, il se traduira par de vives protestations en 1815 à Marseille de la part des capitaines français. Ces derniers dénoncent les Génois qui à « l'époque de l'Empire » ont pu arborer le pavillon français et ne l'ont plus quitté depuis (ACCIM, M R 4 4 1 2 Navigation maritime, Navires, Statut des navires, nationalité (an XIII-1884) : mémoire des capitaines de commerce de Marseille sur les inconvénients à naturaliser les navigateurs italiens daté du 29 mars 1815.

181 Pezzi, 2002, p. 54.

182 Il sera ambassadeur de la France auprès de la Porte entre 1806 et 1808 (*Ibid.*, p. 37).

étrangers et notamment l'activité des pavillons neutres qui est essentiel[183]. Si la documentation ayant trait à cette période privilégie naturellement les aspects guerriers et diplomatiques, il est possible d'entre-apercevoir les conséquences maritimes des conflits et diverses alliances.

Le capitaine Vincenzo Cacace de Sorrento, commandant la tartane *Madonna del Carmine e San Vincenzo*, l'apprend à ses dépens quand il est pris par un corsaire français dans l'Archipel en 1812[184]. La correspondance du consul Biagio Francesco Salzani, alors en poste à Constantinople et chargé des affaires du *Regno*[185], traduit toutes les difficultés à défendre le capitaine. En effet Vincenzo Cacace a été affrété pour le compte d'Anglais à Constantinople et arbore le *Red Ensign* (pavillon marchand britannique) pour rejoindre Malte. Suite à sa capture par le corsaire français, il fait son témoignage à Chios, contestant la prise, et se rend à Constantinople pour trouver des appuis. Or, il s'avère difficile pour Salzani de le défendre car le capitaine se réclame également comme un « protégé » des Anglais et compte sur leur aide à Constantinople pour faire valoir ses droits[186]. Vincenzo Cacace envisage donc d'abord la voie de l'État du pavillon avant celui de sa propre « nation » qui est sous la tutelle française. Salzani devant les possibles dérapages de l'affaire demande qu'on le laisse agir avec circonspection et faire entendre raison au capitaine. Il n'est pourtant pas étonnant que Vincenzo Cacace fasse jouer les multiples souverainetés maritimes à sa disposition dans ce litige. Il est apparemment depuis longtemps intégré aux trafics de la Barbarie à la mer Noire et a par le passé

183 En ce sens la Chambre de commerce de Marseille rappelle leur importance dans les trafics des draps de Smyrne, et plus généralement dans les trafics de la Barbarie à la mer Noire et au Levant. Il est alors demandé de suspendre les ordonnances de 1781 qui prohibent l'expédition de draps du Levant sous d'autres pavillons que le Français (ACCIM, M Q 5 1 37, Smyrne, administration et commerce (an XVI 1803-1824) : lettre de la Chambre de commerce de Marseille au Ministre de l'intérieur datée du 28 thermidor an IX (soit le 16 août 1801).

184 ASN, Affari Esteri, Decennio Francese (1809-1814), b. 5326 : lettre de Biagio Salzani de Constantinople au Marquis Di Gallo datée du 10 décembre 1812.

185 Négociant du Royaume de Naples, il ne sera nommé officiellement consul qu'en avril 1812 jusqu'à sa mort en 1813 et son fils Domenico lui succède alors. Biagio était depuis 1806 le chargé d'affaire du *Regno* devant le refus de l'Ambassadeur Guglielmo Costantino Ludolf, fils du précédent ambassadeur napolitain Guglielmo Maurizio Ludolf, de servir sous l'autorité française. Balzani est alors chargé par le Marquis Di Gallo de développer et d'organiser le commerce entre la Porte et le Royaume de Naples (Pezzi, 2002, p. 54 et 71 ; 2004, p. 63-64).

186 ASN, Affari Esteri, Decennio Francese (1809-1814), b. 5326 : lettre de Biagio Salzani de Constantinople au Marquis Di Gallo datée du 10 décembre 1812.

navigué avec diverses *estere bandiere* (pavillons étrangers). C'est Horace Sebastiani en personne qui lui aurait permis d'arborer le pavillon français pour naviguer uniquement en mer Noire (donc mer blanche exclus[187]) dans les ports russes et turcs[188]. Le capitaine a ensuite obtenu le pavillon ottoman avant de hisser pavillon anglais en 1812. Vincenzo Cacace, c'est également le parcours de l'un des capitaines du *Regno* qui s'est intégré aux trafics levantins au-delà des aspects marchands. Marié à une Grecque catholique de Tinos (Tines) dont il a eu plusieurs enfants, il habite à Galata près de chez Salzani, l'un des quartiers de Constantinople où réside une partie des européens mais également un espace portuaire cosmopolite[189]. Cacace est apparemment depuis longtemps inséré dans les trafics locaux, même si selon Salzani sa mauvaise fortune l'oblige à naviguer pour le compte d'affréteur de toutes nations et non sur sa propre embarcation.

Les pratiques que nous décrivons ici méritent assurément de nombreux approfondissements, par exemple à partir de sources des autres chancelleries européennes à Constantinople. Elles ne sont certes par nouvelles et suivent une logique que l'on peut envisager comme exclusivement liée aux contextes individuels et pratiques communes. La caravane napolitaine semble ne plus ici résulter de l'entremise tripolitaine ; d'ailleurs le terme de caravane doit être dorénavant utilisé avec parcimonie tant les appartenances portuaires, étatiques et souveraines apparaissent incertaines. Néanmoins, l'impact « maritime » de cette période de souveraineté limitée par la perte d'autonomie du Royaume de Naples ne doit pas être sous-estimé. Chronologiquement, elle s'inscrit à la fois sur le temps long et sur une courte période d'accélération de la perméabilité de l'entreprise maritime. Thématiquement, nous ne sommes plus dans le cadre de la fraude et de la mise en danger de la souveraineté qui s'attache au pavillon ; le vocabulaire n'est pas celui de la transgression mais celui d'une interprétation/intégration institutionnelle des pratiques. Certes, les navigations napolitaines de la Barbarie au Levant poussent très souvent (pour ne pas dire en permanence) le gouvernement du Royaume de Naples à transiger avec ses propres règles et institutions. Néanmoins, l'institutionnalisation

187 La mer blanche correspond du point de vue ottoman à la Méditerranée, notamment entendue comme au sud de la mer Noire qui elle est « au nord » (pour une explication de la symbolique des termes : Tamba, 2019, s. p.).

188 ASN, Affari Esteri, Decennio Francese (1809-1814), b. 5326 : lettre de Biagio Salzani de Constantinople au Marquis Di Gallo datée du 10 septembre 1812.

189 Schmitt, 2007, p. 95.

progressive puis très rapide de pratiques pavillonnaires mixtes vide la notion de souveraineté de son sens premier sur le plan maritime. Concernant les litiges, leur règlement devient de plus en plus aléatoire et le référentiel à un seul État ou à une seule gouvernance s'avère illusoire au cours de la décennie française. Pour autant, la Restauration de 1815 après le Congrès de Vienne qui rétablit en partie la configuration étatique précédent 1804, si ce n'est l'union officielle de la couronne de Naples et de Sicile dans un même Royaume, et voit le retour autoritaire des Bourbons sur le trône de Naples, se traduit-elle par le retour d'une souveraineté univoque sur le plan maritime ? Le rôle de l'Empire ottoman interroge également tant les échanges maritimes levantins semblent dépendre de tensions européennes qui se sont accrues à la fin du XVIIIe siècle. En d'autres termes, c'est l'évolution de l'espace de règlement des litiges et des pratiques qui pose ici question, après une période d'atomisation du référentiel étatique.

Ce qui est certain, c'est que l'ouverture partielle de la mer Noire et de ces marchés font désormais de Constantinople le centre des navigations napolitaines au Levant. Si pendant la période précédente, nous avons émis l'hypothèse que la capitale de l'Empire ottoman était la périphérie de la caravane maritime napolitaine, la chancellerie du Royaume des Deux-Siciles va jouer un rôle essentiel dans le cadre des échanges entre le l'Europe, le Levant et la mer Noire.

COSMOPOLITISME PAVILLONNAIRE À CONSTANTINOPLE ET CONCERT DES NATIONS (1815-1827)

En juin 1815, seulement 3 embarcations battant pavillon napolitain sont signalées à Odessa[190]. La reprise de la navigation en mer Noire à la Restauration bénéficie de la crise alimentaire en Europe (1816-1817), notamment les exportations de céréales depuis Odessa. Les Napolitains semblent peu participer à ces échanges, puis les années suivantes leur présence est anecdotique du point de vue du pavillon. Cependant en 1816 sur les 800 bâtiments (environ) ayant accosté à Odessa, sont présents près de 20 embarcations napolitaines arborant des pavillons russes ou

190 Giura, 1967, p. 26.

anglais[191]. Le consul Felice de Ribas[192] déplore d'ailleurs qu'il ne puisse en tenir une comptabilité précise car ces derniers ne se signalent pas au consulat à Odessa et ne communiquent aucun document[193]. Plus précisément, l'Empire ottoman ne permet aux embarcations napolitaines de franchir les Détroits qu'à la condition qu'elles abordent un pavillon russe, français, anglais ou bien encore autrichien. Ce sont les seuls pavillons pour lesquels la navigation est autorisée par l'Empire ottoman et qui permet l'accord d'un Firman[194]. Conscient de cette contrainte qui l'oblige à demander l'appui des autres puissances, le nouveau Royaume des Deux-Siciles tente d'obtenir la révocation de son exclusion des navigations. Dans la pratique, il est plus aisé pour les capitaines du *Regno* de rejoindre Constantinople en ayant déjà un pavillon étranger, une fraude (même si le terme se vide de son sens) qui est encouragée par le contexte.

Pavillon	Nombre d'embarcations ayant accosté
Russe	480
Autriche	188
Anglais	154
Ottoman	65
Suédois	49
Français	43
Sarde	31
Espagnol	18
Danois	7
Napolitain	7
Sicilien	2

TABLEAU 9 – Mouvement maritime à Odessa par pavillon en 1817[195].

191 *Ibid.*, p. 30.

192 Felice De Ribas était un commerçant chargé dès 1807 par le duc de Serracapriola des affaires napolitaines en mer Noire. Il est officiellement nommé consul du Royaume des Deux-Siciles à Odessa le 21 décembre 1815 (Pezzi, 2002, p. 175-176).

193 Giura, 1967, p. 30.

194 *Ibid.*, p. 30.

195 *Ibid.*, p. 37.

Ce qu'il faut retenir, c'est que la capitale de l'Empire ottoman est désormais le centre des trafics entre l'Europe, le Levant et la mer Noire, mais également l'espace où se négocie la souveraineté maritime. C'est particulièrement le cas pour les États secondaires. Le 17 octobre 1820 Giovanni Battista Navoni, chargé d'affaire pour le Royaume des Deux-Siciles auprès de la Porte depuis 1817, est averti d'une vente d'embarcation impliquant un Napolitain[196]. Plus précisément, le procureur de Domenico Guarracino, Carlo Suter, demande par l'intermédiaire de la chancellerie britannique à Constantinople une copie de l'acte de vente du *sciabecco San Michele*. Appartenant à Domenico Guarracino, le commandement de l'embarcation a été confié au capitaine Giovanni Di Mulizza qui a quitté Corfou avec le pavillon ottoman avant d'arriver à Constantinople avec le pavillon des Deux-Siciles. Carlo Suter explique qu'il a d'abord essuyé un refus de la part de la chancellerie du Royaume des Deux-Siciles pour l'obtention du document, et qu'il s'adresse donc directement à Navoni. Il ajoute que ce dernier peut se renseigner sur lui et sa qualité de sujet britannique auprès de la chancellerie anglaise. Suter estime qu'il est normal pour un sujet napolitain, en l'occurrence Guarracino, d'obtenir auprès de sa propre chancellerie tous les documents nécessaires. En revanche, il ne précise pas le motif de cette demande même s'il se devine que l'acte de vente doit servir à régler un litige. Il ajoute enfin que le chancelier de la légation, un certain Vincenzo Cacace dont nous avons trace dès le 30 février 1816[197], n'a toujours pas réglé une partie de la vente de l'embarcation et demande qu'il restitue les sommes qu'il détient.

Difficile de dire si ce Vincenzo Cacace est le capitaine croisé précédemment. Plus certainement, la communication entre toutes les chancelleries et autres représentations étrangères devient essentielle pour le règlement des litiges. Elles y sont poussées par les pratiques maritimes et la superposition des intérêts étrangers autour des embarcations de commerce. Comme entrevue précédemment, les nombreux conflits et accords interétatiques transitoires rendent incertaines les navigations dépendantes d'un seul pavillon. Nous avons également évoqué qu'une comptabilité des mouvements maritimes basée uniquement sur le

196 ASN, Affari Esteri, Legazione di Costantinopoli (1817-1834), b. 7337 : lettre de Carlo Suter de Constantinople (Pera) à Giovanni Battista Navoni datée du 17 octobre 1820.

197 ASN, Affari Esteri, Regia legazione di Costantinopoli (1815-1829), b. 244 : lettre du 30 février 1816 du chancelier Vincenzo Cacace demandant une gratification pour son poste.

pavillon s'avère illusoire ; autour d'un seul navire gravitent des intérêts recoupant plusieurs individus agissant sur plusieurs territoires. Une fois de plus, il ne s'agit pas d'une nouveauté : la différence réside dans le fait que nous sommes dans un processus d'institutionnalisation du phénomène. En cela les échanges maritimes liés à l'Empire ottoman apparaissent comme le laboratoire d'une interculturalité marchande qui va s'approprier et reformuler la souveraineté des États. Et loin de subir la volonté européenne, la souveraineté ottomane participe encore à la régulation des trafics en alternant l'ouverture et la fermeture de son territoire maritime.

C'est par exemple le cas des fameux *firmani* (Firmans) accordés par l'Empire et qui conditionnent l'accès à la mer Noire. Quand Giovanni Battista Navoni signale le 25 janvier 1822 que les négociations concernant l'octroi de ces documents aux bâtiments napolitains est difficile, il évoque aussi toutes les autres possibilités qui s'offrent aux capitaines[198]. Pour faciliter le passage en mer Noire aux Napolitains, on pense d'abord à faire passer quelques « discrètes » sommes d'argent au pouvoir ottoman. C'est également la nécessité de négocier avec le nouveau *Reis-Effendi* (schématiquement le Ministre des Affaires Étrangères ottoman), et en fonction de ce qu'on obtenu les autres nations avec lesquelles on doit se concerter (*concerto co'Ministri delle altri corte*). Navoni rappelle en 1822 que les Napolitains naviguant sous le pavillon français et celui des Pays-Bas doivent tout de même payer la taxe pour les *firmani* et celles ayant trait aux différentes chancelleries pour les pavillons. Si le discours de Navoni laisse à penser, avec raison, que les États secondaires et sans appuis sont pénalisés, nous savons cependant que les capitaines sont en capacité de trouver d'autres solutions pour se maintenir dans les trafics. Certes, les autres puissances qui jouissent du privilège bloquent les négociations du Royaume des Deux-Siciles avec la Porte. Ce qui est certain c'est que l'Empire ottoman conserve encore des leviers pour faciliter ou non l'accès à une partie de son territoire maritime, passage obligé pour la mer Noire. À partir de 1821 elle va tout particulièrement utiliser ce moyen de pression alors que la révolte grecque déstabilise l'Empire et fait jouer la concurrence des alliances tout en révélant l'entrelacement international des navigations. L'activité des nombreux marins et agents de commerce grecs pour le

198 ASN, Affari Esteri, Passagio del Mare Nero (1792-1825), b. 4142 : lettre de Giovanni Battista Navoni de Constantinople datée du 25 janvier 1822.

compte de la Russie en mer Noire, cible de la Porte, va alors déstabiliser et se répercuter sur les navigations napolitaines[199].

Le 6 avril 1822 Giovanni Battista Navoni prévient le gouvernement napolitain, venant de subir une période de troubles politiques conclut par une intervention armée de l'Autriche (1820-1821), que la Sublime Porte a érigé un tribunal « d'inquisition maritime » qui offense la légitimité de toutes les légations[200]. Cela se traduit par des confiscations de bâtiments, des « insultes » à tous les pavillons et le non-respect des accords passés avec la Porte. Navoni décrit le président du tribunal comme un « Turc » n'ayant aucune compétence en matière maritime, assisté par des Grecs mal intentionnés. Au-delà de ce jugement de valeur, il s'agit en fait pour les autorités ottomanes de contrôler les embarcations et les pavillons pour repérer les grecs « rebelles » et les possibles approvisionnements de la révolte. L'activité du tribunal révèle surtout toute l'ambiguïté européenne face à la souveraineté ottomane. Navoni explique que les réactions des légations face à l'institution sont diverses : d'un côté on évoque le fait que la Porte a le droit légitime de contrôler ses trafics via un tribunal, de l'autre une négociation directe avec les autorités ottomanes est jugée plus appropriée[201]. En d'autres termes, la réciprocité institutionnelle pose question et à l'occasion de la révolte grecque cette « innovation » (mot employé dans la correspondance) témoigne d'une capacité de contrainte institutionnelle ottomane quand la situation le requiert. Nous sommes loin de l'image d'une longue décadence juridique ancienne et inéluctable[202].

---

199 Giura, 1967, p. 54.

200 ASN, Affari Esteri, Passagio del Mare Nero (1792-1825), b. 4142 : lettre de Giovanni Battista Navoni de Constantinople au Marquis Di Circello datée du 6 avril 1822.

201 *Ibid.* : « *sul proposito di questo tribunale sono al solito divise le opinioni, gli uni dicono che non si puo ricusare di riconoscere la competenza di un tribunale che la Porta ha il diritto di errigere, gli altri dicono che non bisogna a verun altre innovazione, e non si devono riconoscere che il Reis efendi e il cap. Pascia, ai quali non sigue contrastare la facolta di comettere l'informazione e di farsi istruire da chi ad essi pare e piace ma senza direttamente trattare con questi subalterni ministeri e consiglieri* » (« à propose de ce tribunal les opinions sont divisées, les uns disant que l'on ne peut récuser la compétence d'un tribunal que la Porte à le droit d'ériger, les autres disant qu'il n'y a aucun besoin d'autres changements, et que l'on ne doit pas reconnaître le *Reis-effendi* et le capitaine Pasha, auxquels ne doit pas échoir la décision concernant la faculté de remettre l'information et de faire instruire par qui bon leur semblera mais directement en référer aux ministres subalternes et conseillers »).

202 Contrairement à ce que soutient Timur Kuran, du moins pour la juridiction du maritime (Kuran, 2011).

Malgré les capitulations et accords passés avec la Porte, la « raison d'État » ottomane prime ici et les protestations n'empêchent pas le contrôle et l'arrestation de toutes les embarcations suspicieuses. Le tribunal ottoman vise à ce titre indistinctement tous les pavillons. C'est le cas du capitaine de Raguse Saverio Mandich dont le bâtiment battant pavillon autrichien est séquestré. Son équipage est composé de *sudditi* autrichiens et d'un Napolitain, Giovanni Scoccinara. Ce dernier est muni de document du consulat napolitain de Constantinople mais vit depuis des années à Mykonos où il a une épouse grecque. Nous avons déjà évoqué combien la notion de « sujet », autrichien comme napolitain et autres, est ici aléatoire tant les identités peuvent être multiples dans le cadre des reconfigurations de la fin du XVIIIe siècle et du début du XIXe siècle[203]. L'arrestation de l'embarcation qui provient d'Odessa nous permet d'avoir une idée de la procédure mise en place par les ottomans. Dès l'arrestation de l'embarcation, soupçonnée d'aider de quelques manières la révolte grecque, tout l'équipage est interrogé sans que les membres des légations ne puissent intervenir. Les « Autrichiens » sont ensuite relâchés, mais Scoccinara et un jeune grec qui serait son fils sont maintenus en détention. Ils sont conduits devant le Pacha[204] qui les menace et leur promet de l'argent et la liberté s'ils se confessent. En fait le jeune grec est soupçonné d'être le fils d'un *Ipsarioto* (de l'île de Psara, situé au Nord de Chios) resté à Odessa et qui serait le vrai propriétaire de l'embarcation. La propriété de l'embarcation est d'ailleurs entre temps contrôlée et il apparaît que celle-ci a été achetée aux enchères par un négociant autrichien d'Odessa. Le tribunal soupçonne qu'il s'agisse là d'un simple prête-nom, mais étant donné la régularité des documents doit relâcher le bâtiment. Quant aux marchandises transportées, l'institution oblige tous les destinataires à prouver la propriété de leur cargaison.

La documentation ne nous permet pas de connaître le règlement final du litige. Il est cependant clair que l'activité de ce tribunal témoigne d'une souveraineté ottomane momentanément univoque sur le plan maritime. Outre le contrôle des Grecs, l'institution est apparemment chargée de régler tous les autres litiges maritimes. Navoni évoque l'arrestation d'un autre bâtiment autrichien provenant de Marseille chargé de vin.

---

203 Concernant ce point précis, nous avons déjà cité de nombreux travaux, notamment ceux de Mathieu Grenet et de Marie-Carmen Smyrnelis.

204 Concernant le rôle de ce dernier : Zachariadou, 2002.

Il ne s'agit pas ici d'une affaire concernant la révolte grecque, mais bien d'un problème de taxe sur le vin transporté et des protestations du capitaine contre la douane ottomane. Sans rentrer dans les détails de l'affaire, celle-ci est selon Navoni et les autres légations contraire aux traités et usages (*trattati e consuetudine*). Il évoque encore l'arrestation d'un bâtiment français devant se rendre à Odessa mais soupçonné de transporter des femmes grecques allant se réfugier dans le port de la mer Noire. L'embarcation est séquestrée et visitée par le capitaine du port et ses hommes, mais on ne retrouve pas trace des réfugiées qui se sont enfuies. On procède alors à une vérification des navigations du bâtiment qui reste à quai. Peu après une autre embarcation française provenant d'Odessa est arrêtée à Constantinople par le tribunal, alors qu'elle devait se rendre en mer blanche, et sa cargaison de fer déchargée sur le quai sous prétexte que l'Amiral ottoman pourrait en avoir besoin. Ce sont également deux bâtiments napolitains en provenance de l'Archipel qui sont bloqués à Constantinople car ils arborent le pavillon du *Regno* sans posséder les documents correspondants. Navoni, tout comme les autres représentants des nations européennes, est désarmé face aux décisions prises et ne peut intervenir en rien. De plus, la Porte ne délivre plus les Firmans si les capitaines ne sont pas munis de tous les documents nécessaires, c'est-à-dire la patente royale du gouvernement napolitain et tous les certificats maritimes qui sont à remettre au capitaine Pacha. Les « Ministres » français et anglais refusent eux de présenter une partie des documents, notamment ceux ayant trait aux transports et le détail des marchandises. Le *Reis-Effendi* confie alors par décret au Pacha le soin de mettre en place une visite des bâtiments qui sera faite par les douaniers et le capitaine du port de Constantinople et le chancelier (grec) du tribunal. Ces mesures ont des conséquences directes sur les navigations.

Ainsi le capitaine Giovanni Battista Astarita est bloqué à Constantinople avec un chargement de bois pour Damiette car on ne lui accorde pas le Firman de sortie pour aller en mer « blanche ». C'est également la suspension momentanée d'anciennes pratiques. Le Napolitain Giuseppe Zirno explique par exemple que le bâtiment russe qu'il possède depuis le 9 décembre 1819, nommé *Themistocle*, a toujours navigué sous pavillon russe en mer Noire comme en mer blanche sans que le « gouvernement local » n'intervienne. Mais au mois de mars 1822, alors qu'il revient de Chios pour le compte d'affréteur ottoman, il est visité et séquestré par le capitaine du port à la suite du déchargement. Il demande donc l'intervention de Navoni car si son embarcation était avant russe et qu'il garde une hypothèque avec un négociant de la mer Noire, le capitaine affirme qu'elle est désormais sicilienne malgré son pavillon (!)[205]. L'enjeu est de taille car les visites retardent le roulement des navigations et se font en l'absence de représentant des légations, avec seulement le capitaine et les officiers ottomans. Les procédures font ainsi naître des litiges entre les capitaines et les affréteurs. Navoni cite l'exemple de 4 embarcations napolitaines en provenance de Messine qui ont essayé d'obtenir le fameux Firman pour se rendre ne mer Noire par l'entremise de la chancellerie française[206]. L'Ambassade refuse, prétextant des abus antérieurs, ce qui laisse à penser que les transporteurs napolitains ont participé à quelques contrebandes sous pavillon français. Plus précisément le pavillon étranger est suspecté « *di relazioni congl'insorgenti* » (« d'être en relation avec les insurgés ») par l'intermédiaire de transports de vivres et de munitions aux Grecs. Navoni minimise lui la participation des Napolitains au phénomène et déplore les répercussions sur les navigations. Il explique également avoir demandé des Firmans à la légation autrichienne qui n'en accorde aucun aux bâtiments étrangers, les autorités turques étant devenues « intraitables ». D'autres puissances de moindre importance accordent encore le document pour le compte de bâtiments étrangers, mais le succès de l'entreprise s'avère aléatoire.

C'est le cas du capitaine Leterio Rodi qui navigue en 1822 en mer Noire avec un Firman obtenu par l'intermédiaire de la légation des Pays-Bas[207]. L'affaire est un nouveau témoignage de toute l'ambiguïté du référentiel national d'une embarcation de commerce, et dans une certaine mesure du contrôle ottoman de la navigation. L'embarcation est d'abord séquestrée par le tribunal de la Porte à Constantinople suite à un document manquant, et le capitaine se tourne vers la légation des Pays-Bas pour assurer sa protection et obtenir le passage en mer blanche : protection qu'il n'obtient pas malgré le Firman que la

205 ASN, Affari Esteri, Legazione di Costantinopoli (1817-1834), b. 7337 : lettre de Giuseppe Zirno de Pera à Giovanni Battista Navoni datée du 6 mai 1822.

206 Il s'agit des capitaines Costantino Amadeo, Antonio Miccali, Pietro Lapresti et Felice Idoni naviguant sur des brigantins respectivement nommés *Nuova Sincerità*, *Minerva*, *Il Guerriere* et *Elizabetta*.

207 ASN, Affari Esteri, Passagio del Mare Nero (1792-1825), b. 4142 : lettre de Giovanni Battista Navoni de Constantinople au Marquis Di Circello datée du 23 mai 1822.

légation lui a précédemment accordé. Devant ce refus, il se déclare alors napolitain mais est tout de même retenu à quai. L'affaire est en fait plus complexe et Navoni explique ce qui s'est réellement passé. C'est en fait le consignataire du capitaine à Constantinople qui intervient auprès de la légation des Pays-Bas et du Drogman de cette dernière pour obtenir le passage en mer blanche. C'est le début d'une intense négociation à trois entre la légation et le *Reis-Effendi* via le Drogman. C'est également un jeu de dupe. Lorsque le *Reis-Effendi* demande au Drogman si l'embarcation de Rodi est néerlandaise, celui-ci déclare ne pas s'en souvenir et seulement intervenir à la demande de la légation. Cette dernière retire alors sa demande et déclare ne vouloir obtenir le document que suite à la demande du Drogman qui a offert sa médiation. Le consignataire se trouvant abandonné par la représentation des Pays-Bas, choisit alors de se tourner vers la légation napolitaine, ce qui n'a pas plus d'effets. Les autorités ottomanes déclarent en effet qu'à la base l'embarcation ne possède que les documents permettant une navigation en mer Noire avec un retour à Constantinople, mais non le passage en mer blanche. Il s'agit d'une difficulté nouvelle car les autres documents de la légation napolitaine témoignent que précédemment il était aisé pour les Napolitains d'obtenir un Firman pour naviguer en mer Noire, avant de reprendre son pavillon d'origine pour poursuivre un transport au Levant ou en Europe. Le contrôle ottoman s'est manifestement resserré autour des questions de pavillon et de nationalité/propriété des embarcations. L'ouverture du territoire maritime ottoman, hautement stratégique, est maintenant (provisoirement ?) mieux contrôlée. Dans le cas du capitaine Rodi, il est alors sur le point d'être obligé de vendre sa cargaison de céréales sur laquelle le Drogman de la légation des Pays-Bas aurait *il premio* (une prime). Sur les problèmes de Rodi se greffent également ceux des 4 capitaines en provenance de Sicile et précédemment cités.

Navoni les autorise dans un premier temps à faire ce qu'ils estiment nécessaires pour pouvoir se rendre à Odessa, ce qui est un aveu de faiblesse. Ces derniers se sont ainsi adressés à un certain Carbonaro[208] qui leur conseille de simuler la vente de leurs cargaisons et embarcations à divers négociants hollandais. Carbonaro se chargera ensuite avec la légation des Pays-Bas et le *Reis-Effendi* d'obtenir les Firmans pour se rendre

208 Il est décrit comme l'« *oracolo del famoso tribunale d'inquisizione marittima* » (« l'oracle du fameux tribunal d'inquisition maritime »).

en mer Noire. Les capitaines suivent ses conseils et procèdent avec des négociants hollandais. Les actes de vente se font alors sans l'intervention de la chancellerie napolitaine et sont présentés à celle des Pays-Bas. La légation néerlandaise rédige ensuite les Firmans qui sont acceptés par le *Reis-Effendi* et remis aux autorités ottomanes, notamment le tribunal et le Grand douanier. Le problème vient du fait que Carbonaro serait l'ennemi du consignataire de Rodi, le capitaine précédemment rencontré, et que ce serait Carbonero qui ferait tout pour bloquer la délivrance du Firman de sortie du capitaine. Il aurait notamment déclaré aux autorités que l'embarcation de Rodi n'est pas néerlandaise mais napolitaine, source des atermoiements autour de l'embarcation. Mais la manœuvre se retourne contre lui car il met en péril ses propres manigances en faveur des 4 capitaines en provenance de Messine (!). En effet, face à ces assertions regardant Rodi le comité du tribunal, notamment un certain Tabisco, décide d'approfondir ses investigations et déclare que les règlements maritimes du Royaume de Deux-Siciles ne permettent pas la vente des embarcations nationales et donc que celles-ci sont simulées pour les 4 embarcations. Navoni affirme d'ailleurs que c'est pour ces raisons que la chancellerie française refuse désormais d'octroyer des Firmans aux bâtiments étrangers car elle craint la découverte par le tribunal de toutes les ventes simulées. Il évoque également l'extinction progressive de l'activité des embarcations napolitaines basées sur « *precaria debol base della codipendenza degli uni e la tolleranza degli altri* » (« sur les bases précaires de la codépendance des uns et la tolérance des autres »). Cette précarité (du point de vue des législateurs) est plus la complexité d'un système négocié sur le plan juridique et marchand, et quand les institutions se raidissent et la négociation devient presque impossible (c'est le cas lors de la révolte grecque), les navigations napolitaines perdent leur capacité à jouer sur de multiples souverainetés et référents de l'extraterritorialité. Ne nous y trompons pas : il s'agit d'un changement momentané et transitoire, qui ne peut être envisagé que sur une courte période car il condamnerait trop d'acteurs marchands et à terme une grande part de l'économie. Finalement, Navoni réussit à obtenir un bon de sortie pour le capitaine Rodi mais à la condition que « ce cas ne serve pas d'exemple aux autres ». En d'autres termes, la Porte ne tolérera plus (pour l'instant) de manquement aux règles que son tribunal édicte. Concernant les 4 capitaines, Costantino Amadeo a décidé de transborder son chargement sur un autre navire qui peut accéder à la mer Noire et de rentrer sur lest, tandis que les autres attendent une possible autorisation du Grand douanier. Navoni espère que bientôt cessera ce qu'il qualifie de « désordre », et que la mer Noire ne sera plus seulement le domaine réservé de quelques puissances.

Les litiges autour du tribunal ottoman, une « innovation » juridique qualifiée d'inédite par ses contemporains, témoignent combien l'apprentissage de la réciprocité institutionnelle est difficile pour les puissances européennes. Elle l'est tout particulièrement pour le Royaume des Deux-Siciles, pratiquement seule puissance secondaire à se maintenir en propre dans les trafics entre Levant et mer Noire. Ces quelques affaires nous apprennent également par quels moyens les capitaines napolitains poursuivent leur navigation, et toute l'intermédiation qu'ils mettent en jeu pour passer d'une souveraineté maritime à une autre. Nous ne connaissons assurément qu'une faible partie de la médiation d'acteurs maritimes qui semblent bien implantés dans les trafics et savent jouer sur les questions de pavillon au mieux de leurs intérêts. D'ailleurs, la question de la perméabilité de l'entreprise maritime est ici un fait acquis et les chancelleries de toutes nations ne s'offusquent pas de la pratique. C'est seulement le contrôle ottoman qui les rappelle à leurs propres règles, celles qui sont émises par l'autorité d'origine : l'État souverain. D'un point de vue maritime, cette souveraineté semble donc à géométrie variable et n'est pas le propre des États européens. Dans l'exemple présent, l'Empire ottoman l'exprime avec autorité et bénéficie d'une position stratégique qui lui permet de faire respecter sa propre souveraineté par l'accès ou non à une partie de son territoire. Nous sommes bien loin d'un système capitulaire qui déborde ou restreint la souveraineté ottomane.

Concernant précisément les navigations napolitaines, la souveraineté liée au pavillon du Royaume des Deux-Siciles est ici une difficulté qu'il faut contourner aux abords de la mer Noire et qui manifestement rend incertain tout trafic en cas de contrôle. Dès le 10 octobre 1822, le gouvernement napolitain constate que devant les difficultés rencontrées à Constantinople, il est nécessaire de prendre toutes les mesures possibles pour éviter les litiges entre capitaines et affréteurs[209]. Quand la Porte refuse d'accorder des Firmans aux bâtiments qui ont chargé des marchandises sous un autre

209 ASN, Affari Esteri, Passagio del Mare Nero (1792-1825), b. 4142 : lettre du Ministère des Affaires Étrangères datée du 10 octobre 1822.

pavillon, c'est tout le système des navigations napolitaines en mer Noire qui se dérègle. Le gouvernement napolitain décide alors l'application de son code de commerce et spécifiquement l'onglet concernant le paiement de la moitié du noli quand un cas de force majeur ne permet pas de terminer la navigation. Il s'agit là d'un minimum car les capitaines qui sont déjà à quai à Constantinople ont perdu de nombreux affrètements et ont déjà payé les diverses taxes ottomanes. Notons que dans la documentation concernant le blocage des trafics, le Ministère des Affaires Étrangères napolitain produit une copie du traité passé avec la Porte en 1740. Plus exactement, il s'agit d'un extrait de l'article V qui stipule qu'en cas de controverse entre sujets napolitains le consul jugera l'affaire selon les propres règlements de sa nation. La note qui accompagne cet extrait en dit long sur la fragilité juridique des rapports avec la Porte. En effet, l'article permet aux autorités napolitaines d'affirmer que l'ingérence de Navoni dans les litiges à Constantinople est régulière, en ces temps « extraordinaires » (terme employé par la documentation napolitaine) de l'insurrection grecque. Pourtant, il ne s'agit pas ici de remettre en question la justice ottomane et sa souveraineté. En effet, les doléances napolitaines ne portent pas sur le tribunal ottoman qui n'a pas l'intention de faire intervenir les représentants des légations dans les procès. En revanche Navoni, avec l'autorisation de Naples, s'érige en juge des litiges ayant trait entre capitaines et affréteurs napolitains. Nous avons trace de cette intervention qui occupe une grande partie de la documentation ayant trait à l'activité de la chancellerie de la légation[210]. Il s'agit donc d'une justice de seconde main qui ne prend en compte que les litiges qui sont la conséquence des décisions du tribunal de Constantinople ; notamment le règlement des nolis suite aux retards ou à l'impossibilité de naviguer[211]. Par exemple, l'acte de la chancellerie napolitaine de Constantinople du 10 juin 1822 concerne le capitaine Siro Brigiano et le contrat de noli qu'il a passé le 20 mars 1822 avec le négociant de Messine Andrea Valada[212].

---

210 Il s'agit du fonds Legazione di Costantinopoli (1817-1834), b. 7337, et tout particulièrement les dossiers *Corrispondenza dirette G. B. Navoni incaricato d'affari di S. M. il Re delle Due Sicilie presso la Porta ottomana* (1817-1824) et *Atti della Cancelleria della legazione di S. M. Il Re delle Due Sicilie presso la Porta Ottomana* (1817-1831), qui complètent les documents contenus dans le fonds *Passagio del Mare Nero* (1792-1825), b. 4142.

211 ASN, Affari Esteri, Passagio del Mare Nero (1792-1825), b. 4142 : lettre de Giovanni Battista Navoni de Constantinople à Ruffo datée du 23 novembre 1822.

212 ASN, Affari Esteri, Legazione di Costantinopoli (1817-1834), b. 7337 : acte de chancellerie du 10 juin 1822.

Devant l'impossibilité de poursuivre sa navigation vers Taganrog sous le pavillon napolitain ou un autre pavillon, il est stipulé que le capitaine a dû faire transborder ses marchandises sur une embarcation étrangère avec l'assentiment de tous les partis. Concernant le nolisement, il sera payé en fonction des indemnités reçues.

Concernant les capitaines, ils s'expriment surtout par l'intermédiaire de Navoni. Le 27 mai 1822 ils signent une protestation collective contre le chancelier Vincenzo Cacace qui aurait lésé leurs intérêts[213]. Nous ne connaissons pas les raisons de cette protestation mais Cacace reste en poste les années suivantes. Puis le 10 juin ils en appellent à leur gouvernement contre le contrôle ottoman des nationalités et des expéditions, et le fait qu'aucune légation ne veut plus leur délivrer de Firmans[214]. Suite à ces dernières protestations, la gouvernance napolitaine décide de mener son enquête et finalement découvre que les Grecs (c'est-à-dire certains, et avec certainement l'assentiment de certains capitaines) utilisent le pavillon napolitain comme *bandiere mascherate* (pavillon masqué, soit pavillon de complaisance). On peut s'interroger sur cette « surprise ». Plus certainement, il s'agit de la raison pour laquelle les autorités ottomanes ont décidé d'exercer un contrôle strict des embarcations napolitaines et de réserver la navigation en mer Noire aux seuls pavillons qui en ont officiellement le droit[215]. D'ailleurs ces puissances se gardent désormais de jouer les intermédiaires pour obtenir le fameux Firman et le passage pour le compte des Napolitains. Il semble qu'aucun capitaine du Royaume des Deux-Siciles sous quelques pavillons que ce soient ne circule en mer Noire pendant les années suivantes. En 1824 à Théodosie, seuls 19 bâtiments font escales, dont 12 turcs, 6 russes et un Anglais[216]. En 1825 le blocus institutionnel ottoman semble toujours en activité et fonctionner car aucun napolitain n'est officiellement présent sous un

213 ASN, Affari Esteri, Passagio del Mare Nero (1792-1825), b. 4142 : manifeste du 27 mai 1822 rédigé à la demeure de Giovanni Battista Navoni à Constantinople et signé par les capitaines Antonio Della Valle, Fortunato Anastasio, Giuseppe Siro Brigiano, Francesco Ruggiero, Pietro Lopresti, Giovanni Cutroneo, Bartolomeo Catanzano, Gaetano Paturgo, Giovanni Lagani, Antonio Miccali, Antonio Scarpati, Felice Ideno, Giorgio Rizzo et Giovanni Battista Astarita.

214 ASN, Affari Esteri, Passagio del Mare Nero (1792-1825), b. 4142 : lettre collective de Constantinople datée du 10 juin 1822.

215 ASN, Affari Esteri, Passagio del Mare Nero (1792-1825), b. 4142 : lettre du Ministère des Affaires Étrangères non datée (1822).

216 Giura, 1967, p. 57.

autre pavillon. Nous pouvons également nous demander si quelques-uns ont pu passer travers les mailles du filet institutionnel.

Il est intéressant et important de noter que la plupart des capitaines que nous qualifions ici de napolitains, et qui sont au cœur des controverses du tribunal ottoman, proviennent essentiellement de Sicile, au niveau de leurs origines comme de leurs navigations. Ce sont donc les échanges en droiture avec la mer Noire qui sont concernés par ces mesures, et de fait plus visible au niveau du traçage marchand. Parallèlement, l'activité des capitaines de Sorrento, si présente auparavant, n'apparaît pas dans les documents de la légation à cette époque. Ont-ils momentanément abandonné la mer Noire à cause des troubles politiques précédents (le *decennio francese*), ou bien sont-ils mieux protégés (et donc capable de faire momentanément disparaitre leur condition de sujet napolitain) que les capitaines venant en droiture de Sicile qui (peut-être) découvrent ces navigations ? Les informations nous manquent pour infirmer ou confirmer ces hypothèses. Ce qui est certain, c'est que ce type de navigation implique l'utilisation du pavillon napolitain dans la première étape qui mène de Sicile à Constantinople. Cela se traduit par la recrudescence des transbordements comme c'est le cas le 28 mai 1822 pour le capitaine Antonio Scarpati. Devant l'impossibilité de poursuivre sa navigation en mer Noire, il est comme de nombreux capitaines napolitains obligé de transborder sa cargaison sur un brigantin français qui se rendra à sa place à Taganrog, et dont le capitaine se nomme Salvatore Trapani (!)[217]. Nous ne connaissons pas l'origine de ce capitaine, même si on peut présumer qu'il est italien et originaire du Royaume des Deux-Siciles, mais il s'agit là de suppositions. Difficile ici d'affirmer qu'il existe un système parallèle qui permet une présence napolitaine « camouflée » en mer Noire et que les circulations mises en place lors du *decennio francese* se sont en partie pérennisées. Ce que nous savons en revanche, c'est que les capitaines manquent. Côté français, la Chambre de commerce marseillaise déplore ces années-là le faible nombre d'embarcation pour assurer les trafics levantins, et doit avoir recours à des étrangers[218]. Les négociants français doivent ainsi noliser des Anglais à Smyrne pour

217 ASN, Affari Esteri, Legazione di Costantinopoli (1817-1834), b. 7337 : lettre du capitaine Antonio Scarpati de Pera à Giovanni Battista Navoni datée du 28 mai 1822.

218 Il s'agit d'une réflexion globale sur le devenir du commerce français au Levant et sur les mesures à prendre pour le relancer (ACCIM, M Q 5 5 103, Commerce international, Turquie (1802-1860)).

les transports jusqu'à Marseille ou bien des Suédois à Marseille pour se rendre en Syrie ou à Alexandrie[219]. Le témoignage du Marquis de la Tour-Maubourg, ambassadeur de France à Constantinople depuis 1821, est éclairante quant à la situation tout comme la solution qu'il propose. Pour remédier au manque de gens de mer, il suggère ni plus ni moins qu'une « francisation » d'embarcations étrangères[220] : d'abord libérer les entraves à ce processus, puis l'encourager. Il indique qu'à Constantinople et à Odessa il existe des navires à bas prix que l'on pourrait envoyer en Provence pour acquérir la nationalité française. Les négociants français sont intéressés mais ont peine à trouver les capitaines et les équipages. Quant à l'usage du pavillon français, l'Ambassadeur affirme prendre des mesures contre la désinvolture des années passées. C'est notamment l'accord aux Danois, Suédois et Espagnols du pavillon français pour aller en mer Noire. Les Sardes en réclame également le droit en vertu d'un accord ancien dont l'Ambassadeur ne précise pas la nature. Ce qui est certain, c'est que le pavillon français est en quelque sorte entendu (et devenu ?) comme un pavillon de complaisance dont le contrôle de l'identité des capitanes est aléatoire. Sous cet angle, la voie est également libre pour les concurrents. Le gouvernement français s'étonne d'ailleurs que les négociants de Marseille ne profitent pas de l'insurrection grecque pour reprendre la si florissante caravane maritime qui d'Échelle en Échelle à fait le succès des capitaines de Marseille[221]. Affirmant que cette pratique a été confisquée par le pavillon grec, il s'agit de profiter de l'occasion pour restaurer (à tout prix) un commerce levantin qui a souffert des différents conflits liés à la Révolution. On presse ainsi la Chambre et les armateurs de prendre des mesures car le pavillon autrichien serait en train de s'emparer de la caravane du Levant.

Il nous manque assurément d'autres sources pour avoir une vision homogène des trafics lors de l'insurrection grecque. Les documents napolitains sont peu diserts sur le commerce levantin à cette époque. Par

219 ACCIM, M Q 5 5 103, Commerce international, Turquie (1802-1860) : lettre de Bruno Rostand de Marseille à l'Ambassadeur de la France auprès de la Sublime Porte datée du 20 mars 1822.

220 ACCIM, M Q 5 5 103, Commerce international, Turquie (1802-1860) : lettre de l'Ambassadeur de la France auprès de la Sublime Porte de Constantinople à Bruno Rostand datée du 1er juillet 1822.

221 ACCIM, M Q 5 5 103, Commerce international, Turquie (1802-1860) : lettre du Ministère de l'Intérieur de Paris datée du 4 mai 1822.

exemple, de janvier à juin 1822, nous savons que 13 bâtiments napolitains ont fait escale à Alexandrie en provenance de Marseille, Messine, Tunis, Candie, Malte et Damiette et dont 8 sont adressés au consul général du *Regno* en Égypte, Ricardo Fantuzzi[222]. En nous basant cependant sur la perméabilité de l'entreprise maritime napolitaine, chercher à tout prix la présence du pavillon napolitain témoigne, répétons-le, seulement d'une partie de l'activité des sujets napolitains ; si ce n'est les litiges qui en révèle la complexité. On peut cependant affirmer que depuis 1799 le système de la caravane napolitaine a certainement évolué jusqu'à devenir extrêmement difficile à repérer eu égard les multiples possibilités de pavillonnage. Pour nous comme pour les autorités napolitaines, une partie des trafics reste dans l'ombre des pratiques maritimes, et le passage de la mer Noire confirme combien la souveraineté napolitaine peut-être momentanément un handicap dans les trafics. Nous avons insisté sur le fait qu'il s'agit là d'un contexte que l'on peut qualifier de transitoire, et cette affirmation est étayée par la période suivant immédiatement la révolte grecque. Alors que le tribunal ottoman change la nature et la densité des contrôles du pavillon et la propriété des embarcations, nous sommes en fait à la veille d'une nouvelle reconfiguration qui va redonner au pavillon du Royaume des Deux-Siciles un intérêt commercial.

La bataille de Navarin en 1827[223], au-delà de la défaite ottomane (alliés des Régences et d'Égypte compris) et d'engager le processus d'indépendance grecque, va en effet ouvrir la mer Noire aux capitaines napolitains. Par l'intermédiaire de la Russie, une convention avec l'Empire ottoman est ratifiée le 16 octobre 1827 en présence du nouveau chargé d'affaire napolitain auprès de la Porte, Giuseppe Romano[224]. La convention est importante car il s'agit d'une nouvelle étape pour les navigations napolitaines. En effet, le fameux passage de la mer Noire est désormais ouvert aux embarcations du Royaume des Deux-Siciles sans qu'un système

222 ASN, Affari Esteri, Alessandria, Argentiera, Rodi, Missalunga, Stanchio, Saida, Micconi, Scio, Acri, Tine (1742-1827), b. 2355 : État des bâtiments à Alexandrie de janvier à juin 1822.

223 Les forces navales françaises, anglaises, russes détruisent la flotte ottomane (composée également d'embarcations égyptiennes et des Régences) ce qui force la Porte a accepté l'indépendance grecque et ouvre la voie à des troubles au sein des provinces de l'Empire ottoman, notamment avec l'Égypte (Douin, 1927 ; Woodhouse, 1965).

224 *Decreto per ratificar l'istrumento conchiuso e sottoscritto in Costantinopoli per la libera navigazione nel Mare Nero acordata a'bastimenti mercantili del Regno delle Due Sicilie coverti di Real Bandiera* dans *Collezione delle leggi e de' decreti reali del regno delle Due Sicilie*, 1827, p. 252.

de changement de pavillon soit nécessaire. Potentiellement, le pavillon national devient profitable mais reste conditionné par la concurrence des bâtiments qui bénéficient des mêmes facilités.

LITIGES ET SUCCÈS DE LA NEUTRALITÉ NAPOLITAINE EN « MER OUVERTE » (1827-1856)

Le 15 prairial An XIII de l'Empire (4 juin 1805), le chargé d'affaire de la France à Tripoli de Barbarie, Bonaventure Beaussier, informe la Chambre de commerce de Marseille que la guerre entre la Régence de Tripoli et les États-Unis est terminée[225]. Après un blocage des ports tripolitains pendant près de 4 années, Beaussier invite la Chambre à faire circuler la nouvelle pour profiter des éventuelles ouvertures commerciales. La Régence, tout comme la France, entrent dans une phase de reconfiguration profonde de leur économie maritime. Pour Tripoli la course et la négociation souveraine autour des traités de paix et de navigation s'essoufflent tandis que l'exclusivité et le monopole du pavillon français sur des marchés réservés sont sur le déclin. Le bombardement de Tripoli par les frégates américaines, qui fait suite à l'intervention danoise et prélude tous les autres coups de force à venir, signe paradoxalement le début d'un processus d'ouverture de la Méditerranée à une concurrence plus diffuse.

L'intervention de la flotte napolitaine à Tripoli en 1828, décrite au début de l'ouvrage, alors que le pavillon du Royaume des Deux-Siciles vient d'obtenir l'accès à la mer Noire est le symbole de cette double tendance. La conjonction des événements ne présage pourtant en rien le succès des navigations napolitaines et plus généralement la fin des conflits, qu'ils soient commerciaux ou navals. Comme précédemment, les acteurs des trafics napolitains doivent profiter des nouveaux interstices marchands qui s'offrent à eux et évaluer l'appartenance nationale comme le meilleur choix ou seulement l'une des possibilités. Même si Felice De Ribas affirme que les négociants d'Odessa attendent avec impatience le libre passage du pavillon napolitain, réputé moins cher

225 ACCIM, M Q 5 1 44, Commerce international, Échelles de Tripoli de Barbarie (1804-1839) : lettre du chargé d'affaire de l'Empire à Tripoli datée du 15 prairial An XIII.

que les Autrichiens et les Sardes[226], les anciennes pratiques restent d'actualité. Déjà, au mois de juin 1827, avant la convention, trois embarcations napolitaines rejoignent la mer Noire sous pavillon russe. Il s'agit du brick sicilien l'*Oreto* provenant de Palerme, le brick *Teresina* et le brigantin *Margherita*[227].

D'un point de vue documentaire, avec toutes les précautions que nécessitent l'analyse des sources mises en jeu, force est de constater que l'horizon géographique et qualitatif de l'activité juridique de la légation s'élargit. Malgré la neuvième guerre entre la Russie et l'Empire ottoman (1828-1830) qui débouche sur le traité d'Andrinople (14 septembre 1829), la période marque la progression d'une coopération marchande internationale autour du pavillon de Naples.

Certes, les consuls napolitains en poste en mer Noire déplorent le faible trafic qu'ils imputent au conflit[228]. Le brigantin napolitain l'*Oreto* hiverne à Odessa en février 1828 car affrété par le gouvernement russe pour le transport de vivre. Puis le *Nettuno* et l'*Elena* accostent encore à Odessa la même année provenant de Sicile. En 1829 Felice De Ribas ne signale que le brigantin *La Pietà* à Odessa en provenance de Marseille et repartant à Livourne. En 1828 aucun bâtiment napolitain n'est présent à Taganrog[229]. Du point de vue de la légation de Naples à Constantinople, l'insertion napolitaine est géographiquement plus variée. Par exemple, Antonio Milanovich transmets depuis le port d'Izmaïl sur le Danube un document dans lequel il se porte caution d'une partie du chargement de céréales de la *marticana* napolitaine *Odessa*[230]. Milanovich évoque la guerre et le fait qu'il prend à sa charge le risque à partir d'Izmaïl, pour toute la mer Noire, et jusqu'à Constantinople. Nous savons que le capitaine de l'*Odessa* se nomme Domenico la Rocca est qu'il est parti de Constantinople vers le mois d'avril[231]. La même année Giovanni Roubae, négociant russe d'Odessa et propriétaire de la bombarde napolitaine *la*

226 Giura, 1967, p. 64.

227 *Ibid.*

228 *Ibid.*, p. 65-68.

229 Cette année-là, 49 bâtiments accostent à Taganrog dont 33 autrichiens, 12 sardes et 4 russes.

230 ASN, Affari Esteri, Legazione di Costantinopoli (1817-1834), b. 7337 : certificat d'Antonio Milanovich d'Izmaïl pour la chancellerie de la légation de Naples à Constantinople daté du 22 mai 1828.

231 ASN, Affari Esteri, Legazione di Costantinopoli (1817-1834), b. 7337 : rôle d'équipage de la bombarde *Odessa* légalisé par Vincenzo Cacace le 11 avril 1828.

Speranza, décide de revendre son embarcation au capitaine Giuseppe d'Angeli[232]. Roubae a nommé le Napolitain Vincenzo Sposito pour conclure la vente à Constantinople, muni d'un acte du 16 juin 1826 qui prouve la possession de la *Speranza*. Dès le 15 mars 1828, la chancellerie de la légation formalise le rôle d'équipage pour une navigation en direction de l'Archipel[233]. Le document est reconfirmé par une note du consulat des Pays-Bas de Chios qui, en l'absence de consulat napolitain, se charge de formaliser sa nouvelle navigation à destination de Constantinople[234].

Cependant, dès le 22 mai 1828 l'embarcation est revendue par Giuseppe d'Angeli à Domenico Sposito[235]. Sachant que ce dernier est le représentant d'un négociant russe d'Odessa, cette double vente à trois mois d'intervalle interroge. Sans connaître en détail les motivations de la manœuvre, la légation napolitaine acte l'intermédiation mise en jeu par les acteurs marchands du Royaume des Deux-Siciles en matière de commerce maritime entre Levant et mer Noire. Déjà opérante précédemment, celle-ci n'avance plus masquée et la profitabilité du pavillon napolitain devient plus ouverte aux interstices marchands qui se présentent. Comme au XVIIIe siècle, le simple cadre de la navigation occident-orient (mer Noire incluse) et la donnée consulaire laissent dans l'ombre la pluralité de l'activité des capitaines napolitains. En revanche, l'exemple de la *Speranza* ne doit pas laisser penser que le développement des navigations se fait désormais dans le seul cadre des légations et autres représentations européennes. Les Ottomans participent encore (toujours, serait-on tenté d'écrire) à la gestion des trafics, et leur intervention est essentielle aussi bien au niveau juridique que commercial.

De janvier à avril 1830, au moins 16 embarcations battant pavillon napolitain ont accosté à Odessa, soulevant un vent d'optimisme chez Felice De Ribas[236]. Cette activité pose également la question d'un développement du réseau consulaire napolitain en mer Noire et en mer d'Azov. Néanmoins, le trafic napolitain est moindre dans les ports secondaires et les exportations de céréales sont aléatoires tandis

232 ASN, Affari Esteri, Legazione di Costantinopoli (1817-1834), b. 7337 : acte de chancellerie légalisé par Vincenzo Cacace le 8 mars 1828.

233 ASN, Affari Esteri, Legazione di Costantinopoli (1817-1834), b. 7337 : rôle d'équipage de la bombarde la Speranza légalisé par Vincenzo Cacace le 15 mai 1828.

234 ASN, Affari Esteri, Legazione di Costantinopoli (1817-1834), b. 7337 : note du consulat des Pays-Bas à Scio datée du 24 avril 1828.

235 ASN, Affari Esteri, Legazione di Costantinopoli (1817-1834), b. 7337 : acte de chancellerie légalisé par Vincenzo Cacace le 21 mai 1828.

236 Giura, 1967, p. 81-83.

que la concurrence des transporteurs est âpre et disputée. Alors qu'en 1830 débute la famine en Russie, le pavillon sarde domine à Odessa et Taganrog, tandis que les Ottomans sont bien présents.

Pavillon	Nombre d'embarcations ayant accosté
Ottoman	47
Autrichien	19
Russe	15
Anglais	7
Sarde	4
Ionien	3
Sicilien	2
Français	2
Grec	1

TABLEAU 10 – Mouvement maritime à Théodosie par pavillon en 1830[237].

En 1831, les arrivées sont sporadiques, même si le trafic se maintient. Par exemple l'embarcation napolitaine l'*Abramo* en provenance de Trébizonde rejoint Odessa en juin 1831 avec du bois à brûler tandis que pour le port d'Izmaïl la seule embarcation napolitaine à faire escale est la *Speranza* croisée précédemment[238]. Pour justifier une navigation aussi faible, Felice De Ribas évoque depuis Odessa le comportement de certains capitaines qui jettent le discrédit sur les autres, sans donner pourtant plus de détail[239]. La légation napolitaine est en revanche plus précise. D'abord elle témoigne de l'activité des années 1830-1831 car la chancellerie formalise une partie des affrètements pour la mer Noire, mais surtout elle assure le règlement des litiges occasionnés par les navigations battant pavillon napolitain des deux côtés du Bosphore[240]. Ces

237 *Ibid.*, p. 85.

238 *Ibid.*, p. 90.

239 *Ibid.*, p. 89.

240 Les documents sont contenus dans ASN, Affari Esteri, Consolato del regno delle due sicilie in Costantinopoli (1830-1860), b. 7343 et Consolato del regno delle due sicilie in Costantinopoli (1830-1836), b. 7344.

informations sont parfois incomplètes. Par exemple, le 9 septembre 1831 Vincenzo Caffiero de Sorrento, capitaine du brigantin *Oceano*, est nolisé à Odessa pour transporter du blé à Livourne[241]. Le contrat d'affrètement est compris dans un dossier suite à une fortune de mer dont on ne connaît l'issue et le lieu. Grâce aux documents de Constantinople nous savons également que l'*Abramo* est commandé par le capitaine Giuseppe Longobardo, originaire de Meta près de Naples. Avant de rejoindre la mer Noire, il a chargé du sel à Trapani le 29 novembre 1830 pour son propre compte[242]. Il est âgé de 49 ans et navigue avec un équipage surtout originaire de la région de Sorrento et du Nord de l'Adriatique[243]. Difficile de dire si ces documents épars ne rendent compte que des aspects administratifs ou sont les éléments d'un dossier qui nous apparaît incomplet. En revanche, les affaires les plus retentissantes ont un écho documentaire plus important, et récurrent, du fait de la longueur et de la difficulté de leur règlement. Le regroupement des pièces concernant ces litiges permet une lecture complète des procédures, de leur nature et des navigations napolitaines.

Par exemple, le litige autour du brigantin napolitain *la Sorte* occasionne une importante production d'acte et nécessite le rassemblement de nombreuses preuves documentaires[244]. Le point de départ est l'affrètement du capitaine Felice Caserta pour Izmaïl. Ce dernier accoste le 6 novembre 1830 dans le port danubien et le chargement de son brigantin débute sous la direction d'Antonio Milanovich, l'intermédiaire rencontré précédemment en 1828 pour l'*Odessa*. Une partie de la cargaison est à consigner au négociant Cupilich de Constantinople et le reste à Stefano Ricetto, d'origine sarde, et à Emmanuel Sporiti. Or, durant sa traversée le capitaine Caserta doit faire face à une fortune de mer et la déclare à

241 ASN, Affari Esteri, Consolato del regno delle due sicilie in Costantinopoli (1830-1860), b. 7343.

242 ASN, Affari Esteri, Consolato del regno delle due sicilie in Costantinopoli (1830-1836), b. 7344 : *bollette di pagamento della dogana di Trapani* n° 418/384.

243 Son équipage est composé de Giovanni Battista Gargiulo de Piano, Vincenzo Milani de Venise, Raffaele Vollaro de Castellano, Angelo Castellano de Piano, Tomaso Copatic de Fiume, Giuseppe Sgrigli de Constantinople, Luigi de Ferraro de Gênes, Pasquale Manfrini de Senigallia, Michele Baldini de Procida, Hortolo Milinuri de Venise et Francesco Puzzella de Venise. Ils sont âgés de 18 à 60 ans (ASN, Affari Esteri, Consolato del regno delle due sicilie in Costantinopoli (1830-1836), b. 7344 : rôle d'équipage du brigantin *Abramo* fait *a bordo* (à bord) et daté du 5 janvier 1831.

244 ASN, Affari Esteri, Consolato del regno delle due sicilie in Costantinopoli (1830-1836), b. 7344 : dossier sur l'affaire du brigantin *la Sorte* daté du 30 septembre 1831.

Constantinople le 20 janvier 1831. Celle-ci va entraîner pas moins de 73 actes de chancellerie pour alimenter une affaire qui ne se termine que le 4 septembre 1831. Dans un premier temps, le capitaine demande le paiement de son noli malgré les dommages subis, mais les choses vont rapidement lui échapper. Pietro Cupilich réplique que le change maritime conclu avant la navigation n'est pas soumis à la procédure d'avarie, puis les autres créditeurs se mêlent à la procédure. Les polices de chargement, rôle d'équipage, déclaration d'avarie, expertise comptable et matérielle, protestation de chacun des partis et intervention du chargé d'affaire Romano aboutissent finalement à la vente du brigantin. Le 21 avril, la commission nommée par le chargé d'affaire condamne le capitaine une première fois au paiement de tous ses créditeurs, mais ce dernier fait appel tandis que Ricetto s'oppose à la vente contre Cupilich car il se dit lésé[245]. Il cède finalement le 15 juin et accepte la vente. Par la suite, Ricetto et Cupilich mettent définitivement un terme au litige le 30 septembre en renonçant chacun à leur différend financier sur le change maritime et le produit de la vente du bâtiment devant la commission. De la souveraineté napolitaine, il est ici peu question et le règlement de l'affaire se fait dans le cadre d'un rapport marchand international et partagé sur le plan légal. Encore plus intense sont les litiges ayant trait à une véritable fraude du capitaine. C'est le cas de la baraterie de Giuseppe de Maio.

Commandant du brigantin napolitain *Madonna delle Grazie*, il charge au mois de janvier 1834 à Damiette diverses marchandises pour le compte de divers marchands. Par exemple, le marchand autrichien Nicola Kahil dont la cargaison est à consigner au marchand russe Pandia Zizinia au port de Constantinople[246]. Mais entre Damiette et la capitale de l'Empire, il fait une escale à Bodrum, au port de Petes, dans le golfe de Kos, puis à Stanchio. Là, il vend pour son compte une partie de la marchandise qu'il transporte à des marchands locaux, notamment du riz au port de Petes, puis rembarque. À son arrivée à Constantinople

245 Dès le 10 mars, le chargé d'affaire nomme 3 *giudici commissari* (Luigi Parini, Giacomo Sarzani, et Franco Zino) pour examiner, décider, juger et surtout régler une partie du litige concernant les salaires des équipages (ASN, Affari Esteri, Affari Esteri, Consolato del regno delle due sicilie in Costantinopoli (1830-1836), b. 7344 : dossier sur l'affaire du brigantin *la Sorte* daté du 30 septembre 1831).

246 ASN, Affari Esteri, Consolato del regno delle due sicilie in Costantinopoli (1830-1836), b. 7344 : manifeste de chargement fait à Damiette et daté du 11 janvier 1834.

et devant le manque d'une partie de la cargaison, il déclare avoir dû procéder à un *gettito* à cause d'une tempête[247]. Le terme désigne le fait de passer par-dessus bord les marchandises. C'est le « droit de jet » ; une manœuvre destinée à alléger l'embarcation pour se réfugier sur les côtes. La procédure, extrêmement codifiée, débute par le témoignage du capitaine et de son équipage. Le témoignage, que nous avons déjà évoqué, revêt un caractère déclaratif et constitue un préalable indispensable qui sur le fonds et sur la forme varie peu depuis le XVIIIe siècle. Basée sur les préconisations du livre du *Consolato del Mare* et de ses interprétations successives[248], le *testimoniale* relate de manière monotone les événements ayant conduit à la fortune de mer. Il s'agit d'une procédure partagée par tous les acteurs du commerce maritime. La déclaration du capitaine mentionne d'abord le type d'embarcation sur laquelle il navigue, son nom, la taille de l'équipage, puis le lieu et l'heure du départ ainsi que le temps qu'il faisait, ensuite les marchandises chargées tout comme le lieu de destination[249]. Concernant le volet maritime, le capitaine précise les escales effectuées, qu'elles soient marchandes ou contraintes par le mauvais temps, tout comme les multiples manœuvres afin de se prémunir des conditions climatiques difficiles. Dans le cas du *gettito*, décidé afin d'alléger l'embarcation pour échapper au naufrage, le cœur du témoignage s'enrichie d'une justification plus ample où l'ordre de chaque élément du discours ne doit rien au hasard[250]. Après l'épuisement des moyens mis en œuvre et face au danger immédiat de perdre le navire et sa cargaison, le capitaine doit tenir conseil avec son équipage afin de décider du jet d'une partie des marchandises[251]. L'équipement

247 À la fois héritier de la *Lex Rhodia de Jactu* et influencé par le droit romain, le cadre juridique du *gettito* (jet de marchandises) inspira le droit maritime médiéval et notamment le livre du Consul de la mer (consulter par exemple les chapitres 93 à 97 de *Il Consolato del mare*, 1668). Concernant l'évolution du droit maritime en Italie : Zeno, 1946, p. 22-26 et p. 363-374.

248 Ferreiròs, 1995, p. 81-125 ; Corrieri, 2005.

249 La forme du témoignage suivait en tout point les recommandations du livre du *Consolato del Mare* et des ouvrages de références concernant l'application des usages maritimes prescrits par ce dernier. Par exemple Casaregi, 1806, mais surtout Targa, 1750, p. 174. La mention des manœuvres effectuées afin de se prémunir du mauvais temps, prélude à la fortune de mer proprement dite, vise à témoigner des actions du capitaine et de sa prudence afin de protéger son chargement pour que sa responsabilité ne soit pas engagée.

250 Targa, 1750, *capitolo LVIII-Del gettito in Mare*, p. 139-140.

251 Le cadre juridique de la procédure avait évolué depuis l'époque antique. Pour « *far consiglio* » (« faire conseil »), le droit rhodien requérait la présence et l'autorisation du

de l'embarcation et les effets personnels de l'équipage sont passées par-dessus-bord en premier[252], puis, si la manœuvre reste inefficace, débute le jet des marchandises. Ce témoignage, déposé en général devant le consul de sa nation[253] et confirmé par les membres de l'équipage, permet de débuter la procédure d'*avarea* (avarie) pour le *repartitio* (la répartition des dommages et remboursements) déjà expliqué précédemment pour une autre affaire.

Cependant, dans le cas du capitaine de Maio, la fraude s'ébruite rapidement et engage une procédure qui met à contribution de nombreux acteurs institutionnels et marchands. Impliquant des Ottomans, de nombreux documents originaux et traduits enrichissent le dossier tout en complexifiant le règlement. Non pas à cause de l'origine des acteurs, ou de blocages liés à l'interculturalité marchande, mais tout simplement parce qu'ils sont nombreux. Le Grand douanier de Constantinople intervient par exemple pour appuyer de son témoignage la procédure et résume l'ensemble de l'affaire[254]. Notons que le document est traduit par le Drogman de la légation qui est alors Giovanni Battista Navoni. La collaboration au sein de la *commissione mista mercantile* (commission marchande mixte) qui juge l'affaire et les différents intervenants sont évoqués et témoigne d'une interculturalité marchande sophistiquée, ancienne et faisant dialoguer les différentes souverainetés.

---

marchand, puis à l'époque médiévale la décision revenait au capitaine et à son équipage. Une pratique toujours en cours au XVIIIe siècle : Zeno, 1946, p. 368.

252 *Ibid.* p. 139 et Targa, 1750, *capitolo LIX-Dell' annotazione sopra il gettito, par. IV*, p. 141.

253 En cas d'absence de consul national, le témoignage pouvait être recueilli par les autorités habilitées.

254 ASN, Affari Esteri, Consolato del regno delle due sicilie in Costantinopoli (1830-1836), b. 7344 : document traduit du Grand douanier pour le réglement défnitif de l'affaire du capitaine de Maio daté du 12 mai 1835.

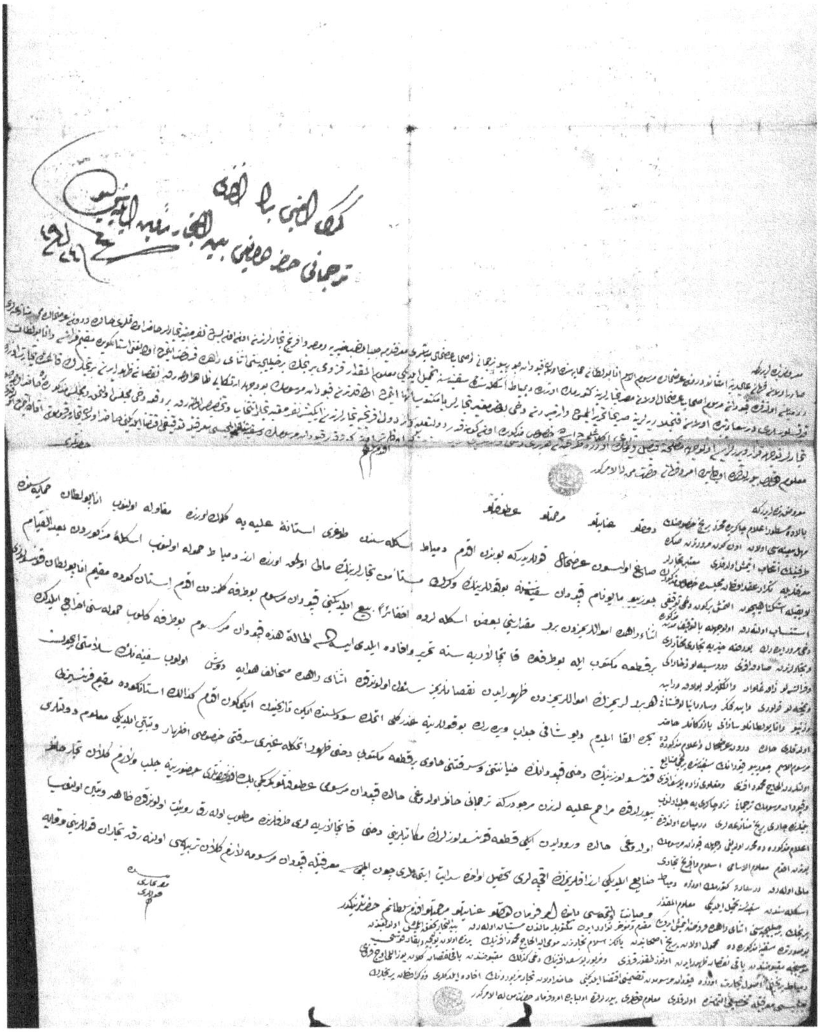

FIG. 6 – Document joint à la procédure concernant le capitaine di Maio (1835)[255].
Source : ASN, Affari Esteri, Consolato del regno delle due Sicilie in Costantinopoli (1830-1836), b. 7344.

255 *Immagine pubblicata su concessione del Ministero per i Beni e le Attività Culturali e per il Turismo.*

Avant d'arriver au terme du litige, la procédure va donc mettre en jeu les intérêts d'acteurs variés et se réclamant de différentes souverainetés autour d'un droit partagé. C'est d'abord le vice-consul de France à Stanchio qui intervient rapidement en prévenant Constantinople de la baraterie[256]. Il se nomme Joseph Dalmas d'Avenat et va avoir un rôle essentiel en assurant la liaison entre les marchands et les autorités de Bodrum d'un côté, et la légation de Naples et Constantinople de l'autre[257]. Dès le 26 janvier, il fait poser des scellés sur les magasins de Bodrum où est entreposé le riz et le 31 janvier il fait parvenir au consul de France à Smyrne l'information qui est relayée au consul napolitain puis à la légation[258]. Le vice-consul et le gouverneur de Bodrum envisagent également l'envoi de soldats pour arrêter le capitaine di Maio. Le capitaine di Maio ne peut toutefois pas être arrêté à ce moment-là, car il rejoint Constantinople. Il est revanche emprisonné à son arrivée mais inexplicablement remis en liberté, au grand dam des marchands français lésés dans l'affaire[259]. Ils demandent expressément que la condamnation du capitaine soit exemplaire car le litige jette le discrédit sur les navigations et le commerce « dans ces contrées ». À ces fins, le capitaine doit être poursuivi, jugé et condamné selon les lois napolitaines ou françaises, et au nom des consignataires français, russes et turcs. Il s'agit notamment d'Hagi Mamhut Essendi, de Balzac et Compagnie, de Yussuf Essendi et des marchands Blancher et Zizinia[260]. Concernant ce dernier,

256 ASN, Affari Esteri, Consolato del regno delle due sicilie in Costantinopoli (1830-1836), b. 7344 : document traduit de négociants en charge du commerce des produits d'Égypte au Grand douanier daté du 5 mars 1834.

257 L'ensemble de son intervention est contenu dans un dossier arbitrairement intitulé par les archivistes *Consolato di Francia e di Russia a Stanchio (1835-1835)* dans le fonds 7344 mais non-joint à la procédure contre le capitaine di Maio. Celle-ci ne peut être intelligible qu'en rassemblant les différentes pièces.

258 ASN, Affari Esteri, Consolato del regno delle due sicilie in Costantinopoli (1830-1836), b. 7344 : compte des dépenses appuyé par des pièces justificatives et frais de justices conformément au tarif arrêté par le S. le Comte Guillemenot ambassadeur de France auprès de la Porte le 25 janvier 1825 relatifs aux 97 couffes de riz achetés en flagrante baraterie du capitaine Giuseppe de Majo commandant le brick napolitain appelé *la madonna delle grazie*, dressé par le soussigné ancien agent consulaire et présentement vice-consul de France a Stanchio et dépendances daté du 20 septembre 1834.

259 ASN, Affari Esteri, Consolato del regno delle due sicilie in Costantinopoli (1830-1836), b. 7344 : lettre des marchands de Galata au Baron de Roussin, ambassadeur de S. M. Le Roi des Français auprès de la Porte ottomane datée du 12 mars 1834.

260 ASN, Affari Esteri, Consolato del regno delle due sicilie in Costantinopoli (1830-1836), b. 7344 : *notamento dei risi caricati in Damiata a bordo del brigantino la madonna delle grazie.*

notons l'intervention de la chancellerie de l'office commerciale russe de Constantinople qui se met en relation avec la légation napolitaine[261]. La procédure va donc devoir prendre en compte les intérêts de chacun, les diverses pressions extérieures pour le règlement de l'affaire, et calculer les dommages subis comme les remboursements. Les marchands ottomans de Bodrum doivent également être dédommagés car le riz acheté est saisi. Par exemple, Kiridy Hassan, habitant de Bodrum, transmet une supplique au Grand douanier de Constantinople où il explique que la marchandise achetée au capitaine par Ali Reis a été saisi, comme c'est le cas pour d'autres marchands[262].

261 ASN, Affari Esteri, Consolato del regno delle due sicilie in Costantinopoli (1830-1836), b. 7344 : copie des actes de la chancellerie de l'office commerciale russe du 13 mars et du 16 octobre 1834.

262 ASN, Affari Esteri, Consolato del regno delle due sicilie in Costantinopoli (1830-1836), b. 7344 : lettre traduite de Kiridy Hassan au Grand douanier de Constantinople datée du 2 août 1834 puis transmise à la légation de Naples et au Drogman Giovanni Battista Navoni.

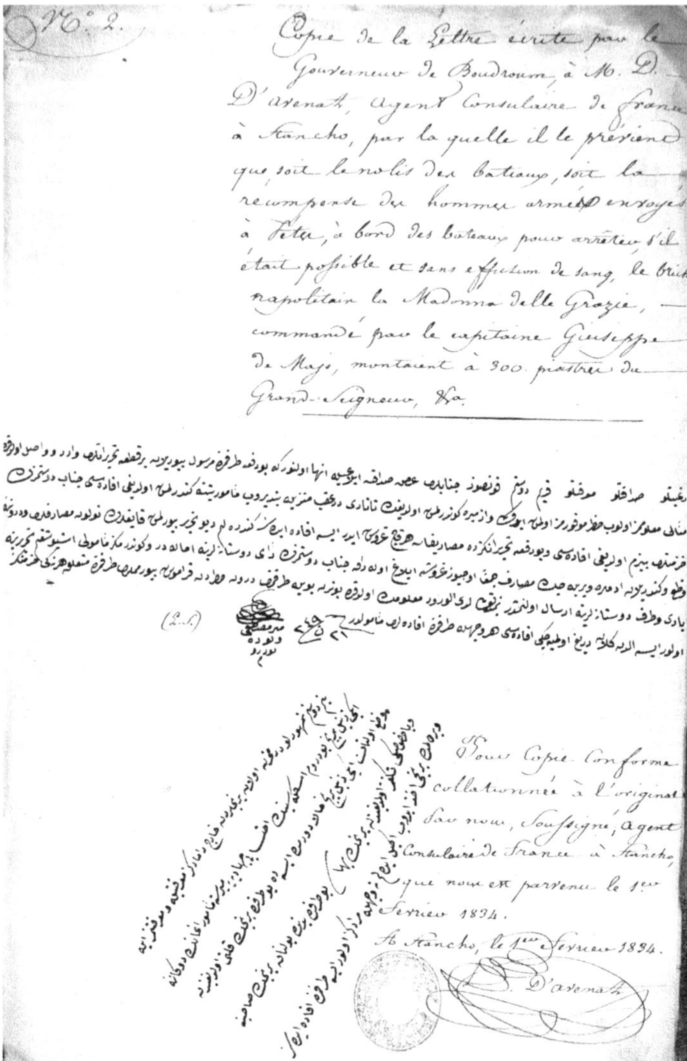
N° 2.

Copie de la Lettre écrite par le Gouverneur de Boudroum, à M. D. D'arenat, Agent Consulaire de France à Stancho, par laquelle il le prévient que, soit le nolis des bateaux, soit la recompense des hommes armés envoyés à Peter, à bord des bateaux pour arrêter, s'il était possible et sans effusion de sang, le brick napolitain la Madonna delle Grazie, commandé par le capitaine Giuseppe de Majo, montaient à 300. piastres du Grand-Seigneur, &a.

(L.S.)

Pour Copie Conforme collationnée à l'original par nous, Soussigné, agent Consulaire de France à Stancho, qui nous est parvenu le 1er Février 1834.

A Stancho, le 1er Février 1834.

D. D'arenat

FIG. 7 – Compte de l'intervention du gouverneur de Bodrum contre le capitaine di Maio (1834)[263].
Source : ASN, Affari Esteri, Consolato del regno delle due Sicilie in Costantinopoli (1830-1836), b. 7344.

263 *Immagine pubblicata su concessione del Ministero per i Beni e le Attività Culturali e per il Turismo.*

Il demande donc le remboursement des sommes investies auprès de la Porte. Cette dernière est d'ailleurs en contact permanent avec la légation pour assurer la procédure auprès des Ottomans, tout comme les représentations russes et françaises. Les représentants de la ville de Bodrum transmettent également une supplique signée par 20 personnes qui témoignent à la fois de l'affaire et des individus lésés[264].

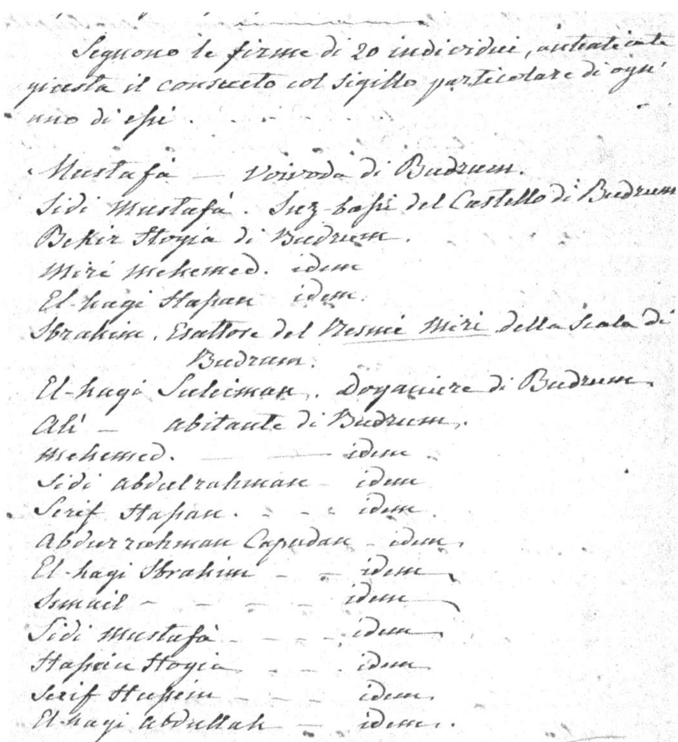

Seguono le firme di 20 individui, autenticante questa il consenso col sigillo particolare di ogni uno di essi.

Mustafà — Voivoda di Budrum.
Sidi Mustafà. Suz-basci del Castello di Budrum
Bekir Hogia di Budrum.
Miri Mehemed. idem
El-hagi Hassan idem.
Ibrahim, Esattore del Resmi Miri della Scala di Budrum.
El-hagi Suleiman. doganiere di Budrum.
Alì — abitante di Budrum.
Mehemed. — idem.
Sidi Abdulrahman idem
Serif Hassan. idem.
Abdurrahman Capudan idem.
El-hagi Ibrahim — idem.
Ismail — idem
Sidi Mustafà — idem
Hassein Hogia — idem.
Serif Hussein — idem.
El-hagi Abdullah — idem.

FIG. 8 – Signataires de la représentation de la communauté des habitants de Bodrum[265]. Source : ASN, Affari Esteri, Consolato del regno delle due Sicilie in Costantinopoli (1830-1836), b. 7344.

264 ASN, Affari Esteri, Consolato del regno delle due sicilie in Costantinopoli (1830-1836), b. 7344 : lettre traduite sans date et légalisé par le Drogman Giovanni Battista Navoni.

265 *Immagine pubblicata su concessione del Ministero per i Beni e le Attività Culturali e per il Turismo.*

Au niveau de la procédure, Giacomo Salzani, Adam Warght et Pietro Parrini sont désignés par le chargé d'affaire de Naples à Constantinople le 7 février 1835 pour juger une partie de l'affaire[266]. Il s'agit de la vente du riz récupéré à Bodrum. Suite à la sentence concernant cette partie du chargement, c'est le vice-consul de France à Stanchio qui fait les avances « en bateaux et en nolis » concernant le riz qui doit être restitué à Kiridy Hassan et Ali Reis[267]. Il demande à cette occasion au chargé d'affaire d'Errico quelle doit être la procédure pour qu'il se fasse rembourser (à qui et sur quoi se prévaloir). C'est à ce moment précis de la procédure qu'un document du Grand douanier nous apprend qu'une commission mixte de négociants composée d'Ottomans et d'Européens est érigée afin d'examiner et terminer le litige[268] : Mahmud Essendi, Sadik Essendi, Fanurioto, Galvany, Spfinghcr et d'autres négociants dits « impartiaux ». Il est notamment décidé de rembourser les différents partis et de procéder à la vente définitive des marchandises et de l'embarcation de di Maio ; une décision qui fait consensus au sein de la commission marchande mixte (« *tale è stata l'unanima opinione e decisione dell'anzidetta commissione mista mercantile* » ; « telle est l'opinion unanime décision de ladite commission marchande mixte »). Le brigantin est vendu en février à Giuseppe di Fonzo, originaire de Trani dans les Pouilles mais habitant à Pera, sur la rive européenne du Bosphore[269]. Ce dernier revend ensuite l'embarcation au Russe Chiriako Zucka[270] tout en restant le capitaine. Nous avons

266 ASN, Affari Esteri, Consolato del regno delle due sicilie in Costantinopoli (1830-1836), b. 7344 : sentence prononcée à Galata le 17 mars 1835 et transmise au chargé d'affaire du Royaume des Deux-Siciles Giovanni d'Errico.

267 Il souligne d'ailleurs qu'après « tant de peines et de désagréments », il ne sacrifiera pas ses avances (ASN, Affari Esteri, Consolato del regno delle due sicilie in Costantinopoli (1830-1836), b. 7344 : lettre du vice-consul de France à Stanchio au chargé d'affaire du Royaume des Deux-Siciles Giuseppe d'Errico datée du 28 juin 1835).

268 ASN, Affari Esteri, Consolato del regno delle due sicilie in Costantinopoli (1830-1836), b. 7344 : traduction du document du Grand douanier sur le résumé de la légation des Deux-Siciles et sur la décision de la commission mixte relative aux mesures ultérieures à prendre pour la fin du procès de la baraterie du capitaine di Maio, document sans date mais remis à la légation le 12 mai 1835.

269 ASN, Affadi Esteri, Consolato del regno delle due sicilie in Costantinopoli (1830-1836), b. 7344 : actes de vente aux enchères du brigantin *Madonna delle Grazie* par *l'incantatore pubblico* Isaac de Castro datés du 3, 10 et 17 février 1835.

270 ASN, Affari Esteri, Consolato del regno delle due sicilie in Costantinopoli (1830-1836), b. 7344 : acte de vente daté du 25 février 1835.

trace de Giuseppe di Fonzo en tant que capitaine du *Madonna delle Grazie* en avril 1835 pour une navigation vers Redut-Calé en mer Noire (Redoubt Kali et Kulevi en Georgie)[271].

Sans être naïf sur les pressions pesant sur ce litige, il constitue cependant un témoignage éclatant de la collaboration entre Ottomans et Européens. Surtout, les réglements et contraintes issues des capitulations n'interviennent pas ici car ces procédures maritimes sont en usage depuis longtemps, connues et partagées. Reprenant l'intuition de Daniel Panzac citée en introduction, nous pouvons évoquer une « longue convergence » des pratiques qui ne sont au détriment ni des Européens, ni des Ottomans. Les navigations napolitaines mettent particulièrement en lumière le cours du règlement des litiges commerciaux qui finalement ne sont interculturels que sur la base de l'origine des acteurs, mais non au regard des pratiques. La présupposée opposition orient-occident, ou encore l'idée de décalage, semblent ici, du point de vue maritime, vidées de leur sens tant les échanges sont déjà anciens, formalisés et nombreux. L'intérêt commercial d'un règlement des litiges, malgré les différentes négociations au mieux des intérêts individuels et collectifs, rend également diffus la notion de souveraineté et d'États faibles autour de bases juridiques communes. Il s'agit bien entendu ici d'une baraterie qui fait consensus sur le plan marchand et légal. Mais la défense des prérogatives attachées au pavillon, quand elle rentre en compte, fait également consensus, tout comme la multipropriété des embarcations. Ce sont autant d'éléments alimentant la négociation juridique et qui font partie du quotidien des navigations marchandes. Derrière le pavillon napolitain se trouve bien souvent une entreprise internationale et plusieurs références souveraines dans un système qui ne se « cache » pas. Le processus de diffusion des pratiques maritimes et juridiques est, comme nous l'avons, vu un processus ancien et dynamique, tant et si bien qu'au XIXe siècle il constitue le socle commun des navigations méditerranéennes. Le blocage d'une embarcation de commerce est dommageable aux intérêts de tous, au-delà de la souveraineté liée à l'identité des acteurs et dans le cadre d'une interculturalité partagée sur le plan maritime.

271 ASN, Affari Esteri, Consolato del regno delle due sicilie in Costantinopoli (1830-1836), b. 7344 : rôle d'équipage du brigantin *Madonna delle Grazie* du 25 avril 1835 par Giuseppe d'Errico.

Malgré les litiges concernant les capitaines napolitains, et parfois leur implication dans de véritables fraudes, la profitabilité du pavillon reste la donnée essentielle. C'est à ce titre que les navigations napolitaines ne disparaissent pas et qu'elles participent à leur niveau aux trafics orientaux et à ceux de la mer noire. Ces derniers sont encore actifs malgré l'augmentation du nombre de transporteurs et la concurrence sur les marchés est âpre.

Pavillon	Nombre d'embarcations ayant accosté
Russe	90
Autrichien	69
Anglais	87
Turc	39
Grec	33
Sarde	27
Napolitain	11
Hanovrien	2
Français	2
Espagnol	1
Hollandais	1
Toscan	1

TABLEAU 11 – Mouvement maritime à Odessa par pavillon en 1834[272].

En 1839, 41 embarcations napolitaines accostent à Odessa, 58 à Galati sur le Danube et 23 à Taganrog[273]. Il s'agit alors majoritairement d'embarcation venues charger des céréales. La même année, De Ribas informe en 1839 que la marine napolitaine est considérée comme un gage de sécurité sur le plan de la navigation. Justifiée ou non, cette réputation rentre dans le cadre d'une progression générale des échanges. Ils restent cependant modestes pour le pavillon napolitain par rapport aux autres pavillons. L'activité maritime napolitaine du XIXe siècle est

272 Giura, 1967, p. 101.
273 *Ibid.*, p. 134-135.

toujours le fait du petit cabotage[274]. Par exemple, en 1838 la première destination du pavillon napolitain est l'Empire autrichien et ses ports adriatiques (508 bâtiments), puis la France (133 bâtiments), tandis que les trafics pour l'Empire ottoman et la mer Noire rentrent dans la catégorie « autres » (39 bâtiments)[275]. En 1847, à Alexandrie, seuls 6 bâtiments napolitains accostent sur lest contre 407 anglais, 158 égyptiens, 154 autrichiens, 136 français, 133 turcs, 127 grec-ottomans, 63 sardes, 50 toscans, 31 russes et 23 « barbaresques[276] ». Pourtant, la concurrence des transporteurs sur les différents marchés, proches ou plus lointains, invitent à penser les échanges maritimes comme un facteur d'unification marchande, et cela au-delà des oppositions étatiques. Cette configuration progresse au cours du XIXe siècle. Elle généralise un système dont les entraves sont moins souveraines que juridiques. Les litiges maritimes prennent appuis sur un commerce international qui est un facteur d'uniformisation dans les procédures et qui fait peu à peu les comptes avec les différentes souverainetés nationales. Par exemple, le 24 septembre 1837 la chancellerie de l'Ambassade de France auprès de la Porte ottomane évoque une affaire concernant les marchands et assureurs de Marseille[277]. Il s'agit du naufrage en 1828 du *Cavalier romano* commandé par le capitaine Antonio Astarita. Un des commanditaires, Tommaso Rizzo, aurait caché le sauvetage d'une partie des marchandises et la compensation du gouvernement grec car la fortune de mer fait suite à une prise. Dès le 29 novembre 1833, Jean-Baptiste Dubois engage à Constantinople une procédure contre Rizzo au nom des assureurs de Marseille. Il demande auprès du consul français l'application du code du commerce. Or les longueurs du litige permettent à Rizzo d'utiliser ce même code du commerce en citant l'article 432 qui éteint

274 Soulignons le remarquable travail de compilation statistique d'Alida Clemente qui nous permet d'apprécier une part des trafics napolitains : Clemente, 2011, p. 207-246.

275 *Ibid.*, p. 243.

276 Sur un total de 1511 embarcations (ASN, Affari Esteri, Diversi per commercio e navigazione (1776-1855), b. 7527 : *commercio marittimo*-États des bâtiments entrés à Alexandrie pour l'année 1847).

277 ASN, Affari Esteri, Atti della cancelleria della legazione napoletana a Constantinopoli (1836-1840), b. 7345 : lettre du consul et chancelier de l'Ambassade de France auprès de la porte ottomane Augustin Castagne au baron Roussin vice-amiral et paire de France, ambassadeur auprès de la porte datée du 24 septembre 1837. Une partie de l'affaire est également contenu dans ASN, Affadi Esteri, Consolato del regno delle due sicilie in Costantinopoli (1830-1836), b. 7344.

tout action de la police d'assurance grâce à la prescription quinquennal, l'embarcation ayant été assurée le 2 décembre 1828. Rizzo demande donc à relever d'une autre autorité judiciaire que celle des assureurs marseillais. Mais d'après le consul Castagne, la prescription ne peut être invoqué car le 25 novembre 1833 Jean-Baptiste Dubois fit un acte formel de protestation (une « interpellation judiciaire ») justement pour que Rizzo ne puisse avoir recours à ce stratagème. Malgré tout, la question du tribunal apte à juger le litige reste ouverte ; le tribunal de Marseille n'est alors pas assuré de pouvoir récupérer et juger le litige. Dans la correspondance concernant l'affaire Rizzo, il n'est jamais question du pavillon napolitain du capitaine Astarita et de la souveraineté qui s'y rattache. Concernant le code du commerce cité côté français, il marque en apparence une imposition du référentiel juridique national (ici français) pour les échanges maritimes. Ce n'est pas le cas. En fait, les différents codes du commerce français et italiens ont un socle commun. Ils font partie de l'héritage de la période napoléonienne et de l'institution des chambres de commerce et tribunaux de commerce en Italie (et avant cela d'inspiration des différents référentiels juridiques antiques et médiévaux), et la législation du commerce maritime reste la même concernant les avaries et litiges[278]. Ce qui est plus marquant, c'est l'absence d'évocation du régime capitulaire. Les enjeux juridiques du commerce en mer ottomane perdent peu à peu leur caractère consulaire au bénéfice d'un arbitrage international des litiges[279]. Les acteurs des marchés maritimes cherchent certes à mettre en avant la souveraineté du pavillon, qui a surtout une portée économique, mais pour la recherche d'un accord autour de références juridiques qui font consensus. Le dossier concernant la récupération des marchandises du brigantin sarde *Laura*, commandé par le capitaine Giuseppe Stagno, et qui concerne des marchands de toutes nations, illustre cette tendance[280]. Les différents partis ne contestent pas la référence à l'article 256 du code de commerce sarde. Il concerne le rôle du capitaine en cas d'abandon de son embarcation et le

278 Concernant le Royaume de Naples : Masciari, 2003, p. 65-66.

279 ASN, Affari Esteri, Consolato del Regno delle due sicilie in Costantinopoli, b. 7355 : dossier *regolamenti di avarie ricuperi e rapporti di perizie marittime e sentenze per scontri di bastimenti* (1829-1844).

280 ASN, Affari Esteri, Consolato del Regno delle due sicilie in Costantinopoli, b. 7355 : dossier *regolamenti di avarie ricuperi e rapporti di perizie marittime e sentenze per scontri di bastimenti* (1829-1844), dossier du 5 février 1844.

sauvetage des marchandises selon leurs valeurs tout comme la possibilité qu'il a eue d'en sauver. Il s'agit d'une procédure connue par tous. Nous l'avons croisé précédemment dans les affaires de *gettito*.

Dans ce contexte, le renouvellement côté napolitain du traité avec la Russie stipulé le 25 novembre 1845 apparaît « aller de soi » et être finalement anecdotique[281]. Il formalise seulement une configuration marchande déjà active. Le traité accorde entre autres la liberté de commerce et de résidence aux sujets napolitains. Quelques années plus tard, le 5 mars 1851, c'est le traité avec l'Empire ottoman qui est renouvelé[282]. Or nous savons que depuis des années l'entreprise maritime est capable de transcender les juridictions « nationales » afin de se rendre compétitive. Sans multiplier les exemples, une attestation du 12 mars 1838 produite par la chancellerie de la légation de Constantinople nous apprend que le capitaine Gennaro Izzo, sujet napolitain, commande depuis des années le navire marchand russe la *Diligenza* (une *martigana*) appartenant en partie au marchand russe Zacaria Zaccarrof, négociant de première classe de Taganrog[283]. Le fait que de nombreux capitaines du Royaume des Deux-Siciles naviguent sous d'autres pavillons, impliquent que les procédures maritimes concernent en premier lieu les avaries et leur règlement, plus que la fraude ou la souveraineté des institutions en charge de régler les litiges, si ce n'est les cas exceptionnels. Les documents regardant les litiges maritimes des années 1830 aux années 1850 témoignent du phénomène[284]. Ils nous permettent un panorama de l'activité juridique et commerciale des navires napolitains en mer Noire et en Méditerranée ottomane. Nous parlons ici de trafics qui restent modestes mais au premier plan des reconfigurations méditerranéennes. Mais si nous interprétons les statistiques avec précaution eu égard aux stratégies de pavillonnement, force est de constater qu'en 1852 les trafics napolitains à destination de l'Est méditerranéen ne sont pas, comme par le passé, le principal canal d'échange du Royaume des Deux-Siciles.

281 Giura, p. 165.

282 *Collezione delle Leggi e de'Decreti Reali del Regno delle Due Sicilie*, 1851, p. 31.

283 ASN, Affari Esteri, Atti della cancelleria della legazione napoletana a Constantinopoli (1836-1840), b. 7345.

284 Il s'agit des sources citées précédemment et également les fonds ASN, Affari Esteri, Legazione napoletana in Costantinopoli (1850-1860) Naufragi, avarie, vendite e movimenti di bastimento e passagieri, b. 7367 et Legazione napoletana a Costantinopoli-affari diversi (1850-1860), b. 7368.

Destination	Nombre d'embarcations
Autriche	1535
États pontificaux	962
France	498
Iles ioniennes	74
Turquie	25
Russie	19
Grèce	10
Tunisie	6

TABLEAU 12 – Mouvement maritime du pavillon napolitain en 1852[285].

Ce qui nous intéresse ici, c'est de constater que l'intégration internationale des acteurs napolitains ne se limite pas à une relation intereuropéenne dans cette partie des trafics. Les sujets ottomans sont en effet loin d'être exclus des procédures et, selon le contexte, ils y prennent une part essentielle. Les naufrages rentrent dans le cadre de litiges extrêmement importants pour la répartition des dommages, les assurances et la récupération des marchandises. C'est une constante et nous en avons eu des exemples précédemment. « Avoir la main » sur la procédure représente donc un enjeu de taille pour que celle-ci se déroule selon le consensus de chacun des acteurs concernés. C'est le cas lors du naufrage du brigantin *Peloro* commandé par le capitaine Giovanni Cutroneo[286]. Advenu vers Setil-Bahr, à l'entrée des Dardanelles, le naufrage fait une nouvelle fois intervenir Ottomans et Européens qui fournissent assistance, expertise et permettent le règlement de l'affaire. La déclaration du capitaine, qui s'est abimé le 19 octobre 1853 sur les rochers sous la forteresse de Setil-Bahr, est un préalable : il affirme avoir perdu tout le chargement de soufre qu'il avait chargé à Catane à destination d'Odessa. Le vice-consul des Deux-Siciles aux Dardanelles, Francesco Caravel, fait ensuite une copie du témoignage en novembre 1853. Suite à la déclaration du capitaine,

285 Nous utilisons ici les statistiques présentes dans Clemente, 2011, p. 240.

286 ASN, Affari Esteri, Legazione napoletana in Costantinopoli (1850-1860) Naufragi, avarie, vendite e movimenti di bastimento e passagieri, b. 7367 : dossier du naufrage du brigantin *Peloro* daté du 4 janvier 1854.

Francesco Caravel informe également Constantinople qu'il nomme le 24 octobre 1853 les capitaines Oglu Hussein, Ibrahim Albun Alli et Coggiaman Oglu Hadgi Mehmet *giudici periti* (juges-experts) pour expertiser les dommages subis par le brigantin et évaluer les dégâts. Ces derniers ont ensuite fait leur rapport en présence des témoins Stelino Papa Giovanides et Mehmet Ciaus. Ils déclarent que le bâtiment est brisé en plusieurs endroits car échoué sur les rochers depuis plusieurs jours : il est donc irréparable et déclaré inapte à la navigation. Devant cette expertise, et en accord avec les autorités napolitaines et en qualité de *capo di recupero* selon les lois maritimes (c'est-à-dire l'autorité sur la récupération des marchandises), le capitaine Cutroneo vend aux Reïs Hadgi Mehmet et Ibrahim la moitié de ce qui peut être sauvé[287]. Les équipements du bâtiment sont ensuite vendus aux enchères et l'équipage est rapatrié à Messine sur un bateau à vapeur français. Le règlement de cette avarie ne fait l'objet d'aucune contestation et les expertises ne sont ni remises en cause par le capitaine ni par les affréteurs et les assureurs. Certes, toutes les fortunes de mer battant pavillon napolitain ne font pas intervenir des acteurs Ottomans ou n'ont pas un règlement si linéaire. Dans les années 1850, il y a plus d'une dizaine de cas d'avaries et de naufrages en tout genre qui sont présents dans les sources de la chancellerie de Constantinople[288]. Elles font le plus souvent intervenir des Européens, mais également les autorités ottomanes quand la procédure le réclame. Sans chercher à les repérer à tout prix, ou à exagérer leur présence, les capitaines, experts et officiers ottomans sont des acteurs

287 « *dietro l'impossibilita di ritirare il carico del suo investito legno consistente in zolfo, e negl'interessi di chi spetta o spettar potra : cede ai denominati reis Hadgi Mehmet e Ibraim la meta di tutto che quello che essi potranno ritirare del detto zolfo facedone le spese al loro carico fino a terra e prenderne la loro tangente in natura o in moneta come meglio convernira agli aventi diritto* » (ASN, Affari Esteri, Legazione napoletana in Costantinopoli (1850-1860) Naufragi, avarie, vendite e movimenti di bastimento e passagieri, b. 7367 : dossier du naufrage du brigantin *Peloro* daté du 4 janvier 1854, copie de l'acte établit à Setil-Bahr signé par le capitaine Cutroneo fils d'Antoni, Steliano, Ciaus, Ibraim, Hadgi Mehmet et Caravel le 23 novembre 1853.

288 Par exemple, le 5 avril 1854 la légation de Constantinople fait le compte des frais engagés suite aux fortune de mer des navires *Madonna del Carmine, Maria Teresa, Flora, America, Anonimo, Giacomino.* Ces naufrages font l'objet de longs dossiers individuels avec les pièces des procédures d'avarie. Nous savons que ces dernières occasionnent des litiges mineurs, souvent dus à la longueur des procédures. Les naufrages avaient parfois de terribles et funestes conséquences. Nous savons que concernant *l'Anonimo* qui fit naufrage près de Varna, un seul marin a survécu (ASN, Affari Esteri, Legazione napoletana in Costantinopoli (1850-1860) Naufragi, avarie, vendite e movimenti di bastimento e passagieri, b. 7367).

qui s'intègrent naturellement dans les procédures liées aux naufrages, aux litiges marchands et aux trafics. Certes, elles peuvent également parfois trainer en longueur ou être l'objet de point de litiges quant à une partie précise de la procédure, mais ces procédures se construisent autour d'un droit maritime et sa pratique connus de tous. Il s'agit d'une acculturation profonde et ancienne autour des navigations.

Nous constatons également que malgré les nombreux naufrages, le pavillon napolitain reste employé par les affréteurs nationaux ou étrangers. Il connait même un succès tardif qui s'inscrit paradoxalement à la veille d'une nouvelle reconfiguration majeure (et un retour) de la souveraineté pavillonnaire. En effet, lors de la guerre de Crimée, les embarcations napolitaines sont employées par la France (et la ville de Marseille) pour le transport de troupes et de munitions. Cette activité est l'objet de vives polémiques, mais elle est dans la pratique facilitée par les autorités.

Les années 1850 représentent à plus d'un titre une époque charnière pour les trafics méditerranéens. La demande européenne en céréales intensifie les échanges et le nombre d'embarcations présentes à Odessa atteint un volume inédit (environ 2000)[289], dont 84 embarcations napolitaines[290]. Alors que se profile la guerre de Crimée, l'activité maritime en mer Noire n'a jamais été aussi importante aux dires des agents diplomatiques napolitains. La guerre qui éclate à l'automne 1853 entre la Russie et l'Empire ottoman prend place dans un contexte économique que l'on peut qualifier de favorable[291]. Seule une coalition formée de la France, de l'Angleterre et du Royaume de Sardaigne, les deux premières puissances souhaitant limiter l'influence russe dans la région, permet à l'Empire ottoman de survivre au conflit et à la négociation de la paix avec la Russie.

Le positionnement du Royaume des Deux-Siciles s'avère délicat entre les diverses grandes puissances avec lesquelles elle avait tout à tour dû négocier pour s'affirmer sur le plan politique, mais également exister dans la région sur le plan économique. Rappelons par exemple que la crise du soufre avec l'Angleterre entre 1838 et 1840 pousse le Royaume des Deux-Siciles à révéler une nouvelle fois sa faiblesse politique lorsqu'elle essaye d'affirmer sa souveraineté par le haut. Le monopole de l'exploitation du produit, essentiel à l'industrie textile, avait été dans

289 Giura, 1967, p. 279.

290 *Ibid.*, p. 258.

291 Concernant le conflit : Badem, 2012.

un premier temps concédé à une compagnie française (Taix et Aycard) au détriment de l'industrie anglaise qui voit une augmentation des prix en contravention avec un traité datant de 1816. L'Angleterre impose alors l'ouverture du marché du soufre napolitain, contre la volonté protectionniste du gouvernement et ses choix économiques, lors d'une démonstration de force de la marine de guerre anglaise dans le golfe de Naples[292]. Ce conflit rappelle combien les leviers de la souveraineté napolitaine sont limités, et nous pouvons comparer cette démonstration navale, malgré les anachronismes et les contextes différents, à celle pratiquée contre les États barbaresques par le passé : l'imposition univoque du respect d'un traité. En 1853, la marge de manœuvre est donc étroite et le gouvernement napolitain choisit la neutralité qui correspond à une utilisation réaliste de sa souveraineté : l'entre-deux marchand et juridique. Les questions pratiques de cette neutralité sont pourtant loin d'aller de soi. Par exemple, les consuls s'interrogent sur la marche à suivre si des capitaines napolitains sont nolisés pour le transport de troupes russes : on leur réplique de ne pas l'empêcher mais de ne pas formaliser la chose dans les documents[293]. À ce titre, Vincenzo Giura évoque dans ces travaux la tendance du gouvernement napolitain à soutenir discrètement la Russie, et cela contre l'Angleterre. Pourtant, nous savons que se met en place un système d'affrètement des embarcations napolitaines au bénéfice de la France et de l'Angleterre. Il s'agit d'embarcations ayant passées des contrats avec les administrations des deux puissances pour des transports en mer Noire. Le consul du Royaume des Deux-Siciles de Marseille signale le 10 mai 1855 que le capitaine Filippo Maresca appareille de Marseille pour « l'Orient » avec son brigantin équipé des pavillons napolitain et français, et qu'il transporte du matériel militaire français. Le capitaine demande à cette occasion la marche à suivre devant la multiplication des embarcations napolitaines affrétées par le gouvernement français pour ce type de transport et naviguant sous pavillon français. Le phénomène remonte selon lui à mars 1854 et il s'interroge sur des transports qui peuvent s'assimiler à de la contrebande de guerre. Le consul des Deux-Siciles pose d'ailleurs les mêmes questions au gouvernement napolitain dès le 2 mai 1855 face aux requêtes des capitaines napolitains pour faire noliser leurs embarcations pour ce

292 Giura, 1967, p. 138-139.
293 *Ibid.*, p. 282-283.

type de transport. On avise alors les capitaines acceptant de tels contrats de déposer leurs documents maritimes napolitains à la chancellerie consulaire[294] : ces documents seront restitués lorsque la paix est signée[295]. Il s'agit clairement de cacher l'identité napolitaine des embarcations qui doivent aborder exclusivement le pavillon français. Pourtant, on peut s'interroger sur l'efficacité d'une telle mesure car l'avantage de l'affrètement d'embarcations napolitaines est justement de bénéficier de leur neutralité dans le conflit. Par exemple le *piroscafo* (un navire à vapeur) l'*Amalfi* est nolisé par le gouvernement français à Marseille pour se rendre en Crimée[296]. Il dépose donc ses documents napolitains à la chancellerie napolitaine de Marseille et arbore le pavillon français grâce aux documents fournis. Le manque de bâtiments français peut constituer une explication de ses affrètements « suspicieux » qui sont clairement autorisés par le gouvernement napolitain[297]. Quoi qu'il en soit, les demandes des capitaines auprès du gouvernement napolitain d'autoriser ce type d'affrètement se multiplient en 1855. Il s'agit de transports de munitions, de chevaux et de troupes pour la Crimée via Constantinople. C'est par exemple le cas du capitaine Francesco Filose commandant le brigantin *Gerominato Luigi* qui requiert l'autorisation d'effectuer ce transport de guerre. Ce sont au moins près d'une dizaine de ces demandes qui sont présentes dans les documents pour l'année 1855. Dès 1854, le gouvernement français conseille d'ailleurs au Royaume des Deux-Siciles d'utiliser sa neutralité au mieux de ses intérêts :

> [...] personne ne croit que vous vous déclariez pour la Russie ; personne ne s'attend à ce que vous alliez à la France ou à l'Angleterre. Quel avantage pouvez-vous tirer d'une déclaration officielle de neutralité ? Il vous faudra expliquer dans quelle limite et dans quelle circonstance vous-voulez la défendre. Vous savez peut-être qu'il y a d'autres qui voudraient se déclarer neutres en prenant certaines mesures et avec des conditions différentes qui

294 ASN, Affari Esteri, Questione d'oriente, blocchi e noleggi dei legni di Real bandiera (1855-1856), b. 4548 : lettre du consul des Deux-Siciles à Marseille datée du 19 avril 1855.

295 ASN, Affari Esteri, Questione d'oriente, blocchi e noleggi dei legni di Real bandiera (1855-1856), b. 4548 : lettre de Naples du 21 mai 1856.

296 ASN, Affari Esteri, Questione d'oriente, blocchi e noleggi dei legni di Real bandiera (1855-1856), b. 4548 : lettre du consul des Deux-Siciles à Marseille datée du 22 mars 1855.

297 Dans une certaine mesure, l'épisode nous renvoie au transport du Çirkin décrit en introduction sans les tracasseries de l'État du pavillon.

> ne nous serons pas agréables. Vous savez aussi que l'Angleterre n'admet pas les mêmes principes que la France sur la neutralité. ; elle pourra contester les principes que vous avez posés et elle pourra toujours vous chicaner sur l'application. Par contre si vous restez neutres de fait et libres de vos actions, sans le crier par-dessus les toits, personne n'a le droit de vous demander de compte de l'usage régulier que vous ferez de la liberté de vos actions. Ainsi, je n'ai pas de conseils à donner mais le mieux que vous pouvez faire à mon avis est de ne rien dire ; et imiter ce que fait la Hollande qui se connaît mieux que tout autre aux principes de la neutralité [...][298].

Pourtant, ce n'est pas la souveraineté napolitaine et sa manipulation qui va s'exprimer dans ce conflit, mais bien l'expérience des quelques capitaines napolitains dans les trafics orientaux. En effet, nous émettons l'hypothèse que ces affrètements bénéficient certes de la neutralité des Deux-Siciles, mais qu'ils témoignent également d'une longue fréquentation des littoraux de la mer Noire et ottomans ainsi que d'une acculturation dans cette partie des trafics. Les capitaines napolitains ne se rendent pas en Crimée sans savoir où ils vont, et ils font partie des quelques « nations » maritimes fréquentant depuis près d'un siècle ces rivages. Les capitaines de Sorrento sont naturellement toujours présents. Par exemple, les capitaines Francesco Saverio Lauro, Gennaro Lauro, Michele Cacace, Francesco Cacace participent à ces trafics[299]. Les navigations napolitaines n'expriment donc pas le même type de souveraineté qui a toujours dû trouver des solutions pour exister et par là plus apte à transcender la pluralité des systèmes juridiques et politiques. Pourtant, cette forme tardive de reconnaissance marque la fin d'un système partagé par les acteurs économiques des mer ottomane et mer Noire, et ce malgré avoir survécu à la multitude des conflits qui ont jalonné sa construction.

Le traité de Paris du 30 mars 1856 marque une césure majeure pour l'Empire ottoman et les trafics maritimes au niveau juridique et pratique, et de fait représente la limite chronologique du présent ouvrage. Le congrès préparant le traité, outre les aspects géostratégiques latents

298 Les propos sont rapportés au Roi des Deux-Siciles et viennent du ministre des affaires étrangères de l'Empire, Édouard Drouyn de Lhuys (ASN, Affari Esteri, Questione d'oriente, blocchi e noleggi dei legni di Real bandiera (1855-1856), b. 4548 : lettre de Paris datée du 5 février 1854).

299 ASN, Affari Esteri, Questione d'oriente, blocchi e noleggi dei legni di Real bandiera (1855-1856), b. 4548 : lettre du consul des Deux-Siciles à Marseille datée du 12 janvier 1855.

depuis le XVIIIe siècle, témoigne comment, à l'interaction des marchés orientaux et des intérêts étatiques, la territorialisation maritime cherche à s'harmoniser de manière incertaine. Le traité de Paris définit en effet la liberté de navigation et remet en cause la course lors d'une concertation internationale décisive[300]. Tandis que pour l'Empire ottoman, son « admission » aux avantages du droit public et du concert européen, stipulée dans le traité, soulève de nombreux questionnement quant au régime des capitulations[301].

> Art. 7. Sa Majesté le roi de Sardaigne, Sa Majesté l'Empereur d'Autriche, Sa Majesté l'Empereur des Français, Sa Majesté la Reine du Royaume-Uni de la Grande Bretagne et l'Irlande, Sa Majesté le Roi de Prusse et Sa Majesté l'Empereur de toutes les Russies déclarent la Sublime Porte admise à participer aux avantages du droit public et du concert européen. Leurs Majestés s'engagent, chacune de son côté, à respecter l'indépendance et l'intégrité territoriale de l'Empire Ottoman, garantissent, en commun, la stricte observation de cet engagement, et considéreront, en conséquence, tout acte de nature à y porter atteinte, comme une question d'intérêt général[302].

Le système des capitulations apparaît désormais comme un paradoxe par rapport au nouveau traité qui intègre en théorie l'Empire ottoman dans le droit européen. Les immunités liées à l'extraterritorialité européenne sont alors discutées, tout comme les juridictions consulaires. On pose alors la question de la souveraineté juridique ottomane et des interférences européennes[303]. Mais il ne s'agit pas de la fin des négociations autour de la souveraineté maritime et de ses enjeux. Il s'agit plus d'une nouvelle donne avec laquelle les acteurs vont devoir composer. Par rapport à tout ce que nous venons de décrire dans le cadre des litiges liés aux navigations maritimes, l'évocation d'un retard ottoman, qui n'aurait pas atteint un « standard de civilisation » suffisant pour que les Européens acceptent leur justice apparaît injustifiée[304]. Il s'agit plus d'une illusion (volontaire ?) des Européens quant à la juridiction

---

300 Villiers, 2007 ; Desjardins, 1888 ; Bravard-Veyrières, 1861.

301 Augusti, 2011, p. 303.

302 *Traité de paix signé à Paris le 30 mars 1856 entre la Sardaigne, l'Autriche, la France, le Royaume-Uni de la Grande Bretagne et d'Irlande, la Prusse, la Russie et la Turquie avec les conventions qui en font partie, les protocoles de la conférence et la déclaration sur les droits maritimes en temps de guerre*, 1856, p. 10 (consultable sur le site Gallica.bnf.fr).

303 Augusti, 2011, p. 305.

304 *Ibid.*

consulaire, qui nous l'avons vu n'est pas le gage d'une extraterritorialité univoque. En définitive, le système des capitulations survit au traité de 1856 et sera reconfirmé en 1878, il ne disparaît qu'au siècle suivant[305]. Pourtant, force est de constater que l'interculturalité marchande a déjà fait les comptes avec le régime capitulaire avant cette date et s'en accommode selon une souveraineté plus négociée qu'imposée. Dans le cadre des échanges maritimes, les traités ne sont pas considérés comme « inégaux », pas plus que l'extraterritorialité européenne est un gage de succès ou de subordination marchands. L'espace de négociation des litiges maritimes dessine une extraterritorialité plus diffuse autour d'une identité maritime s'adaptant aux régimes juridiques issus des traités ; c'est le cas des questions de pavillon et de propriété des embarcations de commerce.

Pour le Royaume des Deux-Siciles, après avoir été recadré par la France et l'Angleterre pour sa politique[306], il ne reste que quelques années avant que l'Unité italienne ne face disparaître son pavillon en Méditerranée (1860-1861). Mais qu'en est-il des capitaines napolitains ? Gageons que les acteurs maritimes traversent l'Unité italienne en poursuivant leur navigation car ils ont depuis longtemps l'habitude d'arborer tout type de bannière et d'en négocier la souveraineté. C'est par exemple le cas de capitaines de Procida dont l'activité recouvre deux territoires maritimes dans la deuxième moitié du XIXe siècle, entre Marseille et Naples[307]. Ce qui est certain, c'est que la marine napolitaine consolide sa position sur les marchés orientaux au cours du XIXe siècle. Si les archives de la légation de Constantinople témoignent que la problématique des marchés de la mer Noire retient toute l'attention du pouvoir napolitain à cette période, elles témoignent également de l'activité de familles de capitaines loin d'être inconnues ; nous rencontrons également une entreprise maritime toujours capable de transcender les juridictions nationales afin de se rendre compétitive. Nous pouvons compléter grâce aux documents de Constantinople, les travaux de Vincenzo Giura pour l'année 1856, ce dernier s'interrogeant sur l'importance des trafics à cette période[308].

305 *Ibid.*, p. 306.
306 Giura, 1967, p. 292.
307 Denis-Delacour, 2017.
308 Il ne put en retrouver trace dans la documentation qu'il consulta (Giura, 1967, p. 292).

Destination	Nombre d'embarcations
Marseille	53
Odessa	31
Malte	21
Ramiesch	9
Civitavecchia	8
Mer Noire	8
Livourne, Gênes et Marseille	6
Livourne et Marseille	6
Sète	5
Barletta	4
Phillipeville	4
Toulon	4
Algérie	3
Mer d'Azoff	3
Enos	3
Messine	3
Rodosto	3
Tangarok	3
Trieste	3
Marseille et Barcelone	2
Gênes	2
Gênes et Marseille	2
Livourne	2
Manfredonia	2
Syra	2
Varna	2
Alexandrie	1
Ancône	1
Anvers	1
Berdiansk	1
Corfou	1

Eupatoria	1
Falmouth	1
Livourne, Marseille et Toulon	1
Messine et Marseille	1
Naples	1
Toulon, Marseille et Sète	1
Volo	1
Zante	1
Total	207

TABLEAU 13 – Mouvement maritime du pavillon napolitain depuis Constantinople (du 1er juin au 31 décembre 1856)[309].

La ligne Marseille-Odessa reste naturellement très active en cette fin de conflit tandis que les navigations napolitaines se disséminent dans les différents ports méditerranéens. Bien entendu, nous ne connaissons pas les trafics évitant l'escale de Constantinople. Par la suite, les trafics napolitains en mer Noire sont encore actifs : 50 embarcations à Odessa en 1858 sur un total de 1240 embarcations alors que le pavillon autrichien occupe la première place (330 embarcations)[310]. Pour l'année 1859 nos données complètent encore une fois les travaux de Vincenzo Giura[311]. Nous savons que 364 embarcations napolitaines ont fait escales à Constantinople et nous avons le détail du mois d'août à la fin de l'année. Les trafics depuis le Royaume des Deux-Siciles, et avec l'Angleterre et la mer Noire, connaissent manifestement un net regain avant la fin de l'État napolitain :

309 Les provenances ne sont pas indiquées et les données entre le 21 juin et le 8 juillet et entre le14 août et le 25 août sont manquantes (ASN, Affari Esteri, Legazione napoletana in Costantinopoli (1850-1860) Naufragi, avarie, vendite e movimenti di bastimento e passagieri, b. 7367).

310 Giura, 1967, p. 295.

311 *Ibid.*, p. 296.

Destination	Nombre d'embarcations
Odessa	54
Naples	25
Messine	20
Angleterre	10
Mer Noire	10
Marseille	5
Castellamare	4
Tangarok	4
Livourne	3
Reggio	3
Smyrne	3
Trieste	3
Amsterdam	1
Ancône	1
Anvers	1
Brindisi	1
Falmouth	1
Liverpool	1
Malte	1
Marianopoli	1
Palerme	1
Trapani	1

TABLEAU 14 – Mouvement maritime du pavillon napolitain depuis Constantinople (du 6 août au 31 décembre 1859)[312].

Finalement, la progression de l'entreprise maritime napolitaine, des côtes barbaresques à la mer Noire, fait partie d'un mouvement général de densification des acteurs maritimes au sein de marchés jusque-là

312 Les provenances ne sont pas indiquées et les données entre le 21 juin et le 8 juillet ainsi qu'entre le 14 août et le 25 août sont manquantes (ASN, Affari Esteri, Legazione napoletana in Costantinopoli (1850-1860) Naufragi, avarie, vendite e movimenti di bastimento e passagieri, b. 7367).

« captifs », ou du moins captifs en apparence. Le phénomène, comme nous l'avons vu, complique assurément les régimes institutionnels des tribunaux régulant les échanges. Le cas napolitain témoigne combien il apparait essentiel de mesurer la réalité pratique des trafics, entre déclins et succès, résistances et facilitation, tout comme la mobilisation de certains savoirs afin de restituer au plus près le jeu des acteurs économiques. Pourtant, il manque ici une analyse essentielle. Elle concerne la mobilité des acteurs qui appelle à renverser les perspectives. Il s'agit alors de se pencher sur la présence du pavillon ottoman en mer « napolitaine ».

La réciprocité du pavillon et consulaire innerve tout le XIXe siècle, comme elle est mise à l'épreuve aussi bien en Orient qu'en Occident[313]. Par exemple, le 17 avril 1822 le brick La Réunion appartenant à des négociants grecs de Marseille, et arborant le pavillon ottoman délivré par le consul de la Porte à Marseille, ne peut bénéficier des assurances après son naufrage car il n'est pas nationalisé par un Firman du « grand seigneur » (le Sultan) à Constantinople. En creux, se pose la question des pratiques pavillonnaires et de la place du consul de la Sublime porte. Concernant le Royaume des Deux-Siciles, la progression des trafics sous pavillon ottoman met également à l'épreuve la réciprocité napolitaine en matière de concession sur les questions de souveraineté, sur le plan maritime comme institutionnel.

313 Grenet, 2010, p. 191.

LA RÉCIPROCITÉ PAVILLONNAIRE AU CŒUR DES *IURA IMPERFECTA* MARITIMES

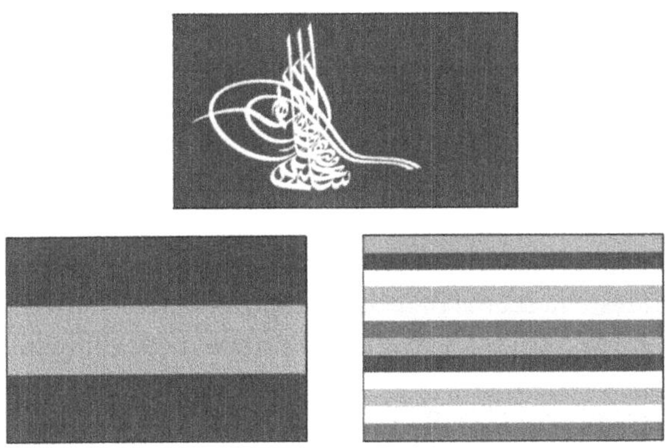

FIG. 9 – Pavillon personnel du Sultan sur mer (1793-1876) : *Tuğra de Selim III*[1]. Pavillons marchands ottomans (1793-1839)[2].
© Roberto Beschi.

1 Avec les réformes de 1793 (*Nizam-i Cedic*), un nouvel étendard personnel du Sultan en mer fut créé. Il s'agit d'une bannière rouge, plus sombre que le pavillon national, avec un *tugra* de couleur blanche. Les *tugra* étaient des compositions calligraphiques comprenant le nom du Sultan, celui de son père, ses différentes appellations, un discours célébratif et parfois le pseudonyme inscrit séparément. Jusqu'en 1876, les caractéristiques de ce pavillon ne furent pas constantes. Elles changèrent notamment au niveau des proportions et de la position du *tugra* qui parfois est accompagné du *zulfikar*, l'épée d'Alì. La figure ici représentée est l'étendard de Selim III en usage de 1793 à 1807. Les illustrations proviennent de http://www.rbvex.it/asiapag/turchia.html (consulter également les numéros 21 et 22 de *Vexillinfo*, 1982, et Martykán, 1997).

2 Pavillon marchand introduit par les réformes de 1793 mais suspendu entre 1839 et 1857 avec les *tanzimat* (réformes) d'Abdul-Megid I. Le pavillon marchand était entre 1730 et 1793 uniforme et vert. Puis, après 1793, rouge avec une bande centrale. La version avec la bande verte centrale était réservée aux régions musulmanes de l'Empire. Le pavillon avec les bandes bleues était arboré par les pays non-musulmans de l'Empire. Une variante

La présence d'embarcations appartenant à des sujets de l'Empire ottoman est une réalité à la fin du XVIIIe siècle. Dès 1768 elles sont présentes à Venise, Trieste, Livourne, puis lors de la période 1793-1797 à Marseille et ensuite à Barcelone, Malaga et Cadix (1798-1802)[3]. Il s'agit essentiellement de Grecs propriétaires d'embarcations naviguant vers l'Ouest méditerranéen sous divers pavillons. Les travaux de Gelina Harlaftis et Sophia Laiou estiment qu'entre 1780-1810 sur un échantillon de 5 000 embarcations appartenant à des Grecs et se rendant à Malte, Livourne et Gênes, 80 % arborent le pavillon ottoman. Nous savons également qu'à partir de 1793 les capitaines grecs sont présents à Civitavecchia[4]. En 1793, ils sont au nombre de 4, proviennent de Morée (2) et de Livourne (2) et sont qualifiés de grecs. Puis en 1794, ils sont au nombre de 21, qualifié pour moitié de grecs et de grecs-ottomans. 11 proviennent de Livourne, le reste de l'Archipel et de Morée. En 1795 ils sont au nombre de 34, tous qualifiés d'Ottomans. Toutefois, leur patronyme ne laisse aucun doute quant à leur origine grecque : 19 proviennent de Gênes, le reste de l'Archipel, un d'Alexandrie. L'année suivante, la qualification reste la même dans les registres d'ancrage de Civitavecchia. Il s'agit de 30 capitaines grecs dont 19 proviennent d'Hydra, le reste de Gênes, Livourne et Malte.

Malgré les imprécisions de ces dernières sources, force est de constater que le pavillon ottoman est présent sur les rivages occidentaux et que l'animation du commerce maritime par les capitaines grecs est une réalité. Il est certes inférieur aux trafics ayant trait aux provinces de l'Empire. Rappelons qu'à Alexandrie en 1782 et 1785 le pavillon ottoman est de loin le plus actif avec respectivement 373 et 309 embarcations sur un total de 527 et 613[5]. Certes, le contexte de guerre paralyse une partie des navigations sous pavillon européen. Mais l'activité du pavillon ottoman est ici sans commune mesure avec celle présente dans les ports européens. Si les capitaines grecs savent depuis longtemps négocier l'ouverture de nouveaux territoires maritimes, comme entrevue précédemment, avec les mêmes techniques d'escamotage maritime que les Napolitains (traité, prête-nom, pavillon et multipropriété) et autres nations, il ne s'agit pas

avec des bandes de diverses couleurs était parfois arborée sur le mât principal ou sur l'arbre de trinquet des bâtiments privés enregistrés dans les ports ottomans.

3 Harlaftis et Laiou, 2008, p. 7.

4 ASR, Camerale III Civitavecchia, Ancoraggio, b. 838 et 839.

5 Panzac, 1985, p. 177.

d'une confrontation directe avec les questions d'extraterritorialité et de souveraineté européenne. Les capitaines ou propriétaires grecs n'ont pas besoin d'imposer leur condition d'Ottomans aux Européens de manière univoque afin d'exister dans les trafics maritimes. Cela tient en premier lieu au fait que l'extraterritorialité juridique n'est pas envisagée de la même manière et que le régime des capitulations semble ne pas engager la réciprocité en matière de représentation consulaire.

À ce titre, le cas napolitain constitue un terrain d'analyse essentiel car les traités conclus au XVIIIe siècle concrétisent en théorie cette réciprocité. L'Empire ottoman n'a en effet pas attendu le traité de Paris et 1856 pour mettre en débat les questions juridictionnelles avec les puissances européennes[6]. La thématique de l'affirmation de l'État, de sa souveraineté et de son objection au niveau interétatique trouve également sa pleine expression au niveau maritime. Les navigations commerciales impliquent en effet un réseau consulaire, officiel ou de substitution, une forme d'extraterritorialité et une négociation de celle-ci.

Concernant le réseau consulaire ottoman sur le territoire napolitain, il reste longtemps sous l'influence du gouvernement napolitain qui nomme les vice-consuls et autres agents « ottomans ». Cela n'a rien d'étonnant et n'est pas propre au réseau ottoman ou au pouvoir napolitain. La fonction consulaire dans un port étranger peut revêtir diverses formes. La pratique consulaire s'avère en effet très différente d'un État à l'autre, voire sur le même territoire. En règle générale, on s'attend à rencontrer derrière le titre de consul un agent désigné par la nation dont il représente les intérêts. Or, cela dépend des jeux de pouvoir autour du poste consulaire. La fonction est beaucoup plus ambigüe sur le territoire napolitain, mais également dans les États pontificaux. L'État romain est par exemple longtemps le seul habilité à désigner les consuls devant défendre les intérêts « nordiques » (anglais, suédois, danois et hollandais) sans que les nations concernées n'aient leur mot à dire. En d'autres termes, le privilège de désigner par lettres patentes les consuls dans les ports d'Ancône et de Civitavecchia témoigne avec éclat des (uniques ?) leviers de la souveraineté romaine, et cela souvent en dehors de toute réciprocité étatique[7]. Ce mode de nomination locale prévaut par exemple tout au long du XVIIIe siècle pour les consuls des

6 Le débat interétatique est clarifié dans Augusti, 2009, p. 503-517.

7 Denis-Delacour, 2014, p. 301-328.

nations suédoises et danoises. Officiellement, la Suède ne crée un poste consulaire à Civitavecchia qu'en 1804 et à Ancône en 1816[8]. Avant cela, les consuls des deux nations en poste tirent plus leur légitimité du pouvoir romain que des souverains et dirigeants des deux nations. Il s'agit là d'une politisation limitée de la fonction consulaire. Les limites de ce système distribuant localement un privilège, source d'influence et de crédit sur le plan des trafics, sont cependant atteintes en 1793, lorsque les souverainetés concurrentes s'expriment au sujet de l'extraterritorialité maritime. Cette année-là, les cours suédoises et danoises décident de nommer un agent général commun aux deux nations dans les ports pontificaux en la personne de Francesco Piranesi : les agents pontificaux prennent alors conscience du caractère labile de la légitimité pontificale. Certes, les deux consuls concernés par la création de ce poste, Francesco Storani à Ancône et Alessandro Gily à Civitavecchia, font immédiatement « allégeance » à Piranesi, et affirment avoir toujours pris soin des capitaines dont ils ont eu la charge[9]. Mais de leurs correspondances ne transpire pas uniquement de la déférence : les consuls sont paniqués et craignent de voir leur charge remise en cause. Alessandro Gily évoque clairement « une perte de souveraineté » si les consuls ne devaient plus être nommés par l'administration pontificale[10]. Ce sera le cas au début du XIXe siècle[11]. Pour l'instant, l'agent général doit uniquement surveiller les trafics battant pavillon des deux cours, et une simple collaboration des consuls est demandée, sans remettre en cause leurs attributions[12]. L'émoi suscité par l'arrivée d'un agent officiel est cependant révélateur du

8 Müller, 2004, p. 231.

9 ASR, Camerale II Consolati, b.4, Ancona : lettre de Francesco Storani du 15 juillet 1793 et lettre d'Alessandro Gily du 15 juillet 1793. Francesco Storani se vanta même de liens étroits avec le roi de Suède Gustave III et de connaitre et servir tous les « Ministres » des deux nations présents dans les diverses cours.

10 *Ibid.*

11 Ici, les notions de souveraineté et d'extraterritorialité sont directement liées à l'évolution de la « politisation » de la fonction. Entre le XVIIIe siècle et le XIXe siècle, et en fonction des importantes reconfigurations territoriales et politiques de la Restauration, le mode de nomination évolue et renforce le rôle du consul comme défenseur des intérêts de l'État qu'il représente à l'international. L'appartenance « nationale », tout comme la « fidélité » à géométrie variable de l'individu en charge du poste consulaire, remettent alors en question le système précédent, mais sans forcément éliminer totalement les anciens consuls. La temporalité de ces transformations peut cependant différer d'un territoire à un autre. Concernant ces divers aspects, consulter l'ouvrage essentiel de Marcella Aglietti (Aglietti, 2012, p. 252-260).

12 ASR, Camerale II Consolati, b.4, Ancona : *promemoria* destiné au Camerlingue.

statut conféré par le poste consulaire. La fonction, jalousement défendue, s'insère dans le jeu de pouvoir local avec une dépendance étatique forte. Mais, paradoxalement, la spécificité pontificale témoigne des ressources d'un État « faible » pour affirmer sa souveraineté sur le plan des trafics. Ce système alimente une forme de *iura imperfecta*, c'est-à-dire un droit à perfectionner, établi en fonction de l'ouverture ou non du territoire par le souverain[13]. Théorisé par Alberico Gentili et Francisco Suarez au XVIIe siècle, il s'agit d'envisager la liberté des biens et des personnes à circuler comme régit par un droit imparfait et donc à perfectionner ; ou plus exactement à négocier[14]. Appliquée aux territoires maritimes, cette notion implique la nécessité de personnaliser l'embarcation, son pavillon et son capitaine, en prenant en compte les intérêts divergents et les tensions inhérentes à la souveraineté des États qui s'expriment tout particulièrement sur mer, par l'intermédiaire d'institutions juridiques et économiques. Les consuls sont alors au cœur du système. Sous cet angle, les Nordiques sont au XVIIIe siècle, tout comme les « Ottomans », confrontés à un espace méditerranéen, certes fragmenté et différent sur le plan étatique, mais dont la matrice théorique est commune sur le plan économique. Il s'agit des notions de souveraineté du pavillon, du commerce actif et d'un mercantilisme, certes tardifs, mais dont les règles sont loin de leur être inconnues. À l'image des Nordiques dans les ports pontificaux, le parcours des Ottomans dans les escales napolitaines est fonction des tensions autour de l'ouverture du territoire napolitain à la circulation ottomane et de ses enjeux.

Le réseau consulaire de la Sublime Porte dans les ports napolitains ne revêt que tardivement un caractère national. Certes, dans la seconde moitié du XVIIIe siècle sont présents des consuls qui ont le rôle de représenter les sujets de l'Empire ottoman. Il y a par exemple dans les années 1740 un consul des Grecs à Barletta, un consul des Turcs à Brindisi et un consul « ottoman » à Otrante. Les Régences ne sont pas absentes et un agent et consul de la régence de Tripoli est présent à Naples[15]. Ce dernier se nomme Salvatore Oria, ancien esclave en Tunisie et déjà interprète auprès des Régences lors de la domination autrichienne. Salvatore

13 Cavallar, 2002, p. 158.

14 *Ibid.*, p. 158. Pour un autre point de vue concernant l'idée de partage et d'ouverture des mers : Benton, 2011, p. 225-240.

15 Zaugg, 2011, p. 230.

Oria n'a pas été nommé par le Pacha de Tripoli mais bien par Raniero Bigani, le premier consul du Royaume de Naples en poste en Tripoli. Le réseau consulaire « ottoman » du *Regno* suit le même schéma.

Les consuls et vice-consuls ne doivent par leur nomination à une demande de la Porte mais bien à une action des autorités napolitaines afin d'avoir une référence institutionnelle pour les sujets ottomans et barbaresques. La proximité des provinces adriatiques de l'Empire ottoman explique également la répartition de ce réseau. Comme entrevu précédemment pour le cas des Nordiques dans les États pontificaux, les consuls Ottomans ont donc un pouvoir qui n'est pas délégué par une souveraineté étrangère mais par des autorités locales. Cette configuration conditionne le poids et les enjeux de leur représentativité auprès des institutions napolitaines. Comme pour les États pontificaux, une part de ces consuls n'est pas sujets de l'Empire. Le consul des Turcs à Brindisi est par exemple Ciriaco Scomafora, originaire de la cité, confirmé à ce poste en 1741 mais sans avoir de réelle prérogatives[16]. Longtemps après sa mort il est remplacé par Giuseppe Bruni, en 1761, originaire de Raguse et comprenant la langue turque. Il est proposé aux autorités napolitaines par les Députés de Brindisi. En revanche, les consuls des Grecs qui se sont succédés à Barletta sont bien d'origines grecques : Athanasios Kiriaki, Apostolos Zavojani, Anastasios Stefani et Ioannis Fot[17]. L'institution de la fonction a pour origine une supplique des négociants grecs à laquelle Charles de Bourbon répond favorablement dans les années 1740. Il en va de même lorsque dans les années 1760 la « nation » grecque demande aux autorités napolitaines la nomination d'un consul à Naples qui aurait la faculté de nommer des vice-consuls dans les ports de la côte adriatique du Royaume de Naples. Cependant, cette dernière demande ne reçoit pas un accueil favorable et on autorise uniquement la nomination de trois consuls pour le seul port de Barletta. Le système ne survivra pas aux pressions induites par les traités. À la fin du XVIIIe siècle, s'opère un renversement progressif de l'extraterritorialité consulaire propre aux Ottomans et Barbaresques.

C'est d'abord la Régence de Tripoli qui impose la nomination unilatérale d'un consul. La réciprocité induite par le traité avec la Régence s'exprime pour la première fois sur le territoire napolitain quand le

16 *Ibid.*
17 *Ibid.*

13 octobre 1789 le Pacha de Tripoli nomme de sa propre initiative le capitaine Francesco Esposito comme *console e giudice della loro nazione in Napoli e pel Regno*[18]. En fonction du traité de 1741, et bien que le pouvoir napolitain semble gêné par l'activation d'une des clauses, les autorités accèdent à cette demande. La nomination d'un capitaine d'embarcation napolitain prouve les étroites relations entre le pouvoir tripolitain et les navigations battant pavillon napolitain. La faiblesse des trafics tripolitains à destination du Royaume peut également expliquer la mise en place du consulat : les autorités napolitaines prennent peu de risques à ouvrir un consulat qui n'est pas lié à l'un des trafics majeurs sur le plan économiques et politique. Le Roi de Naples contrevient à cette occasion aux propres règles du *Regno* qui interdit à tous Napolitains d'exercer la fonction de consul pour une nation étrangère. Il refuse en revanche une autre requête de Tripoli. Le 4 janvier 1790 Domenico Ianelli demande en effet l'*exequatur* (patente) pour le poste de consul des Tripolitains à Messine en vertu de sa nomination par la Régence[19]. Les autorités napolitaines invoquent d'abord des difficultés de traduction et mettent en attente la demande avant que celle-ci soit ensuite examinée le 14 octobre par le *Magistrato di Commercio.* On peut s'interroger sur le parcours institutionnel de cette demande, alors que les Royaumes de Naples et de Sicile ne sont pas encore réunis. Quoi qu'il en soit, la nomination est refusée, même si auparavant Ianelli affirme que sa condition de Napolitain ne peut lui être opposé eu égard la nomination de Francesco Esposito[20]. Il évoque également le traité de 1741 et la réciprocité qu'il induit. Malgré ces arguments, Ianelli ne devient pas le deuxième consul des Tripolitains auprès de la Couronne de Naples et de Sicile et sa nomination rejetée. Malgré cela, il va avoir un rôle « officieux » d'entremetteur dans les affaires des marchands tripolitains à Messine[21].

La réciprocité entre la Régence et le Royaume de Naples s'exprime dans le même laps de temps sur mer. Comme entrevu précédemment, elle concerne le pavillon et les questions de passeports. La réciprocité des pratiques se mesure alors aux capacités d'intermédiation des consuls

18 ASN, Affari Esteri, Console di Tripoli a Napoli (1790-1817), b. 3253.

19 ASN, Affari Esteri, Console di Tripoli a Napoli (1790-1817), b. 3253.

20 ASN, Affari Esteri, Console di Tripoli a Napoli (1790-1817), b. 3253 : lettre de Domenico Ianelli du 1er février 1790.

21 Notamment dans le litige qui oppose Ahmet Salem, marchand tripolitain, à un capitaine français (Clemente 2018, p. 22-23).

et des capitaines du *Regno*. Un exemple illustre particulièrement le phénomène : le 23 janvier 1789 Pietro Soler, consul du Royaume de Naples à Tripoli, demande au gouvernement napolitain qu'il lui fasse parvenir des passeports en langue italienne pour les corsaires tripolitains[22]. Il explique qu'en munissant tous les corsaires de Tripoli d'un tel document, les forces navales napolitaines pourront distinguer les corsaires ennemis qui en sont démunis, comme le stipule l'article V du traité. Le consul indique que les autorités napolitaines pourraient prendre pour modèle un passeport espagnol délivré à un corsaire tripolitain et traduit en italien. Selon lui, un tel document permettrait également que les corsaires tripolitains ne soient pas, selon ses propres mots « *malmenati dai nostri armatori* » (« malmenés par nos armateurs/navires armés »). Si on peut s'interroger sur l'objet de cette demande, elle prend tout son sens quelques mois plus tard, le 24 mars 1789. En effet, un épisode « naval » oppose une *galeotte* de Tripoli à une frégate royale du *Regno* pour une question d'identification pavillonnaire[23]. Les deux embarcations se croisent d'abord en mer et après une première canonnade d'intimidation, chacune d'elles hisse son pavillon ; le napolitain pour la frégate et pour la galeotte le pavillon commun des corsaires. Cette dernière continue alors sa navigation. Une seconde canonnade de la frégate qui la poursuit pousse les corsaires à hisser le pavillon de Tripoli pour se faire reconnaître comme « ami ». L'équipage crie également au commandant du *Regno* qu'il est tripolitain ; on peut donc penser qu'il s'exprime en italien et qu'ils sont assez proches l'un de l'autre pour se faire entendre. Mais la frégate continue à se rapprocher, si bien que les soldats napolitains sont suffisamment près pour décharger leur mousqueterie sur l'embarcation tripolitaine, provoquant la mort de deux personnes. Il faut que l'équipage de la frégate royale posté à la proue crie au commandant que les corsaires sont bien tripolitains pour que cesse le combat. Le *sotto-raïs*, qui se nomme Amur, peut alors remettre son passeport au commandant Carracciolo qu'il reconnait car Amur a été esclave à Naples durant des années. Amur montre ses morts avant que l'on ne les jette à la mer et l'affaire se règle finalement à l'amiable après

22 ASN, Affari Esteri, Diversi, b. 3056, Consoli esteri residenti in Marocco, Tripoli e Algeri, Tunisi (1775-1790) : lettre de Pietro Soler de Tripoli datée du 23 janvier 1789.

23 ASN, Affari Esteri, Diversi, b. 3056, Consoli esteri residenti in Marocco, Tripoli e Algeri, Tunisi (1775-1790) : dossier *Galeotta tripolina maltrattata da una fregata reale*.

les excuses du pouvoir napolitain. Dans ce cas précis, on peut douter que le passeport napolitain soit un élément permettant de stopper la canonnade, alors qu'arborer le pavillon de Naples en aurait peut-être limité l'agressivité ou pu l'éviter. Le pavillon corsaire revêt à ce titre un caractère spécifique car il est loin d'être associé au contexte marchand. La réciprocité consulaire et pavillonnaire à la fin de XVIIIe siècle ne concerne donc pas en premier lieu les institutions du commerce, même s'il s'agit des balbutiements d'une extraterritorialité juridique « extra-européenne ». Ce sera en revanche le cas pour d'autres Régences qui se confrontent directement avec les puissances européennes sur les questions de réciprocité dans un but économique, comme le cas de Tunis avec la France, même si les résultats sont faibles[24].

En s'interrogeant sur le rôle de l'entreprise maritime napolitaine et de ses liens avec les représentants des États et des autres gouvernances, d'une rive à l'autre de la Méditerranée, il a été possible d'envisager sous un autre angle la territorialisation institutionnelle et l'expression de l'extraterritorialité. Mais à ce stade, la question du pavillon et du réseau consulaire ottoman en territoire napolitain nous demande de mieux cerner les acteurs qui sont chargés de négocier la concurrence des souverainetés maritimes entre les XVIIIe et XIXe siècles. Comme pour la Régence de Tripoli, c'est en effet au basculement entre les deux siècles que la demande de réciprocité est plus clairement activée par l'Empire ottoman. Or les concessions napolitaines en matière de souveraineté sont beaucoup plus difficilement accordées à la Sublime Porte.

Revenons au traité de 1740. Nous avons précédemment expliqué que ce dernier instaure une réciprocité concernant l'extraterritorialité consulaire et juridique dans l'article V, réciprocité qui n'est pas directement mise en pratique. Ce n'est que sous l'impulsion de Selim III que sont institués les premiers consulats ottomans[25]. Ils font suite à l'envoi des premières représentations permanentes auprès des principales cours européennes comme Londres, Paris et Berlin, excepté Saint-Pétersbourg[26]. Le premier de ces ambassadeurs arrive à Londres en 1793. Cette nouvelle donne fait partie de la stratégie de l'Empire qui cherche à s'insérer dans les recompositions en cours en Europe. Paris n'est pas la priorité

24 Windler, 2002, p. 228-230.
25 Naff, 1963, p. 303-304.
26 Grenet, 2016 (a), p. 301.

et l'ambassadeur ottoman ne rejoint la capitale française qu'en 1796. Si les ambassadeurs sont des sujets musulmans, les représentations consulaires sont souvent des sujets grecs et juifs de l'Empire surtout chargés de faciliter le commerce ottoman à l'étranger. Les travaux de Mathieu Grenet témoignent combien la chronologie et la géographie de l'implantation du réseau consulaire ottoman reste en partie méconnue, puisque les nominations ne commencent à être enregistrées de manière systématique qu'à partir de 1802. Il évoque également le fait que la distinction entre les appellations de « *Şehbender* » (Shah-Bender) et « *Ḳonṣolos* » pour les titulatures reste floue tout comme le découpage juridictionnel des nouveaux consulats[27]. En 1797, le premier consul ottoman à Marseille a originellement et de manière ambigüe une prérogative méditerranéenne plus que marseillaise. Ce qui est plus claire, c'est l'intégration du nouveau réseau consulaire ottoman aux problématiques du commerce méditerranéen. Il n'est ainsi pas étonnant que les réformes de Selim III concernent à la fois le réseau consulaire et le pavillon ottoman[28]. Concernant spécifiquement les Royaumes de Naples et de Sicile, des postes consulaires sont institués à Palerme, Messine, Otrante et Naples entre 1792 et 1807 sous le règne de Selim III[29]. Par la suite, on compte en 1820 dans le Royaume des Deux-Siciles et spécifiquement en Sicile un consulat général à Messine et un consulat à Palerme, ainsi que 8 vice-consulats dépendants du consul de Messine, à Trapani, Agrigente, Gela, Syracuse, Augusta, Messine, Milazzo et Lipari[30].

Dès l'année 1801, le consul des ottomans est actif à Naples et sous la direction d'Angelo di Cazzaiti[31]. Il s'agit en fait d'Aggelos Katsaïtis dont les travaux de Mathieu Grenet, que nous utilisons encore ici, retracent le parcours[32]. Sujet vénitien originaire de Céphalonie, qualifié d'affréteur, ce dernier est d'abord consul des Ottomans à Trieste en 1800, puis après Naples il continue sa carrière dans les divers États italiens (le Royaume de Sardaigne, les États pontificaux, le Royaume des Deux-Siciles, ou le Grand-duché de Toscane), et devient même le consul de la Régence de Tripoli en Italie, puis en 1847 est toujours consul de l'Empire ottoman

27 *Ibid.*, p. 302.
28 Voir les notes concernant les pavillons marchands ottomans.
29 Grenet, 2016 (a), p. 303.
30 Buonocore, 1976, p. 270.
31 ASN, Affari Esteri, Consoli di Costantinopoli a Napoli (1799-1814), b. 3206.
32 Grenet, 2016 (a), p. 310-313, 337, 362-363.

mais à Trieste. Son cas pose la question d'une circulation des pratiques consulaires qui aurait précédé l'unité italienne, tant la fréquentation des différents postes de la Péninsule lie ces derniers à des pratiques partagées. Concernant spécifiquement son activité napolitaine, elle a principalement pour objet le contrôle de la délivrance du pavillon ottoman à Naples. Le *Shah-Bender*[33] semble d'ailleurs envisager la gestion du pavillon ottoman comme une prérogative personnelle. Le 13 août 1803 il obtient de la *giunta di navigazione* le droit d'accorder le pavillon ottoman au capitaine Giovanni Cesaro afin, écrit-il, de permettre à ce dernier d'éviter d'être arraisonné par des corsaires barbaresques[34]. En revanche, le 20 juin 1804 il se plaint auprès des mêmes autorités napolitaines de diverses fraudes dans l'octroie de pavillons ottomans sans l'*imperiale firmano* du Sultan. Il accuse des individus, dont il ne précise ni la fonction ni le nom, de se faire passer pour des représentants de la Sublime Porte et de « couvrir » frauduleusement des embarcations du pavillon ottoman. Le consul demande à ce qu'un contrôle plus rigoureux des documents autorisant la délivrance du pavillon soit effectué par les autorités napolitaines. La délivrance et le contrôle du pavillon ottoman font également entrer la Porte dans le « concert maritime des nations ». Lors de la prise par un corsaire russe d'une embarcation de commerce ottomane, le consul Cazzaiti agit comme tous les autres consuls et assurent le rapatriement du capitaine et des équipages[35]. Le consul n'hésite donc pas à demander à son homologue russe de faire relâcher les marins et faciliter les démarches. Il s'agit de procurer au capitaine-Raïs Mustafa et à ses 40 marins les passeports et provisions nécessaires, ces derniers étant bloqués au port de Cotrone, là où leur embarcation a été conduite par le corsaire russe. Cazzaiti doit également agir de concert avec les consuls de Raguse, d'Angleterre, d'Espagne et de Gênes lorsque les autorités napolitaines sont à la recherche de marins de Procida qui ont abandonné leur embarcation et leur capitaine en pleine mer en prétextant la menace d'un corsaire barbaresque[36]. Les

33 Il est nommé ainsi dans la documentation napolitaine que nous avons consultée.

34 ASN, Affari Esteri, Consoli di Costantinopoli a Napoli (1799-1814), b. 3206.

35 ASN, Affari Esteri, Consoli di Costantinopoli a Napoli (1799-1814), b. 3206 : lettre du consul Angelo di Cazzaiti de Naples du 29 septembre 1804.

36 ASN, Affari Esteri, Consoli di Costantinopoli a Napoli (1799-1814), b. 3206 : lettre de Caserta aux consuls d'Angleterre, d'Espane, de Raguse, de la Porte et de Gênes datée du 24 mai 1803.

18 marins sont ainsi recherchés pour être jugé mais ils se sont embarqués sur divers navires à quai dans le port de Naples et la contribution des consuls est donc demandée par le *Supremo Magistrato di Commercio* afin de les trouver et de les emprisonner. Cazzaiti répond favorablement à cette demande et contrôle les embarcations grecques et ottomanes où ils retrouvent 3 de ces marins[37].

Le *Shah-Bender* a également le pouvoir de nommer des agents ottomans sur le territoire napolitain. Du moins nous retrouvons la trace d'une nomination en la personne de Giacomo Cursula qui devient en mars 1804 agent de la Sublime Porte à Messine[38]. Il s'adresse également au *Supremo Tribunale di Commercio* pour que le vice-consul des Ottomans à Castellamare, Antonio Longobardi, soit dispensé de la charge d'*Eletto nobile* de la cité (représentant municipal), ce qui l'obligerait à quitter son poste[39]. Cazzaiti obtient satisfaction et Longobardi peut continuer à exercer.

Ces exemples ne doivent cependant pas laisser penser que ce premier consulat s'est facilement inséré dans les institutions napolitaines. Par exemple, Cazzaiti se voit refuser l'autorisation de séquestrer une embarcation de sa nation car ce droit est la prérogative du tribunal de commerce ou bien de l'Amirauté[40]. Tandis que ces interventions dans une affaire concernant des négociants siciliens se prétendant ottomans pour échapper à la justice, les Varvessi, semblent avoir peu de poids dans les décisions des autorités et tribunaux napolitains[41]. Le comportement ambigu de Cazzaiti est à cette occasion dénoncé. Le personnage est ainsi décrit dans les documents napolitains et nous retrouvons cette description sous d'autres cieux : les archives consultées par Mathieu Grenet soulignent la duplicité et l'ambition du personnage lors d'autres consulats, notamment dans les autres États italiens[42]. Ceci est reconfirmé dans les archives napolitaines par une lettre qui annonce qu'Angelo Cazzaiti est

---

37 ASN, Affari Esteri, Consoli di Costantinopoli a Napoli (1799-1814), b. 3206 : lettre du consul Angelo di Cazzaiti à Giovanni Acton datée du 31 mai 1803.

38 ASN, Affari Esteri, Consoli di Costantinopoli a Napoli (1799-1814), b. 3206 : lettre du consul Angelo di Cazzaiti à Giovanni Acton datée du 20 mars 1804.

39 ASN, Affari Esteri, Consoli di Costantinopoli a Napoli (1799-1814), b. 3206 : lettre du consul Angelo di Cazzaiti datée du 21 août 1804.

40 ASN, Affari Esteri, Consoli di Costantinopoli a Napoli (1799-1814), b. 3206 : lettre du consul Angelo di Cazzaiti datée du 24 septembre 1804.

41 ASN, Affari Esteri, Consoli di Costantinopoli a Napoli (1799-1814), b. 3206 : lettre du chargé d'affaire de la Russie de Naples datée du 12 juillet 1804.

42 Grenet, 2016 (a), p. 310-312.

démis de ses fonctions de consul de la Porte dans le Grand-Duché de Toscane à cause de ses relations avec les partisans grecs[43]. Ce qui est certain, c'est que Cazzaiti ne s'oppose jamais frontalement aux institutions napolitaines et semble envisager sa position dans les limites que lui accorde le pouvoir napolitain, même s'il a été nommé par la Porte.

Quoi qu'il en soit, celui-ci quitte son poste et en 1805 le nouveau *Shah-Bender* se nomme Antonio Gerardi[44]. Son nom est parfois orthographié Girardi ou encore Genzardi dans la documentation consultée et il reste d'abord cantonné en Sicile à cause de l'occupation française qui va compliquer les questions de souveraineté et de réciprocité entre Sicile napolitaine et terre-ferme sous domination napoléonienne[45]. Notons que l'activité de ce dernier prend un tour plus conflictuel par rapport aux institutions napolitaines (ici siciliennes) auxquelles il n'hésite pas à s'opposer. Il intervient par exemple en faveur de Tunisiens qui sont selon ses propres termes sont les protégés de l'Empire[46]. Il s'agit des capitaines Ali Leoreisi et Cali dont les embarcations appareillent en 1813 de Naples pour rejoindre la Tunisie chargées de marchandises pour le compte de négociants de la Régence. Gerardi intervient d'abord pour que les officiers de la Santé sicilienne donnent après la quarantaine la *libera pratica* aux deux embarcations (c'est-à-dire un document autorisant la libre navigation sur le territoire maritime napolitain) qui font escale à Messine, même si celles-ci proviennent d'un territoire « ennemi » (Naples est alors sous domination française)[47]. Ces derniers en refusent d'abord la délivrance et le consul Gerardi doit négocier. Il réussit à les convaincre et obtient satisfaction, mais les capitaines tunisiens et leurs équipages sont pourtant empêchés par la police de descendre à terre et de débarquer leur marchandise.

43 ASN, Affari Esteri, Consoli di Costantinopoli a Napoli (1815-1829), b. 3208 : lettre de Gasapro Dispendi datée du 8 novembre 1825.

44 Il intervient en tant que tel le 18 octobre 1805 en faveur du capitaine Ibrahim, venant de Trieste et réfugié à Otrante à cause d'une tempête (ASN, Affari Esteri, b. 3206, Consoli di Costantinopoli a Napoli (1799-1814)).

45 En 1806, Napoléon installe son frère Joseph sur le trône de Naples et Ferdinand IV doit fuir vers la Sicile où il maintient son pouvoir, avec l'aide de l'Empire britannique, et Palerme devient la capitale. Le Royaume de Naples est alors territorialement morcelé entre deux entités distinctes sur le plan institutionnel et politique jusqu'en 1816 (Barra, 2007).

46 ASN, Affari Esteri, Consoli di Costantinopoli a Napoli (1799-1814), b. 3206 : dossier de Palerme du 11 octobre 1813.

47 ASN, Affari Esteri, Consoli di Costantinopoli a Napoli (1799-1814), b. 3206 : lettre du consul Antonio Gerardi datée du 10 janvier 1813.

Gerardi s'insurge contre cette mesure qui porte préjudice au pavillon tunisien et indique que les équipages « turcs » ont le droit d'aller et venir en ville quand ils obtiennent la *libera pratica*. Il ajoute que par le passé (sans préciser la période), alors qu'il n'y avait pas de paix avec les Régences de Tunis et Tripoli, les embarcations pouvaient tout de même accoster et les équipages circuler à terre librement. D'ailleurs, il affirme que sont venus de Naples récemment les embarcations tunisiennes des Raïs Ali et Mukamett dont les équipages ont été libres de circuler en ville après leur quarantaine. Gerardi ajoute une information intéressante : selon-lui il est normal de contrôler les équipages napolitains de ces embarcations, mais les Turcs et Tunisiens ne doivent pas être retenus à bord et interdit de débarquer. Il demande donc au gouvernement sicilien la mise en pratique de la paix avec la Régence. Le consul des Ottomans obtient alors du Roi de Naples et de Sicile en exil l'autorisation de faire débarquer les marins tunisiens et ceux des « puissances amies[48] ». Pour les individus provenant des « *paesi occupati dal nemico* » (« pays occupés par l'ennemi »), une vérification individuelle doit décider de leur sort. Si Gerardi n'évoque pas textuellement une réciprocité des pratiques, il insiste lourdement sur les avantages de la paix (c'est-à-dire les traités) avec les Régences et ses conséquences individuelles sur les sujets et protégés ottomans. Malgré le morcellement politique napolitain (ou peut-être « grâce » à celui-ci), il existe des espaces de négociations, alors que le pavillon de la Porte semble devenir un sauf-conduit entre les deux territoires.

De manière moins heurtée, le consul obtient en effet par la suite un passeport pour une embarcation ottomane commandée par un capitaine de Psara qui lui permet de se rendre de Messine à Naples puis de revenir à Messine[49]. Il s'agit d'une demande faite au consul par le négociant Giacomo Stampa qui souhaite affréter trois embarcations ayant le pavillon neutre « greco-ottoman » et commandées par des capitaines de Psara et Tines[50]. Giacomo Stampa souhaite en effet effectuer des navigations commerciales à destination de Naples et demande donc l'octroi de passeports par l'intermédiaire du consul Gerardi. On trouve par la suite d'autres demandes de ce type pour

48 ASN, Affari Esteri, Consoli di Costantinopoli a Napoli (1799-1814), b. 3206 : lettre de Palerme datée du 14 janvier 1813.

49 ASN, Affari Esteri, Consoli di Costantinopoli a Napoli (1799-1814), b. 3206 : passeport délivré à Palerme et daté du 23 octobre 1813.

50 ASN, Affari Esteri, Consoli di Costantinopoli a Napoli (1799-1814), b. 3206 : lettre sans date de Giacomo Stampa joint au passeport précédent.

les capitaines Giovanni Dimitri d'Hydra et Mahmut Feisli, avec outre l'autorisation de se rendre à Naples celle de faire escale à Cagliari[51]. En fait, la navigation entre la Sicile et Naples des neutres ottomans pour acheminer et importer les produits locaux est officiellement autorisée par le tribunal du *Patrimonio* de Palerme le 25 septembre 1813. Le pavillon ottoman devient pendant cette période profitable, ce qui lui permet de s'insérer dans une niche marchande. Ce qu'il faut retenir, c'est que le consulat de Gerardi marque manifestement une progression de l'extraterritorialité ottomane. Le contexte « sicilien » et l'occupation de Naples peut cependant nous inviter à relativiser le phénomène. Cette modeste ouverture pourrait en effet être due à la relative faiblesse du gouvernement napolitain en exil et de sa souveraineté, le Roi et son territoire amoindri étant devenus les protégés de l'Angleterre. La période suivante va pourtant infirmer cette hypothèse et les pratiques entrevues vont se confirmer.

La restauration du *Regno* après le congrès de Vienne et le traité de Casalanza du 20 mai 1815, puis la création du Royaume des Deux-Siciles qui marque pour Naples la fin de la période napoléonienne, s'accompagnent du redéploiement du réseau consulaire ottoman. Il s'agit pour les autorités napolitaines et la Porte d'une réappropriation territoriale à plusieurs titres. D'abord le gouvernement napolitain reprend la main sur ses institutions et dès le 12 août 1815 signale à tous les tribunaux de Naples la nomination d'Antonio Gerardi comme consul général de la Porte sur le territoire napolitain[52]. La réappropriation de l'administration s'accompagne pour Gerardi des prérogatives qui sont les siennes au sein d'un État « souverain ». À l'occasion de cette restauration consulaire, nous apprenons que Gerardi est originaire de Naxos et a été nommé par la porte en 1805 pour succéder à Cazzaiti[53]. C'est en mars 1806 qu'il a dû quitter Naples pour Messine à cause de l'invasion française, restant fidèle à la couronne napolitaine. Il quitte cependant son poste de sa propre initiative en mars 1818[54]. Il demande à cette occasion que son départ

51 ASN, Affari Esteri, Consoli di Costantinopoli a Napoli (1799-1814), b. 3206 : lettres de Palerme sans date.

52 ASN, Affari Esteri, Consoli di Costantinopoli a Napoli (1815-1829), b. 3208 : lettre du secrétaire d'État datée du 12 août 1815.

53 ASN, Affari Esteri, Consoli di Costantinopoli a Napoli (1815-1829), b. 3208 : lettre du consul Antonio Gerardi de Naples datée du 6 août 1815 et lettre du 5 décembre 1805.

54 ASN, Affari Esteri, Consoli di Costantinopoli a Napoli (1815-1829), b. 3208 : dossier du 5 mars 1818.

n'affecte pas les vice-consuls qu'il a nommés et qu'ils continuent d'être reconnus pour que les sujets et le pavillon ottomans soient assistés sans interruption. Or cette demande est loin d'être anodine car le réseau des vice-consuls ottomans a été difficile à mettre en place.

Dès le 13 février 1816, la préfecture de police napolitaine se renseigne sur la moralité des nouveaux vice-consuls ottomans nommés dans les ports du Royaume des Deux-Siciles. En effet, Gerardi a commencé a exercé ses prérogatives consulaires en nommant plusieurs vice-consuls de sa propre initiative ; par exemple Carlo de Muro et Bernardo Piroscia respectivement à Castellamare et à Reggio[55]. Dès octobre 1815, il a également nommé Nicola de Luca, son vice-consul à Naples, et Carlo Scala son chancelier. Il doit apparemment remplacer ce dernier rapidement après sa nomination car le 15 février 1816 un dossier de la préfecture de police signale que l'administration prend des informations sur Raffaelle Cantarelli pour savoir s'il est possible ou non de lui délivrer la patente de chancelier du consulat des Ottomans. Il l'obtient le 23 février 1816 en même temps qu'Antonio Guzman et que Vincenzo Lusignalo qui deviennent respectivement vice-consuls de la Porte à Barletta et à Pouzzoles. Concernant Guzman, ce dernier affirme qu'il est vice-consul des Ottomans à Barletta depuis 1803 et demande à poursuivre sa fonction malgré l'arrivée d'un nouveau consul général. Le 10 juillet 1816, c'est la personnalité de Pietro de Acetis, nommé vice-consul ottoman à Pescara, qui est contrôlée. En 1817 Gerardi nomme Giacomo Rota à Monopoli, Girolamo dell'Abat à Brindisi et Vincenzo Nola à la *marina* di Cassano (Piano di Sorrento)[56]. Tous ces vice-consuls font également l'objet d'un suivi par l'administration napolitaine qui reçoit les patentes et contrôle le parcours des individus. C'est par exemple le cas des deux derniers vice-consuls cités[57]. Nous sommes donc bien loin d'un droit de nomination univoque des vice-consuls qui semble être plus contrôlé côté napolitain que côté ottoman. Surtout, ces vice-consuls sont au cœur

55 ASN, Affari Esteri, Consoli di Costantinopoli a Napoli (1815-1829), b. 3208 : dossier du 16 décembre 1816.

56 ASN, Affari Esteri, Consoli di Costantinopoli a Napoli (1815-1829), b. 3208 : dossier du 12 mars 1817.

57 ASN, Affari Esteri, Consoli di Costantinopoli a Napoli (1815-1829), b. 3208 : dossier de la police du 1er janvier 1817 intitulé *Affinché informino sul conto dei signori Giacomo Rota e Vincenzo Nola nominati vice-consoli ottomano il primo in Monopoli e sue adjacenze ed il secondo nella marina di Cassano.*

de la difficile réciprocité de la représentation juridique qui s'exprime également au niveau de leur activité quotidienne.

Malgré leur implication manifeste dans la protection des intérêts du pavillon ottoman, les vices consuls ont un faible poids vis-à-vis des institutions. C'est le cas d'Antonio Guzman qui tente de défendre un capitaine ottoman. Vice-consul à Barletta, il prend en 1819 en charge une affaire concernant le capitaine Antonio Maramao nolisé à Prevesa pour se rendre à Ancône et qui fit face à une tempête qui l'obligea à jeter à la mer une partie de son chargement puis à se réfugier à Monopoli[58]. En sécurité dans le port, le capitaine décide de vendre une partie de son chargement, surtout des denrées périssables, ce qui est en contravention avec les règlements sanitaires. Lui et son équipage sont alors arrêtés par les officiers de la santé et conduits à la prison de la province où ils sont incarcérés. Entre temps, Giacomo Rota a renoncé à sa charge de vice-consul à Monopoli et Guzman, s'il est débouté de sa demande pour nommer un nouveau vice-consul dans le port, s'occupe de la juridiction consulaire ottomane laissée vacante[59]. Guzman intercède donc en faveur des marins auprès du *Supremo Magistrato di Sanità* pour leur libération, sans résultats. Pire, le 31 juillet 1819 l'affaire est renvoyée devant la grande cour criminelle de Trani. En revanche, ses suppliques auprès du pouvoir napolitain sont plus efficaces[60]. Il obtient ainsi la grâce pour le capitaine et l'équipage, et se permet même de demander la restitution de leur embarcation[61]. Par rapport à la période précédente, il existe désormais officiellement une forme d'extraterritorialité juridique qui s'incarne dans la fonction consulaire, même si elle est indirecte dans ce cas précis et ne semble efficace que sur le plan diplomatique. Néanmoins, le résultat est là et les sujets « ottomans » et leurs pavillons ont une représentation pour gérer leurs litiges et revendications. Guzman renoncera à son poste pour raisons familiales en mai 1827[62].

---

58 ASN, Affari Esteri, Consoli di Costantinopoli a Napoli (1815-1829), b. 3208 : lettre des affaires internes datée du 16 juin 1819.

59 ASN, Affari Esteri, Consoli di Costantinopoli a Napoli (1815-1829), b. 3208 : lettre du vice-consul Antonio Guzman de Barletta au Marchese Circello datée du 14 septembre 1819.

60 ASN, Affari Esteri, Consoli di Costantinopoli a Napoli (1815-1829), b. 3208 : lettre du vice-consul Antonio Guzman de Barletta au Marchese Circello datée du 16 novembre 1819.

61 ASN, Affari Esteri, Consoli di Costantinopoli a Napoli (1815-1829), b. 3208 : lettre du vice-consul Antonio Guzman de Barletta au Marchese Circello datée du 11 janvier 1820.

62 ASN, Affari Esteri, Consoli di Costantinopoli a Napoli (1815-1829), b. 3208 : lettre de l'intendant de la province de Bari datée du 8 mai 1827.

Concernant les notions de souveraineté maritime et de réciprocité, c'est le nouveau consul de la Porte à Naples, succédant à Gerardi, qui va plus clairement en dessiner les contours. Gregorio de Tabisco, qui occupe désormais le poste, va en effet demander au mois d'octobre de l'année 1820 la stricte observation des articles V, VI, VII et X du traité de paix et de navigation conclut entre les deux nations le 27 avril 1740[63]. Rapidement le ministère de la justice s'informe sur la teneur de ces articles, tombés dans l'oubli, et se rend compte qu'ils concernent « l'arbitraire juridique et la juridiction territoriale », à laquelle, selon les propres mots des autorités napolitaines, la Cour ne peut renoncer. À l'origine de l'affaire se trouve la conduite des fonctionnaires de la santé maritime de Messine envers les bâtiments battant pavillon ottoman. Les officiers de la santé ont en effet (et une fois de plus) refusé d'admettre à la *libera pratica* les embarcations marchandes de la Sublime porte qui transportent des céréales depuis le Levant ; mesure qui selon le consul est infondée en droit et surtout un prétexte. Gregorio de Tabisco réclame alors que les pratiques sanitaires soient appliquées uniformément à tous les pavillons et non le privilège de certaines puissances et une contrainte pour d'autres. De plus, il profite de cette plainte et de la polémique autour du traitement du pavillon ottoman pour affirmer que le Royaume des Deux-Siciles est également en contravention avec les articles du traité de paix sur le plan de la pratique juridique (il évoque la *dovuta reciprocità*, la « réciprocité due »)[64]. En effet, les tribunaux napolitains jugent les « *sudditti ottomani* » (« sujets ottomans ») sans que le consul puisse intervenir, et lorsqu'une controverse nait entre deux sujets ottomans elle doit être du seul ressort juridique du consul de Tabisco. Il s'agit là, avec 80 années de retard, d'une demande de réciprocité de la juridiction consulaire qui embarrasse fortement le gouvernement napolitain et marque le début d'une âpre négociation de l'extraterritorialité ottomane.

Les discussions internes au ministère des affaires étrangères témoignent des hésitations du pouvoir. Les demandes concernant l'égalité de traitement

63 ASN, Affari Esteri, b. 3208, Consoli di Costantinopoli a Napoli (1815-1829) : dossier du ministère de la justice et des affaires internes intitulé *Il console ottomano ha reclamato l'osservanza degli articoli 5, 6, 7 e 10 del trattato di pace esistente tra la nostra corte e la Sublima Porta. Si rimettono copie dei citati articoli e dell'uffizio del console* daté du 5 octobre 1820.

64 ASN, Affari Esteri, b. 3208, Consoli di Costantinopoli a Napoli (1815-1829) : lettre du consul Gregorio de Tabisco sans date.

du pavillon trouve d'abord un écho favorable[65]. Concernant la juridiction consulaire, on demande à faire des recherches pour savoir si le traité de 1740 permet de s'accommoder avec la législation napolitaine lorsque naît un litige entre Ottomans. À cette occasion, une copie du traité et des articles est réalisée afin de pouvoir les étudier et prendre les décisions qui s'imposent. Le consul de Tabisco, dans une correspondance nourrie, pousse en effet les autorités à une longue justification ne pouvant trouver sa source qu'en réexaminant les anciens traités et le sens à leur donner. Finalement, le ministère des affaires étrangères trouve un artifice concernant les aspects sanitaires, arguant de la nécessité de l'arbitraire des députés de la santé de Messine (les dangers sanitaires liés à l'espace ottoman, zone et source de contagion). En revanche, concernant la requête ayant trait aux litiges inter-ottomans, on ne sait que faire, et le dossier doit être examiné par la *giunta provisorio di governo.* La question de la réciprocité est en quelque sorte mise en attente de nouveaux évènements qui peuvent en demander la négociation.

Outre ces questions de souveraineté et de réciprocité, le consul général des Ottomans Gregorio de Tabisco est très actif dans la reconfiguration du réseau consulaire. Dès 1820 il demande à ce que les consuls Lambro Varvessi (impliqué dans une affaire précédente sous le consulat de Cazzaiti) et Antonio Genzardi (il s'agit de Girardi, qui s'était donc replié sur un autre consulat), respectivement consuls de la Porte à Messine et Palerme, soient démis de leur fonction[66]. Nous avons trace du consul Varvessi qui informe le 4 mars 1820 de la nomination de représentants de la Porte à Milazzo, Trapani, Terranova, Syracuse, Agrigente, Augusta et Lipari. En remplacement de Varvessi, de Tabisco nomme d'abord en 1820 Pietro Caccia puis Panno Zafiri en 1822. Il s'agit désormais d'un poste de vice-consul et non de consul de la Porte à Messine.

Gregorio de Tabisco s'emploie également à partir de 1820 à destituer des vice-consuls. C'est le cas de Domenico Delle Guanti, vice-consul à Manfredonia et démis de ses fonctions en février 1820[67]. Il demande également à la même date de retirer toutes les patentes précédemment

65 ASN, Affari Esteri, Consoli di Costantinopoli a Napoli (1815-1829), b. 3208 : lettre sans date du ministère des affaires étrangères.

66 Buonocore, 1976, p. 269 et ASN, Affari Esteri, Consoli di Costantinopoli a Napoli (1815-1829), b. 3208 : dossier du 27 septembre 1820.

67 ASN, Affari Esteri, Consoli di Costantinopoli a Napoli (1815-1829), b. 3208 : dossier intitulé *Console generale ottomano. Bisogna che egli stesso s'incarichi del ritiro delle patente che*

délivrées aux vice-consuls devant représenter les Ottomans, sauf pour Messine, Palerme, Monopoli, Salerne, Pouzzoles et Gaète. Il abroge ainsi les nominations faites précédemment par Varvessi.

De Tabisco reprend donc la main alors que les trafics s'intensifient. Le cas napolitain témoigne ici de l'influence du développement des navigations battant pavillon ottoman dans le bassin tyrrhénien qui densifie clairement la négociation consulaire autour des attributions juridiques et de la souveraineté ottomane. Cependant, les années 1830 marquent une rupture car la constitution d'un État grec permet aux embarcations de commerce d'arborer le pavillon grec et la souveraineté correspondante au désormais ancien territoire ottoman. Ainsi, les années 1830 voient le développement des échanges battant pavillon grec au détriment du pavillon ottoman alors qu'une refondation du réseau consulaire est également à l'œuvre[68]. Concernant spécifiquement les échanges avec le Royaume des Deux-Siciles, les pavillons ioniens et grecs dominent largement l'activité du pavillon ottoman. Entre 1838 et 1855, le trafic des navires battant pavillon ionien, grec et ottoman dans les ports continentaux du Royaume des Deux-Siciles est respectivement de 826, 266 et 51 embarcations[69]. Le pavillon grec devient alors l'objet d'une spéculation marchande, certes déjà présente par le passé, mais dont l'intensité est inédite. Mais au-delà de la négociation consulaire et marchande autour du pavillon et des renversements des navigations du XIXe siècle, la concurrence des souverainetés maritimes concernant l'extraterritorialité ottomane gagne tout de même progressivement en densité jusqu'à engager plus directement les institutions concernées ; c'est autour des litiges et de leur règlement qu'elle prend le plus de vigueur. Plusieurs affaires en témoignent.

Par exemple le tribunal de commerce de Naples peine à rendre un jugement au sujet de la polaque du capitaine Andrea Constantino. L'affaire, très complexe, se retrouve sur plusieurs fonds documentaires[70]. L'embarcation arborant le pavillon ottoman a fait l'objet d'un change

---

sono preso i vice consoli della sua nazione che intende di destituire dell'esercizio delle loro funzioni daté du 20 mai 1820.

68 Harlaftis et Kostelenos, 2012, p. 1407.

69 Clemente, 2011, p. 242.

70 Notamment les fonds du tribunal de commerce de Naples et de la chancellerie ottomane (ASN, Tribunale di Commercio, b. 144 Sentenze (Dicembre 1817) et b. 164 Atti depositati ; Affari Esteri, Consoli di Costantinopoli a Napoli (1815-1829), b. 3208.

maritime en juillet 1813 mais sa prise par une embarcation corsaire entraîne une protestation des négociants concernés[71]. Rafaelle Cobuzio, procureur de l'un des négociants qui se nomme Alessandro Ferrante, demande ainsi le paiement des frais de justice engendrés par la prise. Mais le tribunal affirme qu'il doit d'abord établir la traduction des *firmani* détenus à bord avant de pouvoir rendre une sentence définitive. Ces documents sont au nombre de 4, dont 3 sont écrits en turc et le dernier en grec. Le tribunal ordonne alors au chancelier du consulat ottoman à Naples d'en faire la traduction[72]. Mais devant l'impossibilité de trouver une personne à Naples capable de traduire les documents turcs, le chancelier Cantarelli transmet les *firmani* à Rome où il connaît une personne qui a les compétences nécessaires. Les documents reviennent à Naples en 1818 après avoir été traduits par Paolo Sebastiani « *Deputato degli Armeni cattolici* » (député des Arméniens catholiques)[73]. Les documents consistent en 3 diplômes/mandats et le mandat du commandant de l'arsenal de Constantinople Hagi Ahmed Aziz. Le premier s'intitule « *mandato per l'assicurazioni dei sudditi* » (« mandat pour l'assurance/protection des sujets »), concerne la délivrance de l'autorisation de naviguer sous pavillon ottoman pour l'embarcation et la protection du capitaine et ses devoirs sur mer. Notamment le fait qu'il ne doit être empêché ou molesté en aucune façon lors de sa navigation en « mer blanche » et qu'il jouit de la protection qui lui accorde le diplôme. Ensuite nous avons le « *mandato per la negoziazione dei Sudditi* » (« mandat pour les négociations des sujets ») et le « *mandato pe l'essenzione del tributo* » (« mandat pour l'exemption du tribut »). Enfin, le dernier document concerne le « *Rescritto del Tribunale dell'Arsenale* » (rescrit du tribunal de l'arsenal) qui résume les droits et les autorisations du capitaine dépositaires des 3 mandats. Si le tribunal de commerce de Naples ne mentionne pas textuellement les raisons de sa demande de traduction, nous pouvons affirmer sans risque qu'il s'agit de connaître les dispositions ottomanes en matière de droit maritime. Non pas que ces dernières soient « nouvelles » ou inconnues, la traduction des documents a pour objectif de savoir dans quelle mesure le tribunal peut agir autour du règlement d'une affaire qui concerne le pavillon

71 ASN, Tribunale di Commercio, b. 144 Sentenze (Dicembre 1817), p. 1309.

72 ASN, Affari Esteri, Consoli di Costantinopoli a Napoli (1815-1829), b. 3208 : lettre du chancellier du consulat des Ottomans Rafaelle Cantarelli non datée.

73 ASN, Affari Esteri, Consoli di Costantinopoli a Napoli (1815-1829), b. 3208 : traduction de Paolo Sebastiani datée du 12 mars 1818.

ottoman. Il s'agit là d'une forme de reconnaissance de la souveraineté ottomane et même si nous ne connaissons pas l'issu de l'affaire, la présence d'un consulat en 1817 n'est pas étrangère à un renforcement de l'extraterritorialité juridique ottomane. Or si celle-ci est difficile et en construction sur le territoire napolitain, elle ne va pas non plus de soi sur d'autres rivages européens. Par exemple, à Marseille le statut juridique des *firmani* est discuté, notamment selon l'autorité qui les délivre. C'est le cas du jugement rendu à Marseille à propos du pavillon ottoman d'une embarcation qui fait naufrage[74]. Le 17 avril 1817 Anastase di Giovanni achète à Marseille le brick la Réunion, auparavant une embarcation corsaire anglaise. L'embarcation est ensuite affrétée par le marchand Israël Gervasi pour se rendre à Smyrne. Le 25 avril et le 5 mai Gervasi fait assurer les marchandises et le bâtiment et qualifie le brick de grec-ottoman dans les documents. Le 11 mai le capitaine lève l'ancre et se rend à Smyrne en arborant le pavillon ottoman en vertu d'une patente délivrée par le consul de la Porte à Marseille. Mais le 29 mai le brick fait naufrage au large du cap Passero au sud de la Sicile et le capitaine fait son témoignage au vice-consul ottoman de Syracuse. Cependant, un problème avec les assureurs naît au cours de la procédure. Le tribunal de commerce de Marseille annule en effet les polices d'assurance car le navire n'est pas pourvu d'un Firman définitif du Sultan, que la procédure qualifie également « d'acte de naturalisation ». La simple patente du consul pour arborer le pavillon ottoman ne confère selon le tribunal qu'une « nationalité provisoire ». Les Gervasi font alors appel. C'est la cour royale d'Aix qui va statuer le cas le 22 janvier 1822 et son appréciation est des plus intéressante. Le tribunal d'appel va considérer que la distinction entre le Firman du Sultan et la patente ne peut être invoquée car même si le bâtiment doit être « nationalisé » à Constantinople, la patente le protège lors de sa navigation et rentre selon le tribunal dans un processus de naturalisation : « [...] la patente a été concédée pour cause motivée de naturalisation, ce qui suffirait pour la protection du navire pendant son voyage [...] ». Il n'y a donc pas « innavigabilité » et les assureurs peuvent donc bénéficier des assurances contractées. En revanche, la baraterie du capitaine est prouvée et met en défaut les assurés pour le remboursement.

Si nous avons ici l'exemple d'une ouverture à la souveraineté ottomane au sein de l'institution napolitaine, et également à Marseille, la fermeture

74 Tous les développements de l'affaire sont présents dans Ledru-Rollin, (1822-1823), p. 76.

momentanée du territoire au pavillon ottoman existe également et peut prendre diverses formes.

Nous avons vu précédemment, sous le consulat de Gregorio de Tabisco, que la contrainte sanitaire représente un moyen pour le gouvernement napolitain de contrôler l'accès à son territoire. Certes, le danger d'une contamination en provenance du Levant est une réalité et les mesures sanitaires sont nombreuses et souvent justifiées concernant le Royaume des Deux-Siciles[75]. Cependant, les oppositions entre le consul des Ottomans et les députés de la santé témoignent qu'il s'agit également d'un levier de négociation où se joue la réciprocité des traités. Il en existe évidemment d'autres. Les contraintes opposées au consul des Ottomans se répètent quelques années plus tard et la question de la réciprocité et de la souveraineté ottomane se pose au travers des pratiques douanières.

En 1847 est signalée une série de naufrage de « *legni ottomani* » (« embarcations ottomanes »)[76]. Le brigantin du capitaine Abdullah connaît par exemple une fortune de mer près de la Sicile, le capitaine Osman plus précisément à Messine, et le brigantin du capitaine Hagi Hussein également sur les côtes siciliennes en étant en provenance de Trieste et se rendant en Tunisie. L'Empire ottoman demande que tous les documents concernant ces naufrages soient envoyés à l'un de ses représentants pour qu'il organise la récupération des marchandises. Cette demande est traduite à la légation napolitaine de Constantinople le « *6 Rabi al-Than 1263* » (soit le « 24 mars 1847 »). L'un de ces naufrages va cependant poser problème.

Il s'agit du capitaine Hagi Hussein qui a fait face à une tempête près de Syracuse. Après que le capitaine et son équipage aient tenté de sauver leur embarcation et alors qu'ils sont à la manœuvre pour finir de s'extirper du danger, une chaloupe des officiers du port vient à leur bord (!). Si l'affaire est complexe, il apparait clairement, au dire du capitaine, que les officiers des douanes napolitains ne sont pas venus pour l'aider. Ils le contraignent au contraire à débarquer sa cargaison et vérifient si ce dernier transporte des marchandises prohibées. Hagi Hussein doit ensuite rembarquer seul avec son équipage les marchandises, ce qui occasionne des dépenses. L'affaire fait grand bruit à Constantinople.

75 Alibrandi, 2012.

76 ASN, Affari Esteri, Consolato del Regno delle due sicilie in Costantinopoli, b. 7355 : dossier *Legni ottomani naufragati nel Regno* (1847).

Il s'agit « d'une insulte » (terme employée) au pavillon ottoman et la Porte estime à juste titre qu'une « puissance amie » n'a pas à se comporter ainsi. Le gouvernement ottoman demande donc réparation, au nom de la réciprocité des pratiques, du respect dû au pavillon et aux prérogatives qui y sont attachées[77]. Ces notions sont très importantes car elles expriment en droit une extraterritorialité ottomane qui sait se faire précise et entendre au niveau diplomatique. Il semble que l'affaire n'ait pas de suite localement au niveau juridique. Si le pouvoir napolitain présente ses excuses, on ne sait pas si les officiers du port et des douanes sont sanctionnés. Finalement, nous sommes ici dans un cas typique de « vexations administratives » qui jalonne les rapports marchands entre les États méditerranéens, au-delà d'une dualité orient-occident et dont le règlement est plus négocié que contraint. L'idée d'ouverture-fermeture du territoire selon un droit « imparfait » est ici décisive pour régir les rapports de souveraineté maritime.

Ce qui est certain, c'est que l'extraterritorialité ottomane, mise en perspective par l'utilisation du traité de 1740 et par la donnée consulaire du XIXe siècle concernant le pavillon, s'avère être un processus d'affirmation de souveraineté qui demande de nombreux approfondissements. En effet, le cas napolitain ne représente qu'un versant de ce processus et il convient de trouver les possibles divergences ou convergences aux cas mentionnés sur d'autres rivages. Cependant, autour de la question du pavillon ottoman nous pouvons saisir la complexité – voire l'ambiguïté – de toutes tentatives de « nationalisation » des échanges maritimes. La préférence donnée au pavillon national, les tribunaux de commerce et maritime, les ordonnances de marine et tout autre organe devant définir la circulation maritime des États sont alors autant d'éléments à partir desquels se négocie *l'imperfection* des rapports entre les souverainetés maritimes concurrentes. Sous cet angle, celui des navigations, les conséquences du traité de Paris en 1856 sont à relativiser car depuis longtemps les questions de souveraineté maritime, d'État du pavillon, d'extraterritorialité consulaire et de droit maritime partagé sont au cœur des négociations où la « loi du plus fort » sur le plan naval et économique n'est pas toujours une donnée certaine et tangible.

---

77 ASN, Affari Esteri, Consolato del Regno delle due sicilie in Costantinopoli, b. 7355 : dossier *Legni ottomani naufragati nel Regno (1847)*, lettre traduite datée du 15 safar 1263 (2 février 1847).

Certes, l'Empire ottoman engage plusieurs réformes au cours de la période étudiée pour perfectionner son droit, le rénover, et par là faciliter l'accès au droit public européen, avec l'idée sous-jacente d'une décadence ottomane que l'exemple européen, au niveau de sa sophistication juridique, pourrait enrayer. C'est le sens des réformes du firman *Tanzîmât* initiée en 1839[78]. Qu'elle soit réelle ou supposée, voire forcée, la nécessité pour l'Empire ottoman d'intégrer le concert européen au niveau juridique est l'objet de débats quant aux aspects relatifs à ses objets, ses sujets et ses territoires[79]. Nous ne discuterons pas ici les impensés qui procèdent d'un droit européen qui serait un gage de modernité tandis que les Ottomans seraient victimes de leurs insuffisances en matière de « bon gouvernement ». Notons simplement que le droit européen et les supposées vertus qui y sont associées n'ont pas « sauvé » le Royaume des Deux-Siciles de la disparition, pas plus que les autres États italiens. Plus certainement, les communautés maritimes survivent et s'adaptent aux renversements et reconfigurations politiques[80], tandis que les institutions changent peu dans leurs objets et objectifs : elles négocient les limites du territoire maritime et son accès, tout comme la réciprocité des pavillons. Un déséquilibre entre Occident et Orient ou toute idée de retard ottoman quant à la donnée maritime et les droits qui lui sont attachés, apparaît alors illusoire et en décalage avec la lecture des intenses négociations et multiples litiges maritimes qui ont jalonné la période moderne et contemporaine. Néanmoins, la nature des tensions entre institutions et souverainetés nationales d'un côté, et droit international de l'autre, s'est graduellement et profondément transformée par la suite. Aujourd'hui comme hier, le droit maritime s'adapte imparfaitement aux questions de souveraineté et de territoire, entre tentative d'harmonisation et exception ; mais tandis que l'enjeu des identités maritimes et de leur perméabilité disparait progressivement, avec en corollaire les acteurs qui sont porteurs de la souveraineté maritime, c'est la question des pavillons pour lesquels aucune forme de réciprocité ne peut être opposée qui

78 Ces réformes concernent autant le droit des individus, la tolérance religieuse que la fiscalité, l'armée et l'administration : Berdal, 2016, 76-77. Pour un exemple de son application à Chypre, dans l'un des territoires rattachés à l'Empire : Aymes, 2004, p. 75-104.

79 Pour le détail des différentes interprétations : Augusti, 2013.

80 Sirago, 2004 (a)

est désormais discutée[81]. Il s'agit là encore des « ressources » d'États faibles qui font le jeu d'autres puissances commerciales, mais dont les individus (c'est-à-dire le gens de mer et institutions rattachées) ne sont plus porteurs, n'en influencent plus le mode d'expression et n'en négocient plus l'application.

81 Par exemple, la norme concernant le travail maritime adoptée en 2006 lors de la Conférence internationale sur le travail est dite opposable aux pays signataires (Rey, 2009, p. 19-20). On peut s'interroger sur le fait qu'elle reste concertée sans que la contrainte soit réellement pénalisante pour les États non-signataires. Nous avons déjà mentionné en introduction le fait que l'État du pavillon est devenu insaisissable (Coutansais, 2010).

CONCLUSION

S'interrogeant sur la conception méditerranéenne turque et ses représentations, Feride Çiçekoğlu et Edhem Eldem mentionnent que l'identité méditerranéenne est « [...] d'être nulle part chez soi, d'être toujours en chemin qui est l'essence de cette identité [...][1] ». De fait, cette identité méditerranéenne aurait été incompatible avec la construction nationale de la Turquie moderne qui tire sa substance d'une identité territorialisée, définissable, et en rapport (de force ?) avec l'Occident. Si cette construction historique élude la substance méditerranéenne, il est intéressant de noter ici que l'identité méditerranéenne oppose une fois de plus, comme ailleurs, une forme d'universalisme à la particularité de l'État, de ses représentations et de ses citoyens. L'historicisation de ce paradigme, loin d'être nouveau, élude toutes les situations intermédiaires et la manière dont l'universalisme méditerranéen, si tenté qu'il existe vraiment, peut interagir avec la donnée étatique. Certes, la période contemporaine a vu une accélération et une reformulation de la production de frontière et de distinction territoriale et culturelle, tandis que les tentatives « d'unification » sont aussi présentes[2]. Or il s'agit plus de géopolitique, de relations interétatiques, que d'une réelle implication des acteurs méditerranéens porteurs d'une identité qui s'adapte, se négocie ou s'oppose à d'autres. De nos jours, les lieux de rencontre méditerranéens et les cas concrets ont malheureusement souvent trait aux migrations et à la guerre quand on pense les acteurs « sur mer[3] ». Il s'agit là d'une différence majeure avec les processus à l'œuvre à l'Époque moderne. Néanmoins, le fait « d'être toujours en chemin » est loin

1 Çiçekoğlu et Eldem, 2000, p. 8.

2 Pour la Turquie consulter Öniş, 1999, p. 107-136 et Camphell, 1992, p. 75. Concernant les processus d'unification et de coopération, citons le processus de Barcelone en 1995 qui avait pour objectif de faire du bassin méditerranéen une zone de dialogue, d'échanges et de coopération visant à garantir la paix, la stabilité régionale et le développement économique (Berramdane, 2005, p. 114).

3 Pour la guerre, nous avons déjà évoqué les rencontres navales en introduction. Concernant les phénomènes d'immigration : De Wangen et Vianna (dir.), 2013.

de signifier n'être rattaché à aucune identité ou aucun espace : le port, la communauté et les transports intègrent les particularités à l'universalisme maritime et englobent l'État et les pratiques de la souveraineté dans le cadre des navigations. De fait, ce processus n'a jamais concerné qu'une poignée d'acteurs même s'il a engagé une réflexion politique et juridique au sommet de l'État et des relations internationales.

En tenant compte de ces éléments, le présent ouvrage (loin d'être exhaustif) témoigne des modalités d'insertion des Napolitains en mer ottomane, plus particulièrement des marins de Sorrento, Procida et autres communautés maritimes du *Regno*, et l'impact de leur modeste navigation sur le développement du concept de souveraineté comme sa négociation pratique. Loin d'être négligeable, les quelques embarcations qui s'aventurèrent en mer blanche et Mer noire soulèvent de nombreuses questions juridiques et pratiques, tout comme elles remettent en cause la force du droit européen et la souveraineté du pavillon comme garantie ou obstacle au commerce. Notre contribution invite également à ne pas sur-considérer les bases sérielles. Elles peuvent en effet devenir des réalités désincarnées eu égard l'usage pavillonnaire et l'identité des acteurs maritimes. Plutôt que de segmenter les trafics, les échanges et les Méditerranées, l'influence des acteurs, économiques comme institutionnels, leur capacité à interpréter la norme et à profiter de nouveaux interstices économiques nous permet d'envisager la donnée maritime dans le cadre d'une interculturalité marchande loin d'être univoque mais qui s'entend autour d'acteurs spécifiques. Il s'agit des Français comme des sujets des divers États italiens et des Autrichiens, Dalmates des côtes adriatiques, Ottomans turcs, grecs ou des régences barbaresques ainsi que les « Nordiques », sans oublier les diverses communautés transnationales, qui interagissent autour des marchés levantins et de la mer Noire malgré les puissants organes de contrôle étatique du commerce. De fait, de qui parle-t-on ? Qui est porteur de la souveraineté nationale et des prérogatives et devoirs qui y sont rattachés ? Derrière le commerce français du Levant, ce sont bien souvent des capitaines de Marseille, de la côte languedocienne et des Liguriens passés dans les transports provençaux au cours des événements révolutionnaires[4]. On rencontre également de nombreux renégats italiens quand on évoque le pavillon de Tripoli. Quid des consuls transnationaux, tant leur position recouvre plusieurs souverainetés sous un même nom ?

4 Buti. 2005, p. 7-38.

Enfin, les nombreuses communautés qui font commerce sous le qualificatif d'Ottomans complexifient l'attribution d'un label « national » quand il s'agit en fait d'une identité portuaire, locale, qui peut facilement se travestir d'une rive à l'autre[5]. Si plusieurs travaux nous permettent d'apprécier les spécificités de l'identité des acteurs des marchés maritimes, son caractère parfois transitoire, fragmenté ou négocié dans le cadre d'une interculturalité méditerranéenne reste largement à explorer[6].

À la multiplicité des profils et des parcours correspond de plus celle des cadres administratifs rencontrés. Ainsi, la question des différents régimes juridiques et institutionnels décrit précédemment nous amène à tester la pertinence de la distinction traditionnelle entre les bassins occidentaux et orientaux – c'est l'idée que le premier est extrêmement « normé » et juridiquement charpenté et le second en apparence plus informel avec une délégation de l'exercice de la justice. En corollaire se pose également la question des représentations, des pratiques et des codes à travers lesquels se négocie l'appartenance des acteurs marchands à un groupe donné.

L'exemple napolitain permet de prendre ses distances avec une conception classiquement asymétrique des rapports entre « Europe » et « Orient » – tel qu'il s'incarne dans les énoncés du type « les Européens au Levant », ou à relativiser les invasions nordiques, le monopole français et la revanche grecque. Les phénomènes décrits ici font partie d'un univers du commerce et d'un contexte interculturel qui s'étend au gré des navigations. Nous sommes alors, dans ce cas précis, au cœur de procédures et d'un usage du droit qui peuvent s'interpréter en fonction de territorialisations maritimes imparfaites, notion qu'il nous a semblé judicieux d'exploiter et qui permet de prendre en compte un processus accumulatif loin d'être terminé. Nous avons à apprendre des différentes souverainetés qui s'opposent à des moments loin d'être concomitants et par l'intermédiaire de processus différents sur leur fond et leur forme[7]. Il n'y a pas alors deux mondes qui s'opposent, mais diverses configurations

5 Consulter Christ, Morch et Zaugg, 2015.
6 Fusaro, Heywood et Omri, 2010.
7 Récemment, la fonte des glaces arctiques laisse entrevoir la possibilité de nouvelles et avantageuses navigations entre l'Atlantique et l'Asie. Réduisant les distances, et avec la présence de gisements de pétrole, il s'agit d'enjeux stratégiques majeurs pour la Russie, le Canada et les États-Unis. Pour ces derniers, la liberté de navigation de la marine américaine est un *casus belli* tandis que pour les deux autres, la mer des détroits fait partie des eaux intérieures et relèvent de leur seule souveraineté (Pelletier et Lasserre, 2015, p. 109-129).

étatiques qui négocient chacune l'accès à leur territoire marchand via les institutions du commerce et concèdent un assouplissement des règles pavillonnaires ou au contraire en revendiquent les prérogatives attachées. Ce système n'exclue donc pas de la compétition marchande les États dits faibles et les autres types de gouvernance, barbaresque ou ottomane, qui peuvent exprimer leur souveraineté autour de l'entreprise maritime.

Surtout, le processus pavillonnaire et institutionnel s'apparente à une longue convergence, au gré des reconfigurations des marchés, des souverainetés et des possibilités étatiques et économiques qui s'offrent aux transporteurs. L'époque contemporaine, de l'ouverture du Canal de Suez à l'ouverture du marché américain va considérablement élargir les horizons méditerranéens sans toutefois remettre en cause le système de pavillonnement hérité de la période précédente et l'accumulation des négociations souveraines. C'est-à-dire un entrelacement entre les intérêts privés et étatiques porteur d'une interculturalité marchande transnationale. Finalement, cette dernière est la seule configuration stable et déchiffrable sur le long terme[8] et aboutit de nos jours à la situation ambigüe concernant l'État du pavillon[9]. Pour les communautés maritimes napolitaines, la transition entre les différentes souverainetés n'entraine pas leur disparition mais un redéploiement de tout ou partie des stratégies des acteurs, tant au niveau des routes qu'ils pratiquent que des espaces où ils s'implantent[10]. C'est la globalisation des transports et de leurs droits attenants, ainsi que la reconversion progressive des acteurs maritimes dans des activités moins difficiles[11], qui va faire passer les navigations du sud de l'Italie du statut d'activité irriguant les modes de vie locaux (et pas seulement en Italie) à celui de patrimoine touristique et historique[12]. Ce processus va alors laisser aux marins extra-européens la pratique de la mer et des souverainetés européennes dans un cadre désormais internationalisé[13].

8 Denis-Delacour, 2013, p. 395.

9 Coutansais, 2010, p. 315.

10 C'est le cas des marins de Procida : Denis-Delacour, 2017.

11 Concernant la perception qu'ont les marins italiens de leurs métiers de nos jours : Esposito, 2013, p. 199.

12 Sirago, 2004 (a) et 2004 (b), p. 49. Concernant la patrimonisation de l'héritage maritime : Roudaut, 1996.

13 Voir la note de synthèse n° 198 – Mars 2018 de Camille Valero de l'Institut Supérieur d'Économie Maritime (ISEMAR) : Le marin dans la globalisation maritime (https://www.isemar.fr/wp-content/uploads/2018/10/Le-marin-dans-la-globalisation-maritime.pdf consulté le 2 janvier 2020).

BIBLIOGRAPHIE

Abdkhaleq Berramdane (éd.), 2005, « Le dialogue politique euro-méditerranéen », *Le partenariat euro-méditerranéen à l'heure de l'élargissement européen*, Paris, Karthala.

Aglietti Marcella, 2012, *L'istituto consolare tra Sette e Ottocento. funzioni istituzionali, profilo giuridico e percorsi professionali nella Toscana granducale*, Pise, ETS.

Ajello Raffaele, 1972, *La vita politica napoletana sotto Carlo di Borbone :'la fondazione ed il tempo eroico'della dinastia*, Naples, Società editrice storia di Napoli.

Albanese Maria Chiara, 2011, « Il concetto di dominio dei mari nel secolo XVIII : la Regia Marina del Regno di Napoli e i Barbareschi », *Fra terra e mare : sovranità del mare, controllo del territorio, sicurezza dei mercanti*, Enza Pelleriti (éd.), Rubbettino, Soveria Mannelli, p. 173-192.

Albertone Manuela (dir.), 2009, *Governare il mondo. L'economia come linguaggio della politica nell'Europa del Settecento*, Milan, Feltrinelli.

Alibrandi Rosamaria, 2012, *In salute e in malattia : le leggi sanitarie borboniche fra Settecento e Ottocento*, Milan, Angeli.

Alibrandi Rosamaria, 2011, « Il Re e la Porta Sublime. Il Trattato Perpetuo di pace, navigazione e commercio concluso tra Carlo III e l'Impero Ottomano il 7 Aprile 1740 », *Fra terra e mare. Sovranità del mare controllo del territorio, giustizia dei mercanti*, Enza Pelleriti (éd.), Soveria Mannelli, Rubbettino, p. 121-138.

Alimento Antonella (dir.), 2011, *War, Trade and Neutrality : Europe and the Mediterranean in the seventeenth and eighteen centuries*, Milan, Angeli.

Allaire Bernard et Fusaro Maria, 2017, « Litiges maritimes et disparités légales en Méditerranée 1610-1659 : Les gens de mer nordiques face à la justice marseillaise », *Cahiers de la Méditerranée*, n° 94, p. 257-284.

Amirell Stefan Eklöf et Müller Leos (éd.), 2014, *Persistent Piracy. Maritime Violence and State-Formation in Global Historical Perspective*, Bangstoke, Palgrave Macmillan.

Antunes Catia Antunes, Halevi Leor et Trivellato Francesca (dir.), 2014, *Religion and Trade, Cross-cultural exchanges in the world history, 1000-1900*, Oxford, Oxford University Press.

Armiero Marco, 2002, *Mare nostrum : materiali per una bibliografia sui rapporti tra l'Italia e il mare in età contemporanea*, Campobasso, Università degli studi di Molise.

Arminjon Pierre, 1903, *Étrangers et protégés dans l'Empire ottoman*, Paris, A. Chevalier-Maresq & Cie.

Assante Franca, 1997, « Il privilegio e il rischio : storia di un fallimento annunciato », *Frontiera d'Europa. Società, economia, istituzioni, diritto del Mezzogiorno d'Italia*, n° 1, p. 5-63.

Assante Franca, 1979, *Il mercato delle assicurazioni marittime a Napoli nel Settecento : storia della Real compagnia, 1751-1802*, Naples, Giannini.

Augusti Eliana, 2019, « Dall'equivoco all'epilogo. L'Impero ottomano e il linguaggio giuridico occidentale », *Afriche e Orienti*, n° 2, p. 11-31.

Augusti Eliana, 2013, *Questione d'Oriente. Europa e Impero Ottomano nel diritto internazionale dell'Ottocento*, Naples-Rome, Edizioni scientifiche italiane.

Augusti Eliana, 2011, « From Capitulations to Unequal Treaties : The Matter of an Extraterritorial Jurisdiction in the Ottoman Empire », *Journal of Civil Law Studies*, vol. 4, n° 2, p. 285-307.

Augusti Eliana, 2009, « The Ottoman Empire at the Congress of Paris, between new Declensions and old Prejudices », *Crossing Legal Cultures. Jahrbuch Junge Rechtsgeschichte*, Laura Beck Varela, Pablo Gutiérrez Vega et Alberto Spinosa (dir.), Munich, Meidenbauer, p. 503-517.

Aymes Marc, 2004, « Chypre en archipel : d'une modernité insulaire des réformes Ottomanes au milieu du XIXe siècle », *Cahiers de la Méditerranée*, n° 68, p. 75-104.

Badem Candan, 2012, *The Ottoman Crimean War (1853-1856)*, Leiden, Brill.

Barbano Matteo, 2019, *Within the Straits. Tangeri, gli inglesi e il Mediterraneo occidentale nella seconda metà del XVII secolo*, Palerme, NDF.

Barduzzi Carlo Enrico, 1909, *La giurisdizione consolare nelle terre islamiche, nell'estremo Oriente, negli Stati vassalli, nei protettorati*, Turin, Bocca.

Barra Francesco, 2007, *Il decennio francese nel Regno di Napoli (1806-1815). Studi e ricerche*, Salerne, Plectica.

Barra Francesco, 1993, *Il Mezzogiorno e le potenze europee nell'età moderna*, Milan, Sellino.

Bartolomei Arnaud, Calafat, Guillaume, Grenet Mathieu, et Ulbert Jorg (dir.), 2018, *De l'utilité commerciale des consuls : l'institution consulaire et les marchands dans le monde méditerranéen (XVIIe-XXe siècle)*, Rome, École française de Rome.

Baudry Robinson et Juchs Jean-Philippe, 2006, « Définir l'identité », *Hypothèse*, n° 1, p. 155-167.

Baugean Jean-Jerôme, 1852, *Collection de toutes les espèces de bâtiments de guerre et de bâtiments marchands qui naviguent sur l'Océan et dans la Méditerranée, dessinée d'après nature et gravée par Baugean*, Paris, chez Marie et Bernard éd.

Beck Varela Laura, Gutiérrez Vega Pablo, Spinosa Alberto, (dir.), 2009, *Crossing Legal Cultures. Jahrbuch Junge Rechtsgeschichte*, Munich, Meidenbauer.

Bedos de Celles François, 1784, *Le négociant patriote, contenant un tableau qui réunit les avantages du commerce, la connoissance des spéculations de chaque nation ; et quelques vues particulières sur le commerce avec la Russie, sur celui avec le Levant, et de l'Amérique Angloise : ouvrage utile aux négociants, armateurs, fabriquants et agricoles*, Paris, Royez.

Bellayer-Roille Alexandra, 2014, « Entre souveraineté et transnationalité, les défis du droit de la mer », *Revue internationale et strategique*, n° 3, p. 111-119.

Bellabarba Sergio et Guerreri Edoardo, 2002, *Vele italiane della costa occidentale : dal Medioevo al Novecento*, Milan, Hoepli.

Bély Lucien, 2007, *L'art de la paix en Europe : naissance de la diplomatie moderne, XVIe-XVIIIe siècle*, Paris, Presses universitaires de France.

Benton Lauren, 2011, « Toward a New Legal History of Piracy : Maritime Legalities and the Myth of University Jurisdiction », *International Journal of Maritime History*, n° 23, p. 225-240.

Benton Lauren, 2009, *A search for sovereignty : Law and geography in European empires, 1400-1900*, Cambrdige, Cambridge University Press.

Berdal Aral, 2016, « The Ottoman 'School'of International Law as Featured in Textbooks », *Journal of the History of International Law / Revue d'histoire du droit international*, vol. 18, n° 1, p. 70-97.

Berneron-Couvenhes Marie-Françoise, 2001, « Le naufrage de la marine marchande française au XXe siècle », *Entreprises et histoire*, n° 27, p. 23-43.

Berramdane Abdkhaleq (éd.), 2005, *Le partenariat euro-méditerranéen à l'heure de l'élargissement européen*, Paris, Karthala.

Berti Giuseppe, 1957, *Russia e stati italiani nel Risorgimento*, Turin, Einaudi.

Bevilacqua Piero, 1987, « Il Mezzogiorno nel mercato internazionale (secoli XVIII-XX) », *Meridiana*, n° 1, p. 19-45.

Blanc de La Nautte Hauterive Pierre-Louis-Auguste-Bruno et de Cussy Ferdinand, 1834, *Recueil des traités de commerce et de navigation de la France avec les puissances étrangères, depuis la paix de Wesphalie, en 1648, suivi du recueil des principaux traités de même nature conclus par les puissances étrangères entre elles depuis la même époque, Deuxième partie-Tome II*, Paris, Rey et Gravier.

Boccia Tommasina, 2010, *La Raccolta Archivio storico (1808-1922) : inventario / Camera di Commercio Industria Artigianato e Agricoltura*, Naples, Giannini.

Bono Salvatore, 2006, « Malta e Venezia fra corsari e schiavi (secc. XVI-XVIII) », *Mediterranea Ricerche storiche*, vol. 3, n° 7, p. 213-222.

Bono Salvatore, 2005, *Lumi e corsari : Europa e Maghreb nel Settecento*, Pérouse, Morlacchi.

Bono Salvatore, 1997, *Corsari nel Mediterraneo : cristiani e musulmani fra guerra, schiavitù e commercio*, Milan, Mondadori.

Bono Salvatore, 1980, « Catture di musulmani sulle coste italiane (16.-19. sec.) », *Africa*, vol. 35, n° 2, p. 281-286.

Bono Salvatore, 1964, *I corsari barbareschi*, Turin, Eri.

Boyer Robert, 2009, « Historiens et économistes face à l'émergence des institutions du marché », *Annales HSS*, n° 64, p. 665-673.

Bravard-Veyrières Pierre-Claude-Jean-Baptiste, 1861, *Des Prises maritimes d'après l'ancien et le nouveau droit tel qu'il résulte du traité de Paris et de la déclaration du 16 avril 1856*, Paris, Cotillon.

Buonocore Ferdinando, 1976, « Consoli e procuratori di Tripoli e di Tunisi nelle Due Sicilie (e cenni ad altri Consoli o Agenti di Paesi musulmani nell'epoca precoloniale) », *Africa. Rivista trimestrale di studi e documentazione dell'Istituto Italo-Africano*, n° 31, p. 257-276.

Buti Gilbert, 2010, *Les chemins de la mer. Un petit port méditerranéen : Saint-Tropez (XVIIe-XVIIIe siècles)*, Rennes, PUR.

Buti Gilbert, 2008, « Expédier à la côte et aller à la cueillette : le cabotage en Méditerranée aux XVIIe et XVIIIe siècles », *Revue d'Histoire Maritime*, n° 8, p. 67-108.

Buti Gilbert, 2006, « Le cabotage en Corse aux Temps modernes », *Dictionnaire historique de la Corse*, Antoine Laurent Serpentini (dir.), Ajaccio, Albiana, p. 178-179.

Buti Gilbert, 2005, « Aller en caravane : le cabotage lointain en Méditerranée, XVIIe et XVIIIe siècles », *Revue d'Histoire Moderne et Contemporaine*, vol. 52, n° 1, p. 7-38.

Buti Gilbert, 2003, « Cabotage et caboteurs de la France méditerranéenne aux XVIIe et XVIIIe siècles », *Rives méditerranéennes*, n° 13, p. 75-92.

Buti Gilbert, 2003, « Le cabotage dans tous ses états dans la France d'Ancien Régime », *Rives méditerranéennes*, n° 13, p. 7-21.

Buti Gilbert, 1998, « Comment Marseille est devenue port mondial au XVIIIe siècle », *Marseille, Revue culturelle*, n° 185, p. 72-81.

Calafat Guillaume, 2019, *Une mer jalousée-Contribution à l'histoire de la souveraineté (Méditerranée, XVIIe siècle)*, Paris, Le Seuil.

Calafat Guillaume et Salveminni Biagio (dir.), 2015, « Aux bords des institutions. À propos du "commerce actif" en Méditerranée à l'époque moderne », *Mélanges de l'École française de Rome-Italie et Méditerranée modernes et contemporaines*, n° 127.

Calafat Guillaume, 2013, « Ramadam Fatet vs. John Jucker. Trials and Forgery in Egypt, Syria and Tuscany (1739-1740) », *Quaderni storici*, vol. 48, n° 2, p. 419-440.

Calafat Guillaume, 2012, « La Croix et le Croissant revisités : le corso, Malte, les Grecs et la Méditerranée à l'époque moderne », *Revue d'histoire moderne & contemporaine*, Vol. 59, n° 1, p. 103-116.

Calafat Guillaume, 2011, « Ottoman North Africa and *ius publicum europaeum*. The Case of the Treaties of Peace and Trade (1600-1750) », *War, Trade and Neutrality. Europe and the Mediterranean in the Seventeenth and Eighteenth Centuries*, Alimento Antonella (dir.), Milan, Angeli, p. 171-187.

Calafat Guillaume, 2010, « Expertise et compétences-Procédures, contextes et situations de légitimation », *Hypothèses*, n° 1, p. 95-107.

Calcagno Paolo, *Fraudum. Contrabbandi e illeciti doganali nel Mediterraneo (sec. XVIII)*, Rome, Carocci.

Camphell David, 1992, *Writing Security : United States Foreign Policy and the Politics of Identity*, Manchester, Manchester University Press.

Cappovin Giorgio, 1942, *Tripoli e Venezia nel secolo XVIII*, Airoldi, Verbania.

Carpanetto Dino et Ricuperati Giuseppe (éd.), 2008, *L'Italia del Settecento. Crisi, Trasformazioni, Lumi*, Rome-Bari, Laterza.

Carré de Malberg Raymond, 2004 (1re édition 1920), *Contribution à la théorie générale de l'État, t. 1*, Paris, Dalloz.

Carrière Charles, 1973, *Négociants marseillais au XVIIIe siècle. Contribution à l'étude des économies maritimes*, Marseille et Aix-en-Provence, Institut Historique de Provence.

Carrino Annastella, 2018 (a), *Ai « margini » del Mediterraneo. Mercanti liguri nella tarda età moderna*, Bari, Edipuglia.

Carrino Annastella, 2018 (b), « Un console napoletano nel Mediterraneo borbonico : Francisco Hombrados (1755-1765) », *De l'utilité commerciale des consuls : l'institution consulaire et les marchands dans le monde méditerranéen (XVIIe-XXe siècle)*, Arnaud Bartolomei, Guillaume Calafat, Mathieu Grenet et Jorg Ulbert (dir.), Rome, École française de Rome, p. 455-469.

Carrino Annastella, 2011, « Fra nazioni e piccole patrie. "Padroni" e mercanti liguri sulle rotte tirreniche del secondo Settecento », *Società e storia*, n° 131, p. 36-67.

Casaregi Giuseppe Lorenzo Maria, 1806, Il *consolato del mare colla spiegazione di Giuseppe M.a Casaregi*, Venise, Silvestro Gnoato.

Caserta Aldo, 1971, *La bolla della crociata nel regno di Napoli*, Naples, Athena Mediterranea.

Cavallar Georg, 2002, *The rights of strangers. Theories of international hospitality, the global community and political justice since Vitoria*, Ashgate, Aldershot.

Cerutti Simona, 2012, *Étrangers. Étude d'une condition d'incertitude dans une société d'Ancien Régime*, Montrouge, Bayard.

Chanet Jean-François et Windler Christian (dir.), 2009, *Les ressources des faibles : neutralités, sauvegardes, accommodements en temps de guerre, XVIe-XVIIIe siècle*, Rennes, PUR.

Charles Loïc et Daudin Guillaume, 2011, « La collecte du chiffre au XVIIIe siècle : le Bureau de la balance du commerce et la production des données sur le commerce extérieur de la France », *Revue d'histoire moderne contemporaine*, nº 1, p. 128-155.

Chaziza Mordechai, 2018, « The Chinese Maritime Silk Road Initiative : The Role of the Mediterranean », *Mediterranean Quarterly*, Vol. 29, nº 2, p. 54-69.

Christ Georg, Morch Franz Julius, Zaugg Roberto (éd.), 2015, *Union in separation : diasporic groups and identities in the Eastern Mediterranean (1100-1800)*, Rome, Viella.

Christ Georg, 2012, *Trading Conflicts : Venetian Merchants and Mamluk Offficials in Late Medieval Alexandria*, Leiden-Boston, Brill.

Çiçekoğlu Feride et Eldem Edhem (éd.), 2000, *La Méditerranée turque*, Paris, Maisonneuve & Larose.

Cilento Alberto, 1969, « Il governo delle Due Sicilie alla ricerca di una pace stabile con le reggenze barbaresche (1799-1816) », *Africa*, Vol. 24, nº 1, p. 41-70.

Clemente Alida, 2018, « Da Tripoli a Messina. Spazi contesi nel Mediterraneo settecentesco, tra complementarità macroeconomiche e gelosia del commercio », *Storia economica*, nº 1, p. 11-34.

Clemente Alida et Zaugg Roberto, 2017, « Hermes, the Leviathan and the grand narrative of new institutional economics : the quest for development in the eighteenth-century kingdom of Naples », *Journal of Modern European History*, vol. 15, nº 1, p. 109-129.

Clemente Alida, 2015, « La sovranità vincolata : mercantilismi, guerre commerciali e dispute istituzionali negli anni Settanta del Settecento (Napoli e Venezia) », *Storia Economica*, nº 2, p. 517-545.

Clemente Alida, 2013, « Quando il reato non è "peccato". Il contrabbando nel Regno di Napoli tra conlitti diplomatici, pluralismo istituzionale e quotidianità degli scambi (XVIII secolo) », *Quaderni Storici*, nº 48, p. 359-394.

Clemente Alida, 2011, « La marina mercantile napoletana dalla Restaurazione all'Unità. Flotta, tecniche e rotte tra navigazione di lungo corso e cabotaggio », *Storia Economica*, nº 2, p. 207-246.

Clemente Alida, 2005, *Il mestiere dell'incertezza*, Naples, Guida.

Colley Linda, 2002, *Prigionieri. L'Inghilterra, l'Impero e il mondo. 1600-1850*, Turin, Einaudi.

Collezione delle Leggi e de'Decreti Reali del Regno delle Due Sicilie, 1851, Naples, Stamperia Reale.

Collezione delle Leggi e de'Decreti Reali del Regno delle Due Sicilie, 1827, Naples, Stamperia Reale.

Conrad Joseph, 1923, *Typhon*, Paris, Gallimard.

Contuzzi Francesco Paolo, 1882, *La questione d'Oriente dinanzi al diritto internazionale ed alla diplomazia europea : con l'aggiunzione dei trattati internazionali relativi all'impero ottomano*, Macerata, Bianchini.

Contuzzi Francesco Paolo, 1885, *La istituzione dei consolati ed il diritto internazionale europeo nella sua applicabilità in Oriente*, Naples, E. Anfossi.

Contuzzi Francesco Paolo, 1889, *La giurisdizione consolare ed i processi misti in Oriente in materia civile e commerciale*, Milan, Vallardi.

Contuzzi Francesco Paolo, 1905, *Le funzioni dei consoli a riguardo del commercio marittimo e della navigazione : attribuzioni dei regi consoli nei rapporti della marina mercantile, del potere disciplinare dei consoli coordinato al potere disciplinare delle autorità marittime : studio in vista dei lavori preparatorii per la riforma e la unificazione della legislazione marittima italiana : osservazioni e proposte*, Naples, Tip. della gazz. diritto e giurisprudenza.

Contuzzi Francesco Paolo, 1910-1911, *Trattato teorico pratico di diritto consolare e diplomatico*, Turin, UTET.

Corrieri Salvatore, 2005, *Il Consolato del mare. La tradizione giuridico-marittima nel Mediterraneo attraverso un'edizione italiana del 1584 del testo originale del 1484*, Rome, Ass. Naz. del Consolato del Mare.

Corti Paola Corti et Sanfilippo Matteo (dir.), 2009, *Migrazioni*, Turin, G. Einaudi.

Coutansais Cyrille P., 2015, « Stratégie maritime – De la délimitation à la frontière maritime ? », *Revue Défense Nationale*, Vol. 785, n° 10, p. 119-122.

Coutansais Cyrille P., 2014, « La résistible ascension des marines émergentes », *Revue internationale et stratégique*, vol. 95, n° 3, p. 83-91.

Coutansais Cyrille P., 2010, « Transport maritime. Entre globalisation et développement durable », *Études*, Vol. 412, n° 3, p. 307-318.

Curtin Philip, 1984, *Cross-Cultural Trade in World History*, Cambridge, Cambridge University Press.

Cusset François, 2013, *French Theory. Foucault, Derrida, Deleuze et Cie et les mutations de la vie intellectuelle aux États-Unis*, Paris, La Découverte.

Daguzan Jean-François, Moisseron Jean-Yves, 2011, « La Libye après Kadhafi : essai de prospective géopolitique du conflit libyen », *Hérodote*, n° 3, p. 78-97.

Dal Pane Luigi, 1959, *Lo Stato pontificio e il movimento riformatore del Settecento*, Milan, Giuffrè.

Dassovich Mario, 2008, *Navigazione e commerci nell'Adriatico del XVIIIe secolo : l'ultimo secolo del Golfo della Serenissima*, Udine, Del Bianco.

Daudin Guillaume et Loïc Charles, 2011, « La collecte du chiffre au XVIIIe siècle : le Bureau de la balance du commerce et la production des données sur le commerce extérieur de la France », *Revue d'Histoire Moderne et Contemporaine*, n° 1, p. 128-155.

Dakhlia Jocelyne et Kaiser Wolfgang (dir.), 2013, *Les musulmans dans l'histoire de l'Europe, vol. 2, Passages et contacts en Méditerranée*, Paris, Albin Michel.

Dal Pane Luigi, 1959 *Lo Stato pontificio e il movimento riformatore del Settecento*, Milan, Giuffrè.

Dal Pane Luigi, 1959, *Lo Stato pontificio e il movimento riformatore del Settecento*, Milan, Giuffrè.

D'Antuono Giuseppina, 2013, « Les juges de paix dans le Royaume de Naples à l'époque napoléonienne (1799-1815) », *Cahiers de la Méditerranée*, n° 86, p. 169-177.

David Jean-Marc, 1942, *L'Amirauté de Provence et des mers du Levant*, Thèse de doctorat, Université d'Aix-Marseille, Faculté de droit d'Aix.

De Corti Arianna, 2000, *Fiume dalle sue origini al 1945*, Rome, Lo Faro.

De Lucia Guida, 1985, *Bernardo Tanucci, Epistolario, vol. V (1757-1758)*, Rome, Edizioni di storia e letteratura.

Delli Quadri Rosa Maria, 2018, *Il Mediterraneo delle Costituzioni : Dalla Repubblica delle Sette Isole Unite agli Stati Uniti delle Isole Ionie 1800-1817*, Milan, FrancoAngeli.

Denis-Delacour Christopher, 2021, *Devenir Marin de Rome*, Palerme, Studi Storici Marittimi / New Digital Frontiers.

Denis-Delacour Christopher, 2017, « Crossing the shadow-line. "Passions" maritimes et raisons marchandes des capitaines de Procida en Atlantique (XIXe-XXe siècles) », *Entrepreneurs des mers. Capitaines et mariniers du XVIe au XXe siècle*, Buti Gilbert, Lo Basso Luca, Raveux Olivier (dir.), Paris, Riveneuve éditions, p. 193-212.

Denis-Delacour Christopher et Mathieu Grenet, 2015, « Building, enforcing and subverting monopoly : France's Compagnie royale d'Afrique and eighteenth-century Mediterranean trade ». *French History*, n° 29, p. 18-23.

Denis-Delacour Christopher et Salvemini Biagio, 2014, « Moralités marchandes au XVIIIe siècle. Débats savants et pratiques normatives », *Rives méditerranéennes*, n° 49, p. 5-15.

Denis-Delacour Christopher, 2014, « L'intermédiation consulaire et ses concurrences locales sur les rives pontificales. Le cas du marché des transporteurs nordiques au XVIIIe siècle », *Les Cahiers de la Méditerranée*, n° 88, p. 301-328.

Denis-Delacour Christopher, 2013, « Flying the Pope's Flag. The Commercial Exploitation of the Roman Flag in Mediterranean Mercantile Policies (18th Century) », *Quaderni Storici*, n° 143, p. 395-418.

Denis-Delacour Christopher, 2011, « I Gaetani di Ripa Grande-Tra le città e lo Stato, essere sudditi pontifici sul mare nel Settecento », *Quaderni Storici*, n° 138, p. 729-764.

Denis-Delacour Christopher, 2010, « Réseaux portuaires et cabotage en Méditerranée-La Corse et la Sardaigne au sein des échanges maritimes marseillais dans la seconde moitié du XVIIIe siècle », *Lo spazio tirrenico nella grande trasformazione. Merci, uomini e istituzioni nel Settecento e nel primo Ottocento*, Biagio Salvemini (dir.), Bari, Edipuglia, p. 153-184.

De Sariis Alessio, 1794, *Codice delle leggi del regno di Napoli di Alessio De Sariis. Libro Secondo. Del diritto pubblico ; de trattati di pace e commercio esteriore colle potenze straniere*, Naples, V. Orsini.

Desjardins Arthur, 1888, *Le congrès de Paris 1856 et la jurisprudence internationale*, Paris, Institut de France.

De Wangen Sylviane et Vianna Pedro (dir.), 2013, *Méditerranée : Mare Nostrum pour les immigrants ?, Dossier de la Revue Confluences Méditerranée*, Paris, L'Harmattan.

Di Vittorio Antonio, 2011, « Il Coinvolgimento del Regno di Napoli, provincia austriaca (1707-1734), nel trattato commerciale del 1718 tra Impero asburgico e Porta ottomana », *Studi storici dedicati a Orazio Cancila*, Antonio Giuffrida, Fabrizio D'Avenia, Daniele Palermo (dir.), Palerme, Associazione Mediterranea.

Di Vittorio Antonio et Barciela Lopez Carlos (dir.), 2001, *La storiografia marittima in Italia e in Spagna in età moderna e comtemporanea : tendenze, orientamenti, linee evolutive*, Bari, Caccuci Editore.

Di Vittorio Antonio, 1979, *Il commercio tra Levante ottomano e Napoli nel secolo 18*, Naples, Giannini.

Di Vittorio Antonio, 1973, *Gli Austriaci e il Regno di Napoli (1707-1734). Ideologia e politica di sviluppo*, Naples, Giannini.

Do Thanh Hai, 2017, *Vietnam and the South China Sea. Politics, Security and Legality*, Abingdon-Oxon, Routledge.

Douin Georges, 1927, *Navarin (10 juillet – 20 octobre 1827)*, IFAO, Le Caire.

Dupuy Florian et Dupuy Pierre-Marie, 2013, « A legal analysis of China's historic rights claim in the South China Sea." American Journal of International Law », Vol. 107, n° 1, p. 124-141.

Dursteler Eric, 2006, *Venetians in Constantinople : Nation, Identity, and Coexistence in the Early Modern Mediterranean*, Baltimore, Johns Hopkins University Press.

Duvic Paoli Leslie-Anne, 2011, *La Convention des Nations Unis sur le Droit de la Mer : instrument de régulation des relations internationales par le droit*, Paris, L'Harmattan.

Eklöf Amirell Stefan et Müller Leos (dir.), 2014, *Persistent Piracy. Maritime Violence and State-Formation in Global Historical Perspective*, New York, Palgrave Macmillan.

Eldem Edhem, 1999, *French Trade in Istanbul in the Eighteenth Century*, Leyde et Boston, Brill.

Esposito Maurizio, 2013, « The Social World of Seafarers. A Sociological Research in Central Italy », *Advances in Applied Sociology*, vol. 3, n° 4, p. 199-204.

Falcetta Angela, 2016, *Ortodossi nel Mediterraneo cattolico : frontiere, reti, comunità nel Regno di Napoli (1700-1821)*, Rome, Viella.

Falzone Gaetano, 1964 (3e édition), *Il regno di Carlo di Carlo di Borbone in Sicilia (1734-1759)*, Bologne, Patron.

Féraud Louis-Charles, 1927, *Annales tripolitaines*, Tunis-Paris, Tournier-Vuibert.

Ferrari Giuseppe, 1912, *La spedizione della marina sarda a Tripoli nel 1825*, Roma, Officina poligrafica.

Ferreiròs Aquilino Iglesias, 1995, « Il libro del Consolato del Mare », *Rivista Internazionale di Diritto Comune*, n° 6, p. 81-125.

Filesi Teobaldo, 1983, *Un secolo di rapporti tra Napoli e Tripoli (1734-1835)*, Naples, Giannini.

Filesi Teobaldo, 1971, « Un interessante capitolo delle relazioni tra Napoli e Tripoli : 1739-1747 », *Clio*, vol. 6, p. 205-252.

Filippini Jean-Pierre, Meignen Louis, Roure Claude, Sabatier Daniel et Stephanides Georges (dir.), 1976, *Dossiers sur le commerce français en Méditerranée orientale au XVIIIe siècle*, Paris, Presses Universitaires de France.

Fontenay Michel, 2010, *La Méditerranée entre la Croix et le Croissant. Navigation, commerce, course et piraterie (XVIe-XIXe siècle)*, Paris, Classiques Garnier.

Fontenay Michel, 1985, « L'Empire Ottoman et le risque corsaire au XVIIe siècle », *Revue d'histoire moderne et contemporaine*, vol. 32, n° 2, p. 185-208.

Frascani Paolo (dir.), 2001, *A vela e a vapore*, Rome, Donzelli.

Fukasawa Katsumi, 1987, *Toilerie et commerce du Levant : d'Alep à Marseille*, Paris, Éditions du CNRS.

Fusaro Maria, Heywood Colin, Omri Mohamed-Salah (dir.), 2010, *Trade and Cultural Exchange in the Early Modern Mediterranean : Braudel's Maritime Legacy*, Londres, Tauris.

Galasso Giuseppe, 2005-2007, *Storia d'Italia, vol. XV, Il Regno di Napoli, t. II Il Mezzogiorno spagnolo (1494-1622), t. III Il Mezzogiorno spagnolo e austriaco (1622-1734), t. IV Il Mezzogiorno borbonico e napoleonico (1734-1815)*, Turin, Utet.

Galasso Giuseppe, 1989, *La filosoia in soccorso de' governi. La cultura napoletana del Settecento*, Naples, Guida.

Gatti Luciana, 2004, *Costruttori e Navi : maestri d'ascia e navi di Varazze al tempo della Repubblica di Genova (secoli 16.-18.)*, Savone, Daner Elio Ferraris.

Genoino Andrea, 1934, *Le Sicilie al tempo di Francesco I (1777-1830)*, Naples, Guida.

Gentile Egildo, 1909, *Il tribunale dell'ammiragliato e consolato(1783-1808) : da documenti inediti del r. Archivio in Napoli*, Naples, N. Jovene, 1909.

Giura Vincenzo, 1967, *Russia, Stati Uniti d'America e Regno di Napoli nell'età del Risorgimento*, Naples, Ed. scientifiche italiane.

Giustiniani Lorenzo, 1804, *Nuova collezione delle prammatiche del Regno di Napoli, Tomo V*, Naples, Simoniana.

Greif Avner, 2006, *Institutions and the path of the modern economy : Lessons from medieval trade*, Cambridge, Cambridge University Press.

Grenet Mathieu., 2016 (a), *La fabrique communautaire. Les Grecs à Venise, Livourne et Marseille, 1770-1840*, Rome, École française de Rome.

Grenet Mathieu, 2016 (b), « Consuls et "nations" étrangères : état des lieux et perspectives de recherche », *Cahiers de la Méditerranée*, n° 93, p. 25-34.

Grenet Mathieu, 2016 (c), « Drogman », *Dictionnaire de la Méditerranée*, Dionigi Albera, Maryline Crivello et Mohamed Tozy (dir.), Arles, Actes Sud, p. 391-397.

Grenet Mathieu, 2013 (a), « A Business Alla Turca ? Levant Trade and the Representation of Ottoman Merchants in Eighteenth Century European Commercial Literature », *Global economies, cultural currencies of the eighteenth century*, Michael Rotenberg-Schwartz et Tara Czechowski (éd.), New York, AMS Press, p. 37-52.

Grenet Mathieu, 2013 (b) « "Grecs de nation", sujets ottomans : expérience diasporique et entre-deux identitaires, v. 1770 – v. 1830 », *Les musulmans dans l'histoire de l'Europe, vol. 2, Passages et contacts en Méditerranée*, ocelyne Dakhlia et Wolfgang Kaiser (dir.), Paris, Albin Michel, p. 311-344.

Grenet Mathieu, 2010, « Cultes orthodoxes et stratégie communautaires. Le cas des Grecs de Marseille (vers 1790 – vers 1840) », *Ville et religion dans l'Europe moderne et contemporaine*, Bruno Dumons et Bernard Hours (dir.), Grenoble, Presses Universitaires de Grenoble, p. 181-198.

Gritzner Adolf Maximilian Ferdinand et Siebmacher Johann, 1878, *Flaggen und Banner*, Nuremberg, Bauer und Raspe.

Harlaftis Gelina et Kostelenos George, 2012, « International shipping and national economic growth : shipping earnings and the Greek economy in the nineteenth century », *Economic History Review*, vol. 65, n° 4, p. 1403-1427.

Harlaftis Gelina, 2010, « The 'eastern invasion'. Greek in Mediterranean Trade and Shipping in the eighteenh and Early Nineteenth Centuries », *Trade and Cultural Exchange in the Early Modern Mediterranean : Braudel's Maritime Legacy*, Maria Fusaro, Colin Heywood, Mohamed-Salah Omri (dir.), Londres, Tauris, p. 223-252.

Harlaftis Gelina et Laiou Sophia, 2008, « Ottoman state policy in Mediterranean Trade and Shipping, c. 1780-c. 1820 : The Rise of the Greek-Owned

Ottoman Merchant Fleet » *Networks of Power in Modern Greece*, Mark Mazower (dir.), Londres, Hurst, p. 1-44.

Harlaftis Gelina, 1996, *A history of Greek-owned shipping : the making of an international tramp fleet, 1830 to the present day*, Londres-New York, Routledge.

Heckscher Eli Filip, 1955, *Mercantilism-Vol. 1*, Londres, Allen & Unwin.

Herzfeld Michael, 2005, « Practical Mediterraneanism : Excuses for Everything, from Epystemology to Eating », *Rethinking the Mediterranean*, Harris William V. (dir.), Oxford et Londres, Oxford University Press, p. 45-63.

Heyberger Bernard et Verdeil Chantal (dir.), 2009, *Hommes de l'entre-deux. Parcours individuels et portraits de groupes sur la frontière de la Méditerranée (XVIe-XXe siècle)*, Paris, Les Indes Savantes – Rivages des Xantons.

Hocquet Jean-Claude, 2006, *Venise et la mer : XIIe-XVIIIe siècle*, Paris, Fayard.

Hont Istvan, 2005, *Jealousy of Trade : International Competition and the Nation-State in Historical Perspective*, MA, Harvard University Press.

Ifmer, 2007, « Contribution de l'Institut Français de la Mer au Livre vert de la Commission européenne sur la politique maritime de l'Union européenne », *La Revue Maritime*, n° 479, p. 8-22.

Il Consolato del mare : nel qvale non solo si comprendono tutti gli ordini, e statuti per ogni caso di mercantia, e di nauiganti, mà ancora quelli sopra l'armata di mare, sigurtà, entrate, & vscite. Cosi a beneficio di marinari, come di mercanti, & patroni di naue, & nauilij. Con il Portolano del mare. Con ogni più esatta diligenza corretto, & ampliato delle leggi della Sereniss. Repvb. di Venetia, a tal materia appartenenti. Con le tavole dei capitoli / All'illustrissimo signor, & patron collendissimo. il Sig. Michiel Sorgo., 1668, Francesco Brogiollo, Venise.

Imbruglia Girolamo (dir.), 2000, *Naples in the eighteenth century. The birth and death of a nation State*, Cambridge, Cambridge University Press.

Işıksel Güneş, 2014, « Les méandres d'une pratique peu institutionnalisée : la diplomatie ottomane, XVe-XVIIIe siècle », *Monde (s)*, n° 1, p. 43-55.

Jackson Robert H., 1990, *Quasi States : Sovereignty, International Relations and the Third World*, Cambridge, Cambridge University Press.

Jal Augustin, 1848, *Glossaire nautique, repertoire polyglotte de termes de marine anciens et modernes*, Paris, Chez Firmin Didot.

Kahane Henry, Kahane Renee, Tietze Andreas (dir.), 1958, *The Lingua Franca in the Levant. Turkish Nautical Terms of Italian and Greek Origin*, Urbana University of Illinois Press.

Kaiser Wolfgang et Petitjean Johann (dir.), 2017, « Litigation and the Elements of Proof in the Mediterranean (16th-19th C.) », *Quaderni Storici*, n° 3.

Kaiser Wolfgang (dir.), 2014, *La loge et le fondouk. Les dimensions spatiales des pratiques marchandes en Méditerranée : Moyen-Âge-Époque moderne*, Paris, Karthala.

Kaiser Woflgang (dir.), 2008, *Le commerce des captifs : les intermédiaires dans l'échange et le rachat des prisonniers en Méditerranée,* XVe-XVIIIe *siècle*, Rome, École française de Rome.

Karateke Hakan et Reinkowski Maurus (dir.), 2005, *Legitimizing the Order : The Ottoman Rhetoric of State Power*, Leiden, Brill.

Khalilieh Hassan Salih, 1998, *Islamic Maritime Law : An Introduction*, Leiden, Brill.

Kuran Timur, 2011, *The Long Divergence : How Islamic Law Held Back the Middle East*, Princeton-N. J., Oxford-Princeton University Press.

Lafi Nora, 2002, *Une ville du Maghreb entre ancien régime et réformes ottomanes. Tripoli de Barbarie, 1795-1911*, Paris, L'Harmattan.

Lafon Jacques, 2001, *Itinéraires : de l'histoire du droit à la diplomatie culturelle et à l'histoire coloniale*, Paris, Publications de la Sorbonne.

Lavenue Jean-Jacques, 1999, « Pavillon bis et concurrence : les enseignements de l'arrêt Firma Sloman du 17 mars 1993 », *Mélanges offerts à Émmanuel Langavant*, Marie-Christine Rouault (éd.), Paris, L'Harmattan, p 239-267.

Le Bouëdec Gérard et Ulbert Jorg (dir.), 2006, *La fonction consulaire à l'époque moderne. L'Affirmation d'une institution économique et politique (1500-1800)*, Rennes, Presses Universitaires de Rennes.

Ledru-Rollin Alexandre-Auguste, 1822-1823, *Journal du Palais : recueil le plus ancien et le plus complet de la jurisprudence française*, Tome XVII.

Lo Basso Luca, 2009, « Il sud dei Genovesi. Traffici marittimi e pratiche mercantili tra l'Italia meridionale, Genova e Marsiglia nel Settecento », *Lo spazio tirrenico nella "grande trasformazione". Merci, uomini e istituzioni nella "grande trasformazione*, Biagio Salvemini (dir.), Bari, Edipuglia, p. 239-262.

Lopez Olivier, 2019, *S'établir et travailler chez l'autre. La Compagnie royale d'Afrique et ses hommes*, Paris, Classiques Garnier.

Mafrici Mirella et Mascilli Migliorini Luigi (dir.), 2012, *Mediterraneo e/è Mar Nero. Due mari tra età moderna e età contemporanea*, Naples, ESI.

Mafrici Mirella et Vassallo Carmel (dir.), 2012, *Sguardi mediterranei tra Italia e Levante (XVII-XIX secolo)*, Malte, Malta University Press.

Mirella Mafrici, 2011, « Le relazione diplomatiche e commerciali tra il Regno di Napoli e l'Impero russo nel secolo dei Lumi », *Sulla diplomazia in età moderna : politica, economia, religione*, Renzo Sabbatini et Paola Volpini (dir.), Milan, Angeli, p. 219-240.

Mafrici Mirella, 2007, « Il Mezzogiorno d'Italia e il mare : problemi difensivi nel Settecento », *Quaderni Mediterranea, Mediterraneo in armi (secc. XV-XVIII)*, n° 4, p. 637-663.

Mafrici Mirella (dir.), 2004, *Rapporti diplomatici e scambi commerciali nel Mediterraneo Moderno*, Soveria Mannelli, Rubettino.

Magnan Léon, 1906, *Histoire des juges consuls et du Tribunal de commerce de Marseille*, Marseille, Barlatier.

Maiorini Maria Grazia, 1985, *Bernardo Tanucci, Epistolario, vol. IX (1760-1761)*, Rome, Edizioni di storia e letteratura.

Malardé Alain, 2001, *« Erika » : Le Naufrage de complaisance*, Chatou, Éditions Carnot.

Malberg Raymond Carré de, 2004 (1re édition 1920), *Contribution à la théorie générale de l'État, t. 1*, Paris, Dalloz.

Manouvel Mita et Naim-Gesbert Eric, 2007, « Le double visage de la réserve naturelle des Terres australes françaises », *Revue juridique de l'Environnement*, Vol. 32, n° 4, p. 445-455.

Mariti Giovanni, 1769, *Viaggi Per L'Isola Di Cipro E Per La Soría E Palestina Fatti Da Giovanni Mariti Fiorentino dall'anno 1760 al 1768, Tomo uno*, Lucques, Jacopo Giusti.

Martini Antonio, 1976, *Manuale di metrologia : ossia misure, pesi e monete in uso attualmente e anticamente presso tutti i popoli*, Rome, ERA.

Martykán Jaroslav, 1997, « From the History of Turkish Flags », *Vexilokontakt, (ed. spéciale)*.

Marzagalli Silvia, 2016, « How the Sea Affected Early Modern Life in the Mediterranean World », *New Horizons : Mediterranean Research in the 21st Century*, Mihran Dabag, Dieter Haller, Nikolas Jaspert et Achim Lichtenberger (dir.), Padernborn, Wilhelm Fink / Ferdinand Schöningh, p. 309-331.

Marzagalli Silvia et Pantalacci Jean-Pierre, 2013, « Introduction : Villes et changements de souveraineté en Méditerranée », *Cahiers de la Méditerranée*, n° 86, p. 17-18.

Marzari Mario, 1998, *Navi di legno : evoluzione tecnica e sviluppo della cantieristica nel Mediterraneo dal XVI secolo a oggi*, Trieste, LINT.

Masciari Francesco, 2003, *La scienza giuridica meridionale della Restaurazione : codificazione e codici nell'opera di Giuseppe Amorosi*, Soveria Mannelli, Rubbettino.

Mastro Oriana Skylar, 2011, « Signaling and military provocation in Chinese national security strategy : A closer look at the impeccable incident », *Journal of Strategic Studies*, vol. 34, n° 2, p. 219-244.

Mazower Mark (dir.), 2008, *Networks of Power in Modern Greece*, Londres, Hurst.

Metrà Andrea, 1794, *Il Mentore perfetto de' negozianti, Vol. 4*. Trieste, Hoechenberger.

Mézin Anne, 1998, *Les consuls de France au siècle des Lumières (1715-1792)*, Paris, Ministère des Affaires étrangères, Direction des archives et de la documentation.

Micacchi Rodolfo, 1933, « Le ultime gesta dei corsari tripolini e la reazione degli Stati italiani », *Rivista delle colonie italiane*, n° 7, p. 201-222.

Michel Jacques, 1957, *Les affaires maritimes devant le premier tribunal de commerce de Marseille de fin novembre1791 à fin décembre 1792*, Université d'Aix-Marseille, DESS de la Faculté de droit d'Aix.

Minard Philippe, 2008, « Économie de marché et État en France : mythes et légendes du colbertisme », *L'Économie politique*, n° 1, p. 77-94.

Moatti Claudia (dir.), 2004, *La mobilité des personnes en Méditerranée de l'Antiquité à l'époque moderne. Procédures de contrôle et documents d'identification*, Rome, École française de Rome.

Modelski George et Thompson William R., 1988, *Seapower in Global Politics, 1494-1993*, Londres, Palgrave Macmillan.

Mössner Jörg Manfred, 1968, *Die Völkerrechtspersönlichkeit und die Völkerrechtspraxis der Barbareskenstaaten (Algier, Tripolis, Tunis 1518-1830)*, Berlin, De Gruyter.

Müller Leos, 2004, *Consuls, Corsairs, and Commerce, The Swedish Consular Service and Long-distance Shipping, 1720-1815*, Uppsala, Studia Historica Upsaliensia.

Naff Thomas, 1963, « Reform and the Conduct of Ottoman Diplomacy in the Reign of Selim III (1789-1807) », *Journal of the American Oriental Society*, vol. 83, n° 3, p. 295-315.

Neuman Léopold, 1855, *Recueil des traités et conventions conclus par l'Autriche avec les puissances étrangères depuis 1763 à nos jours*, Leipzig, Brockhaus.

Norie John William, 1848, *Three Hundred and Six Illustrations of Maritime Flags of All Nations*, Londres, Krikaldy and Hobbs.

North Douglass C., 1990, *Institutions, Institutional Change and Economic Performance* Cambridge, Cambridge University Press.

North Douglass C., 1981, *Structure and Change in Economic History*, New York, WW Norton & Company. Inc.

North Douglass C. et Thomas Robert P., 1973, *The rise of the Western world : A new economic history*, Cambridge, Cambridge University Press.

Öniş Ziya, 1999, « Turkey, Europe and Paradoxes of Identity : perspectives on the international context of democratization » *Mediterranean Quarterly*, vol. 10, n° 3, p. 107-136.

Otetea Andrei, 1930, *Contribution à la question d'Orient : esquisse historique, suivie de la correspondance inédite des envoyés du roi des Deux-Siciles à Constantinople (1741-1821)*, Bucarest, Cultura nationala.

Otetea Andrei, 1929, « L'établissement d'une Légation napolitaine à Constantinople (1740) », *Bulletin de la section historique de l'académie roumaine*, n° 15, p. 61-80.

Paladino Giuseppe, 1929, « La spedizione della marina napoletana a Tripoli nel 1828 », *Riviste delle Colonie Italiane*, n° 3, p. 1003-1014.

Panzac Daniel, 2005, *Barbary Corsairs : the end of a legend (1800-1820)*, Leiden-Boston, Brill.

Panzac Daniel, 2004, *La caravane maritime : marins européens et marchands ottomans en Méditerranée (1680-1830)*, Paris, CNRS Éditions.

Panzac Daniel, 1999, *Les corsaires barbaresques. La fin d'une épopée, 1800-1820*, Paris, CNRS Éditions.

Panzac Daniel, 1996, *Commerce et navigation dans l'Empire ottoman au XVIIIe siècle*, Istanbul, Isis press.

Panzac Daniel, 1985, « Les échanges maritimes dans l'Empire ottoman au XVIIIe siècle », *Revue de l'Occident musulman et de la Méditerranée*, n° 39, p 177-188.

Paris Robert, 1957, *Histoire du commerce de Marseille. T. V, le Levant*, Paris, Plon.

Pécout Gilles (dir.), 2004, *Naissance de l'Italie contemporaine. 1770-1922*, Paris, Armand Colin.

Pedemonte Danilo, 2016, « La sicurezza e il privilegio : la pace con i barbareschi e la politica economica inglese nel mediterraneo nella prima metà del XVIII secolo », *Attraverso la storia. Percorsi mediterranei*, Matteo Barbano, Alessia Castagnino, Emmanuella Locci (dir.), Livourne, Bastogi, p. 72-85.

Pelleriti Enza (dir.), 2011, *Fra terra e mare. Sovranità del mare controllo del territorio, giustizia dei mercanti*, Soveria Mannelli, Rubbettino.

Pelletier Sébastien et Lasserre Frédéric, 2015, « Intérêt de la Chine pour l'Arctique : analyse de l'incident entourant le passage du brise-glace Xue Long en 1999 à Tuktoyaktuk, Territoires du Nord-Ouest », *Monde chinois*, n° 1, p. 109-129.

Perrone Andrea, 2016, « *Mare nostrum* e "Geopolitica". Il mito imperiale dei geografi italiani », *Diacronie*, vol. 25, n° 1, s.p.

Pezzi Massimiliano, 2004, *Impero ottomano e Mezzogiorno d'Italia tra Sette e Ottocento*, Bari, Levante.

Pezzi Massimiliano, 2002, *Aspettando la pace : l'impero ottomano nei documenti diplomatici napoletani : 1806-1812*, Cosenza, Orizzonti meridionali.

Pham Charlotte, 2016, *A maritime cultural landscape of Cochinchina : The South China Sea, maritime routes, navigation, and boats in pre colonial central Vietnam*, Thèse de Doctorat à *l'Asia Research Centre*, Murdoch University.

Planhol (de) Xavier, 2011, *L'islam et la mer. La mosquée et le matelot, VIIe-XXe siècle*, Paris, Perrin.

Poumarède Géraud, 1998, « Négocier près la Sublime Porte : jalons pour une nouvelle histoire des capitulations franco-ottomanes », Lucien Bély (dir.), *L'invention de la diplomatie : Moyen Age-temps modernes*, Paris, PUF, p. 71-85.

Rao Anna Maria (dir.), 2017, *Napoli e il Mediterraneo nel Settecento. Scambi, immagini, istituzioni*, Bari, Edipuglia.

Rao Anna Maria, 2008, « Napoli e il Mediterraneo : frontiera d'Europa ? », *Il Mediterraneo delle città : scambi, conronti, culture, rappresentazioni*, Franco Salvatori (dir.), Rome, Viella, p. 15-53.

Rao Anna Maria, 2007, « La Méditerranée : une frontière ? Le cas de Naples au XVIIIe siècle », *Boundaries in the Eighteenth Century – Frontières au dix-huitième siècle*, Pasi Ihalainen (dir.), Helsinki ; Oxford, Finnish Society for Eighteenth-Century Studies p. 91-107.

Rao Anna Maria, 2006, « L'espace méditerranéen dans la pensée et les projets politiques des patriotes italiens : Matteo Galdi et la "république du genre humain" », *Droits des gens et relations entre les peuples dans l'espace méditerranéen autour de la Révolution française*, Marcel Dorigny et Rachida Tlili Sellaouti (dir.), Actes du colloque, Tunis, 6-7 mars 2002, Paris, Société des études robespierristes, p. 115-137.

Reno William, 1998, *Warlord Politics and African States*, Boulder, Lynne Rienner.

Rey Francis, 1889, *De la protection diplomatique et consulaire dans les échelles du Levant et de Barbarie*, Paris, Larose.

Rey Frédéric, 2009, « Entretien avec Jean-François Trogrlic, Directeur du Bureau de l'OIT en France », *Sociologies pratiques*, n° 2, p. 17-22.

Romano Ruggiero, 1951, *Le commerce du royaume de Naples avec la France et les pays de l'Adriatique au XVIIIe siècle*, Paris, A. Colin.

Rothman E. Natalie, 2011, *Brokering Empire : Trans-Imperial Subjects between Venice and Istanbul*, Ithaca, Cornell University Press.

Roudaut Fañch (dir.), 1996, *La ville maritime. Temps, espaces et représentations*, Brest, CRBC / UMR 6557 Géolittomer.

Rovinello Marco, 2008, « Il teatro della Nazione-Giochi identitari nella Napoli preunitaria », *Contemporanea*, n° 4, p. 573-611.

Russo Giuseppe, 2006, *La Camera di commercio di Napoli dal 1808 al 1978*, Naples, Prismi.

Sabbatini Renzo et Volpini Paola (dir.), 2011, *Sulla diplomazia in età moderna : politica, economia, religione*, Milan Angeli.

Salvemini Biagio et Zaugg Roberto (dir), 2013, « Frodi marittime tra norme e istituzioni (secc. XVII-XIX) », *Quaderni Storici*, vol. 143, n° 2.

Salvemini Biagio, 2011, « Negli spazi mediterranei della decadenza. Nota su istituzioni, etiche e pratiche mercantili della tarda età moderna », *Storica*, n° 51, p. 7-51.

Salvemini Biagio, 2007, « Far negozio senza informazioni-"Marinai" pugliesi nell'Adriatico settecentesco », *Quaderni Storici*, n° 124, p. 155-203.

Salvemini Biagio, 1985, « Comunità separate e trasformazioni strutturali. I pescatori pugliesi fra metà Settecento e gli anni Trenta del Novecento », *Mélanges de l'École française de Rome*, n° 97, p. 441-488.

Schipa Michelangelo, 1972, *Il Regno di Napoli al tempo di Carlo Borbone*, Salerne, Libreria antiquaria editrice.

Schmitt Oliver Jens, 2007, *Les Levantins : cadres de vie et identités d'un groupe ethno-confessionnel de l'empire ottoman au « long » 19e siècle*, Istanbul, Isis.

Schnakenbourg Eric, 2011, « Genèse d'un nouveau commerce : la France et l'ouverture du marché russe par la mer Noire dans la seconde moitié du XVIIIe siècle », *Cahiers de la Méditerranée*, n° 83, p. 309-325.

Serpentini Antoine-Laurent, 2004, « À propos de la pluriactivité en Corse au XVIIIe siècle, les marins et la terre : l'exemple bonifacien. », *Entre terre et mer : sociétés littorales et pluriactivités (XVe-XXe siècle)*, Gérard Le Bouëdec, François Ploux, Christophe Cérino et Aliette Geistdoerfer (dir.), Rennes, PUR, p. 163-175.

Simon Victor, 2014, « Le rôle des sociétés anonymes d'Ancien Régime dans le commerce entre la France et l'Empire ottoman », *Revue historique de droit français et étranger*, Vol. 92, No. 1, p. 37-54.

Sirago Maria, 2012, « The Shipbuilding Industry and Trade Exchanges between the Kingdom of the Two Sicilies and the Countries of the Baltic and the Black Sea (1734-1861) », *Mediterranean Review*, vol. 5, n° 2, p. 81-107.

Sirago Maria, 2004 (a), *La città e il mare : economia, politica portuale, identità culturale dei centri costieri del Mezzogiorno moderno*, Naples, Ed. scientifiche italiane.

Sirago Maria, 2004 (b), « La "scoperta del mare" : il mito di Capri dal Grand Tour al turismo di massa », Rassegna Storica Salernitana, vol. 21, p. 49.

Sirago Maria, 1999, « Scuole per il lavoro. la nascita degli istituti "professionali" meridionali nel dibattito culturale tra fine 700'e 800' », *Rassegna Storica Salernitana*, n° 31, p. 109-172.

Sirago Maria, 1989, *La tradizione marinara e la scuola nautica di Piano di Sorrento*, Sorrento, F. Di Mauro.

Smyrnelis Marie-Carmen, 2000, « Jeux d'identité à Smyrne aux XVIIIe et XIXe siècles », in Hervé Le Bras (dir.), *L'invention des populations : biologie, idéologie et politique*, Paris, Odile Jacob, p. 125-140.

Spector Céline, 2003, « Le concept de mercantilisme », *Revue de métaphysique et de morale*, n° 39, p. 289-309.

Stratico Simone, 1813, *Vocabolario di marina in tre lingue : italiana, francese ed inglese*, 3 v., Milan, Stamperia reale.

Takeda Junko T., 2011, *Between Crown and Commerce : Marseille and the Early Modern Mediterranean*, Baltimore, Johns Hopkins University Press.

Tanaka Yoshifumi, 2015, *The international law of the sea*, Cambridge, Cambridge University Press.

Tamba Irène, 2019, « La Méditerranée ou la mer Blanche : couleurs géographiques et noms de mer », *ILCEA. Revue de l'Institut des langues et cultures d'Europe, Amérique, Afrique, Asie et Australie*, n° 37, s. p.

Targa Carlo, 1750, *Ponderazioni sopra la contrattazione marittima. Ricavate dalla legge civile e canonica, dal consolato di mare, e dagli usi marittimi, con le formole di tali contratti, profittevoli non solo a praticanti nel Foro, ma ancora di ogni sorta di mercanti e marinari dal dottissimo Carlo Targa*, Gênes, Casamara.

Traité de paix signé à Paris le 30 mars 1856 entre la Sardaigne, l'Autriche, la France, le Royaume-Uni de la Grande Bretagne et d'Irlande, la Prusse, la Russie et la Turquie avec les conventions qui en font partie, les protocoles de la conférence et la déclaration sur les droits maritimes en temps de guerre, 1856, Turin, Imprimerie Royale, Turin.

Tocqueville Alexis de, 1856, *L'Ancien Régime et la Révolution*, Paris, Michel Lévy Frères.

Trivellato Francesca, 2011, « Is There a Future for Italian Microhistory in the Age of Global History ? », *California Italian Studies*, vol. 2, n° 1, s. p.

Trivellato Francesca, 2009, *The Familiarity of Strangers : The Sephardic Diaspora, Livorno and Cross-Cultural Trade in the Early Modern Period*, New Haven et Londres, Yale University Press.

Tuccillo Alessandro, 2014, « La frontière de la civilisation. Royaume de Naples et Méditerranée dans les écrits des illuministi méridionaux », *Rives méditerranéennes*, n° 49, p. 159-173.

Van Den Boogert Mauritz H., 2005, *The capitulations and the Ottoman legal system : perception, theory, and practice in the 18th century*, Leyde – Boston, Brill.

Varius Domenico Alfenus, 1772, *Pragmaticae, edicta, decreta, interdicta regiaeque sanctiones Regni Neapolitani. Vol. II, De nautis e portubus*, Naples, Antoni Cervoni.

Venturi Franco, 1976, *Settecento riformatore, II-La Chiesa e la Repubblica dentro i loro limiti (1758-1774)*, Turin, Einaudi.

Venturi Franco, 1969, *Settecento riformatore. Da Muratori a Beccaria*, Turin, Einaudi.

Villiers Patrick, 2007, *Les corsaires : des origines au traité de Paris du 16 avril 1856*, Paris, Gisserot.

Weiss Gillian, 2011, *Captives and Corsairs : France and Slavery in the Early Modern Mediterranean*, Stanford, Stanford University Press.

White Richard, 2009, *Le Middle Ground. Indiens, empires et républiques dans la région des Grands Lacs, 1650-1815*, Toulouse, Anacharsis.

White Richard, 1991, *The Middle Ground. Indians, Empires and Republics in the Great Lakes Region, 1650-1815*, Cambridge et New York, Cambridge University Press.

Williamson E. Oliver, 1985, *The economic institutions of capitalism : Firms, markets, relational contracting*, New York, Free Press.

Windler Christian, 2004, « Du privilège à la souveraineté : les ressortissants français et leurs consuls dans les échelles du Levant et du Maghreb (1700-1840) », *La mobilité des personnes en Méditerranée de l'Antiquité à l'époque moderne. Procédures de contrôle et documents d'identification*, Claudia Moatti (dir.), Rome, École française de Rome, p. 699-722.

Windler Christian, 2003, « Diplomatie et interculturalité : les consuls français à Tunis, 1700-1840 », *Revue d'Histoire Moderne et Contemporaine*, vol. 50, n° 4, p. 63-91.

Windler Christian, 2002, *La diplomatie comme expérience de l'autre. Consuls français au Maghreb (1700-1840)*, Genève, Droz.

Woodhouse Christopher M., 1965, *The battle of Navarino*, Londres, Hodder and Stoughton.

Yerasimos Stéphane, 1999, « Explorateurs de la modernité. Les ambassadeurs ottomans en Europe », *Genèses*, n° 35, p. 65-82.

Zachariadou Elizabeth (dir.), 2002, *The Kapudan Pasha and his Domain*, Rethymnon, Crete University Press.

Roberto Zaugg, 2015, « On the Use of Legal Resources and the Definition of Group Boundaries. A Prosopographic Analysis of the French Nation and the British Factory in Eighteenth-Century Naples », *Union in Separation. Diasporic Groups and Identities in the Eastern Mediterranean (1100-1800)*, Georg Christ, Roberto Zaugg, Franz Julius Morche, Wolfgang Kaiser, Stefan Burkhardt et Alexander Beihammer, Rome, Viella, p. 699-713.

Zaugg Roberto, 2011, *Stranieri di antico regime. Mercanti, giudici e consoli nella Napoli del Settecento*, Rome, Viella.

Zaum Dominic, 2007, *The Sovereignty Paradox : The Norms and Politics of International Statebuilding*, Oxford, Oxford University Press.

Zeno Riniero, 1946, *Storia del diritto marittimo italiano nel Mediterraneo*, Milan, Giuffrè.

Ziggioto Aldo, 1987/1987, « Gli Stati dell'Italia meridionale : La Repubblica di Amalfi – Il Regno di Napoli e di Sicilia – La Repubblica Partenopea – L'epoca dei napoleonidi – La Restaurazione : il Regno delle Due Sicilie – La Sicilia e il governo autonomo del 1848 – La Repubblica di Senàrica », *Armi Antiche*, Parte I, p. 109-130 et Parte II, p. 99-119.

INDEX NOMINUM

ABDULLAH : 207
ABRAMO (navire) : 156-157
ACTON, Giovanni : 120-121, 128, 132, 196
ALLI, Ibrahim Albun : 173
AMADEO, Costantino : 144, 146
AMALFI (navire) : 176
AMUR (*Sotto*-Raïs) : 192
ASTARITA, Antonio : 169-170
ASTARITA, Giovanni Battista : 143, 149
ASTARITA, Lorenzo : 107-108
ASTARITA, Matteo : 107
ATANASIO Anielo : 95-96
AZIZ, Hagi Ahmed : 205

BEAUSSIER, Bonnaventure : 153
BEY DE DERNE : 79
BEY DE TRIPOLI : 45, 74, 108
BEY DE TUNIS : 71
BIGANI, Raniero : 79-80, 109, 190
BONIFACY : 94-95
BOURBON (dynastie) : 20-21, 24, 58, 129, 134, 137
BOURBON (de), Charles (Roi de Naples et de Sicile 1734-1759) : 20-21, 34, 44, 57, 67, 69, 72, 80, 190
BRANDI Giovanni Giuseppe : 105
BRIGIANO, Siro : 148-149
BRUNI, Giuseppe : 190
BURGHUL, Ali : 128

CACACE, Francesco : 177
CACACE, Gioacchino : 132
CACACE, Michele : 177
CACACE, Vincenzo : 135-136, 139, 149, 154-155
CACCIA, Pietro : 203
CALLIMERI, Giovanni : 77-78
CANTARELLI, Raffaelle : 200, 205
CAFFIERO, Costantino : 111
CAFFIERO Crescenzo : 95
CAFFIERO, Gabriele : 111
CAFFIERO Gennaro : 73
CAFFIERO, Tommaso : 111-119
CAFFIERO, Vincenzo : 157
CAPARA, Bernardo : 77-78
CARAVEL, Francesco : 172-173
CASERTA, Felice : 157
CASTAGNOLA, Domenico : 108
CASTELLANO, Antonio : 132
CATHERINE II (Impératrice de Russie 1762-1796) : 126-127
CAVALIER ROMANO (navire) : 169
CAYA, Amhet : 112-119
CHABERT, Pietro : 105
CHALMETS, Giorgio : 117-118
CIAUS, Mehmet : 173
COSTANTINO, Andrea : 204
COURBET (navire) : 25, 29, 30
CIRKIN (navire) : 25, 30, 176
CROCILLO, Pietro FRancesco : 45
CUPILICH, Pietro : 157-158
CURSULA, Giacomo : 196
CUTRONEO, Giovanni : 149, 172-173

D'ANGELI, Giuseppe : 155
DATTILO, Francesco : 112, 114, 116
DE ACETIS, Pietro : 200
DE LASPINA Francesco : 102-103

DELL'ABAT, Girolamo : 200
DELLE GUANTI, Domenico : 203
DE LUCA, Nicola : 200
DE MURO, Carlo : 200
DEL GIUDICE, Giuseppe : 101-104
DE MAIO, Giuseppe : 158, 160-162, 164 166
DE RIBAS, Felice : 138, 153-156
DE RIBAS, Giuseppe : 130
DE TABISCO, Gregorio : 202-204, 207
DI CAZZAITI, Angelo (KATSAITIS, Aggelos) : 194-196, 199, 203
DI COSTANZO, Gaspare : 104-106, 111
DI COSTANZO, Melchiore : 104-106, 111
DI COSTANZO, Saverio : 104-106
DI FONZO, Giuseppe : 166-167
DI GIOVANNI, Anastase : 206
DI MARTINI, Gasparo : 94-95
DIMITRI, Giovanni : 199
DI MULIZZA, Giovanni : 139
DI VITTORIO Antonio : 84, 92, 122
DI LAURO, Michele : 131
DILIGENZA (NAVIRE) : 171
DI MARINI, Giacomo : 132
DOLCI, Giorgio : 121
DUBOIS, Jean-Baptiste : 169-170

ELENA (navire) : 154
EL GARZI, Casem : 108
ESPOSITO, Francesco : 191
ESSENDI, Mamhut Hagi : 162
ESSENDI, Mahmud : 166
ESSENDI, Sadik : 166

FANTUZZI, Ricardo : 152
FEISLI, Mahmut : 199
FERDINAND IV (Roi de Naples 1759-1799, 1799-1806, 1815-1816 ; Roi de Sicile sous le nom de Ferdinand III 1759-1816 ; Roi du Royaume des Deux-Siciles 1816-1825) : 20, 80, 109, 169, 197
FEULO, Vincenzo : 121
FILESI, Teobaldo : 80-81, 109
FILOSE, Francesco : 176
FINOCHIETTI, Giuseppe : 68, 78
FOT, Ioannis : 190

GENOVESI, Antonio : 53
GERNOMINATO LUIGI (navire) : 176
GERVASI, Israel : 206
GIOVANIDES, Stelino Papa : 173
GILY, Alessandro : 188
GIRARDI, Antonio : 197-200
GIURA, Vincenzo : 175, 179, 181
GRENET, Mathieu : 196
GUARRACINO, Domenico : 139
GUITINI, Ali Agi : 73
GUZMAN, Antonio : 200-201

HARLAFTIS, Gelina : 186
HASSAN, Kiridy : 163, 166
HUSSEIN, Hagi : 207
HUSSEIN, Oglu : 173
HOMBRADOS Francisco : 64

IANNELLI, Domenico : 191
IMMACOLATA CONCEZIONE E SAN MICHELE (navire) : 104
IZZO, Gennaro : 171

JACCARINI, Nicola : 97
JACKSON, Robert : 47

KAHIL, Nicola : 158
KATSAITIS, Aggelos (*voir Di Cazzaiti, Angelo*) : 194
KIRIAKI, Athanasios : 190

LAIOU, Sophia : 186
LA PIETA (navire) : 154
LA REUNION (navire) : 183, 206
LA ROCCA, Domenico : 154
LA SORTE (navire) : 157-158
LAURA (navire) : 170
LAURO, Francesco Saverio : 177
LAURO, Gennaro : 177
LEOREISI, Ali : 197

LONGOBARDI, Antonio : 196
LONGOBARDO, Giuseppe : 157
LUDOLF, Maurizio Guglielmo : 76, 78, 97, 132, 135
LUSIGNALO, Vincenzo : 200

MADONNA DEL CARMINE E SAN VINCENZO (navire) : 135
MADONNA DELLE GRAZIE (navire) : 158, 162, 166-167
MANDICH, Saverio : 142
MARESCA, Filippo : 175
MARAMAO, Antonio : 201
MARGHERITA (navire) : 154
MARION, Gian Francesco : 104-105, 107-108
MEHMET, Coggiaman Oglu Hadgi : 173
MICCIO, Giuseppe : 115
MILANOVICH, Antonio : 154, 157
MUKAMETT (Raïs) : 198
MUSENGA, Vincenzo : 128, 130-131
MUSTAFA (Raïs) : 195

NAVONI, Giovanni Battista : 139-150, 160, 163, 165
NOLA, Vincenzo : 200
NETTUNO (navire) : 154

OCEANO (navire) : 157
ODESSA (navire) : 157
ORETO (navire) : 154
ORIA, Salvatore : 189
ORUÇ REIS (navire) : 25
OSMAN : 207

PANZAC, Daniel : 37, 92-93, 101, 167
PARRINI, Pietro : 166
PELORO (navire) : 172-173
PIACENTINO, Nicola : 121
PIROSCIA, Bernardo : 200

QÂRAMÂNLI (dynastie) : 48, 69, 83
QÂRAMÂNLI, Ahmed : 71-72, 80
QÂRAMÂNLI, Hassan : 120
QÂRAMÂNLI, Youssouf : 44-45, 128

REIS, Ali : 163, 166
RICETTO, Stefano : 157-158
RAMADAN (Raïs) : 106
RIZZO, Tommaso : 169-170
RODI, Leterio : 144
ROMANO, Giuseppe : 152
ROTA, Giacomo : 200-201
ROUBAE, Giovanni : 154-155
ROUSSEAU, Jean-Baptiste : 45-46
RUSSO, Antonino : 131
RYS, Simon : 112-117

SALERNI, Mario : 130
SALZANI, Biagio Francesco : 135-136
SALZANI, Giacomo : 166
SAN MICHELE (navire) : 139
SAVARESE, Vincenzo : 97
SCALA, Carlo : 200
SCARPATI, Antonio : 149-150
SCARAPATO, Saverio : 132
SCOCCINARA, Giovanni : 142
SCOMAFORA, Ciriaco : 190
SEBASTIANI, Horace : 134, 136
SEBASTIANI, Paolo : 205
SÉLIM Ier (Sultan de l'Empire ottoman 1512-1520) : 26
SÉLIM III (Sultan de l'Empire ottoman 1789-1807) : 125-126, 134, 185, 193-194
SICARD, Antoine : 120
SIRENA (navire) : 46
SILVIO, Giuseppe : 118-120
SOLER, Pietro : 109, 120-121, 192
SOMMARIVA, Domenico : 131
SPORITI, Emmanuel : 157
SPOSITO, Domenico : 155
SPOSITO, Vincenzo : 155
STAGNO, Giuseppe : 170
STAMPA, Giacomo : 198
STEFANI, Anastasios : 190
STORANI, Francesco : 188
SUTER, Carlo : 139

TANUCCI, Benardo : 20, 78, 97, 104-105, 120
TERESINA (navire) : 154
TERRIBILE, Roberto : 116
THEMISTOCLE (navire) : 143
TRAPANI, Salvatore : 150

VALADA, Andrea : 148
VARVESSI, Lambro : 196, 203-204
VESUVIO (navire) : 45

WARGHT, Adam : 166
WARNSMAN, Nathaniel : 118-120
WINDLER, Christian : 47, 49, 69

ZACCARROF, Zacaria : 171
ZAFIRI, Panno : 203
ZAVOJANI, Apostolos : 190
ZEVI, Giuseppe : 71
ZIRNO, Giuseppe : 143-144
ZIZINIA, Pandia : 158, 162
ZUCKA, Chiriako : 166

INDEX LOCORUM

Adriatique : 69, 98, 100, 107, 157, 169, 190, 212
Afrique du Nord : 21, 28, 46, 69, 81, 84, 96
Albanie : 70, 122
Alexandrie : 76, 87, 94-95, 97, 101, 104-108, 110-111, 120-121, 151-152, 169, 180, 186
Angleterre : 35, 51, 53, 62, 69, 72-73, 77, 80, 126-127, 130, 134, 174-177, 179, 181-182, 195, 199
Andrinople (Edirne) : 76-77, 154
Autriche : 2q, 34-35, 43, 67-69, 85, 90, 100, 125-126, 134, 138, 141, 172, 178, 229, 233
Alger : 44, 69-72, 113, 117, 121, 129
Athènes : 76-77, 87
Archipel (l') : 97, 131, 135, 143, 155, 186
Arta : 76, 121

Barbarie : 41, 77, 108, 115, 117, 123, 135-136
Barletta : 180, 189-190, 200-201
Benghazi : 105-110
Beyrouth : 76
Bodrum : 158, 162-166, 239
Brindisi : 182, 189-1890, 200

Candie : 87, 94-95, 152
Carotto : 60
Carthagène : 91
Catane : 172
Cherson : 125, 128, 130
Chine : 27-29
Chios (*voir Scio*) : 76, 87, 92-93, 101, 135, 142-143, 155
Chypre : 76-78, 87, 105
Civitavecchia : 63, 88-90, 180, 186-188
Constantinople (Istanbul) : 76-78, 87, 92, 94-95, 105-108, 121, 123, 131-132, 135-145, 147-151, 154-158, 160, 162-163, 166, 169, 171, 173, 176, 179, 181-183, 205-207
Corfou : 107, 132, 139, 180
Coron : 76, 87
Crimée : 24, 125-126, 174, 176-177

Damiette : 87, 94-95, 143, 152, 158
Danemark : 68, 93
Dardanelles (les) : 76-77, 125, 131, 134, 172
Dulcigno (Ulcinj) : 70
Durazzo : 76

Empire ottoman : 17, 19, 24, 26-30, 32, 39, 47-48, 52-54, 65-68, 70, 74-75, 77-78, 95, 102, 106, 122, 124-126, 129, 131-132, 134, 137140, 147, 152, 154, 169, 171, 174, 177-178, 185-187, 189-190, 193-194, 207, 209
État pontifical : 35, 63, 89, 188-189
États-Unis : 18, 29, 91, 153, 213

France : 21, 30, 31, 33-36, 40, 45-46, 51, 53, 56-57, 65-69, 71-75, 77, 80, 85, 93, 98, 109-110, 113, 123, 125-126, 129, 134, 151, 153, 162, 169, 172, 174-179, 193

Gaète : 91, 204
Gênes : 39, 85, 91, 180, 186, 195
Grande Almirante (l'Amirauté) : 57, 111-112

Hollande : 68-69, 73, 77, 112, 114, 117, 120, 177
Hydra : 134, 186, 199

Istanbul (Constantinople) : 26
Izmaïl : 154, 156-157

Jaffa : 87, 94

Kavala : 76, 87

La Canée : 76, 87, 94
L'Argentière (Kimolos) : 76
Le Caire : 76, 105
Lefke : 105
Lépante : 26
Libéria : 31
Libye : 25
Limassol : 107
Livourne : 39-40, 65, 78, 85, 101, 109, 119, 124, 154, 157, 180-182, 186

Malte : 91, 108, 110, 113, 135, 152, 180, 182, 186
Marseille : 33, 36, 50-51, 58-59, 62, 64, 68-69, 72, 75, 85, 89-91, 99-100, 109-110, 123-124, 134-135, 142, 151-154, 170, 174-183, 186, 194, 206, 212
Mer blanche : 136, 143-145, 205, 212
Mer d'Azov : 155
Mer Noire : 28, 100, 123, 125-128, 130-131, 134-141, 143-157, 167-169, 171, 174-175, 177, 179-182, 212
Meta : 60, 116, 157
Messine : 74-75, 85, 101, 144, 146, 148, 152, 173, 180-182, 191, 194, 196-199, 202-204, 207
Milos : 76, 87
Misrata : 25
Modon : 76, 87
Monopoli : 200-201, 204
Morée : 131, 186
Mykonos : 76, 142

Naples de Romanie (Nauplie) : 76, 87
Nasso (Naxos) : 76, 199
Navarin : 87, 152
Négrepont (Eubée) : 76-77, 87

Odessa : 130-132, 137-138, 142-143, 145, 151, 153-157, 168, 172, 174, 180-182
Otrante : 189, 194, 197

Panama : 30
Patras : 76, 78, 87, 92, 122
Pescara : 200
Piano di Sorrento : 60, 73, 92, 101-102, 105, 107, 111, 114, 116-117, 120, 132, 135, 150, 157, 177, 200, 212
Pouilles (les) : 52, 98, 103, 166
Prevesa (Préveza) : 201
Procida : 60, 91, 92, 121, 130, 157, 179, 195, 212
Psara : 142, 198

Redut-Calé (Redout-Calé) : 167
Régence de Tripoli : 44-46, 68-76, 79-81, 83, 95, 101-102, 105-122, 128-129, 136, 153, 189-194, 198, 212
Régence de Tunis : 70-72, 75, 110, 113, 118-119, 121, 128-129, 152, 172, 189, 193, 197-198, 207
Rhodes : 76-77, 94-96
Rome : 34, 63, 205
Rosette : 105
Russie : 67-68, 100, 120, 125-127, 130, 134, 141, 152, 154, 156, 171-172, 174-176, 178, 196, 213

Salonique : 76, 78, 87, 92, 94
San Giuseppe de Chiaia : 60
Saint-Pétersbourg : 126, 128, 130, 132, 193

Sardaigne : 45, 68, 90-91, 174, 178, 194
Scio (*voir Chios*) : 76-77, 94
Setil-Bahr (Sedd-Ul-Bahr) : 172-173
Sidon (SaÏda) : 76, 87, 94, 121
Sicandro (Sikinos) : 76
Smyrne : 76, 87, 94-95, 97, 101, 110, 121, 135, 150, 162, 182, 206
Supremo Magistrato di Commercio : 57-58, 80, 106, 115-117, 122, 196
Suède : 68, 73, 77, 93, 125, 188

Taganrog : 149-150, 154, 156, 168, 171
Tanzanie : 25, 30
Tekirdag : 76, 87
Théodosie (Feodossia) : 149, 156
Tines (Tinos) : 76-77, 85, 110, 122, 136, 198
Toulon : 91, 180-181
Trapani : 157, 182, 194, 203
Trébizonde (Trabzon) : 156
Tribunale di commercio : 58, 204
Tribunale Regio consolato di terra e mare : 57, 101, 114
Trieste : 62, 102-103, 132, 180, 182, 186, 194-195, 197, 207
Tripoli de Syrie : 76, 87

Venise : 39, 71, 77, 93, 109, 124, 157, 186
Vico : 92, 112, 114, 116

Zéa (Kéa) : 76

TABLE DES FIGURES ET DES TABLEAUX

FIGURES

FIG. 1 – Principal emblème du pavillon maritime du royaume de Naples (1738-1815), puis du royaume des Deux-Siciles (1815-1860). *Coat of Arms of the Kingdom of the Two Sicilies* 43
FIG. 2 – Réseau consulaire napolitain au Levant en 1747 79
FIG. 3 – Pavillon de la Régence de Tripoli et son pavillon marchand (XVIIIe-XIXe siècles) 83
FIG. 4 – Navigation du capitaine Anielo Atanasio (1744) 96
FIG. 5 – La mer Noire à la fin du XVIIIe siècle 127
FIG. 6 – Document joint à la procédure concernant le capitaine di Maio (1835) 161
FIG. 7 – Compte de l'intervention du gouverneur de Bodrum contre le capitaine di Maio (1834) 164
FIG. 8 – Signataires de la représentation de la communauté des habitants de Bodrum 165
FIG. 9 – Pavillon personnel du Sultan sur mer (1793-1876) : *Tuğra de Selim III*. Pavillons marchands ottomans (1793-1839) 185

TABLEAUX

TABLEAU 1 – Trafics napolitains dans les ports du levant ottoman (1741-1747) 87
TABLEAU 2 – Pavillon des capitaines provenant du littoral pontifical et accostant à Marseille (1751-1795) 89
TABLEAU 3 – Principales origines des caboteurs accostant à Civitavecchia (1740-1743) 89
TABLEAU 4 – Part des pavillons génois et napolitain dans les activités de Civitavecchia (1785-1797) 90
TABLEAU 5 – Évolution de l'origine des capitaines en provenance de Corse, de Sardaigne et de Sicile et à destination de Marseille (1751 à1795) 91
TABLEAU 6 – Principales origines géographiques des capitaines napolitains présents dans les trafics levantins (1741-1747) 92
TABLEAU 7 – Principaux pavillons en activité à Chios (1756-1772) 93
TABLEAU 8 – Mouvement maritime en mer Noire par pavillon en 1803 134
TABLEAU 9 – Mouvement maritime à Odessa par pavillon en 1817 138
TABLEAU 10 – Mouvement maritime à Théodosie par pavillon en 1830 156
TABLEAU 11 – Mouvement maritime à Odessa par pavillon en 1834 168
TABLEAU 12 – Mouvement maritime du pavillon napolitain en 1852 172
TABLEAU 13 – Mouvement maritime du pavillon napolitain depuis Constantinople (du 1er juin au 31 décembre 1856) 181
TABLEAU 14 – Mouvement maritime du pavillon napolitain depuis Constantinople (du 6 août au 31 décembre 1859) 182

TABLE DES MATIÈRES

SOURCES ET ABRÉVIATIONS 11

PRÉFACE 15

INTRODUCTION GÉNÉRALE 25

LA CONQUÊTE « POLITIQUE » DE LA MER 43

La souveraineté maritime et la domination sur mer, une équation impossible ? 44

Les ressources institutionnelles des faibles 49

Politiques des traités et capitulations. Le cas napolitain 66

L'ENTREPRISE MARITIME NAPOLITAINE, D'UNE RIVE À L'AUTRE 83

Trafic et pavillon 84

La caravane maritime napolitaine. Les conditions de l'interaction marchande (1741-1787) 100

Du Levant à la mer Noire. Une souveraineté pavillonnaire sans cesse renouvelée (1787-1815) 123

Cosmopolitisme pavillonnaire à Constantinople et Concert des Nations (1815-1827) 137

Litiges et succès de la neutralité napolitaine en « mer ouverte » (1827-1856) 153

LA RÉCIPROCITÉ PAVILLONNAIRE AU CŒUR DES *IURA IMPERFECTA* MARITIMES 185

CONCLUSION 211

BIBLIOGRAPHIE 215

INDEX NOMINUM 235

INDEX LOCORUM 239

TABLE DES FIGURES ET DES TABLEAUX 243

IMPRIM'VERT®

Achevé d'imprimer par Corlet,
Condé-en-Normandie (Calvados), en octobre 2021
N° d'impression : 173511 - dépôt légal : octobre 2021
Imprimé en France